U0029979

Zygmunt Bauman

LIQUID MODERNITY
液態
現代性

著

陳雅馨 —— 譯

齊格蒙‧包曼

目錄

導讀

政治大學社會學系特聘教授　黃厚銘

　　2017 年 1 月，以九十一歲高齡過世的波蘭籍社會學家齊格蒙·包曼（Z. Bauman），一生出版了將近六十本書。他的整個學術生涯，即使在被迫離開祖國波蘭前後，也幾乎是以每年超過一本以上著作的速度活躍於學術舞台。甚至，當他從波蘭轉到英國里茲（Leeds）大學任職之後，儘管不能再以母語書寫，其英文著作之遣詞造句卻依舊優美精準。在他過世前兩年，Bauman 更受邀成為 2015 年歐洲社會學會年會開幕式的主題演講者。為了向這位大師致敬，大會甚至推出和他所提理論概念相關的紀念品，其中的主題之一即是本書要談的「液態現代性（liquid modernity）」。

《液態現代性》在 Bauman 思想中的承先啟後

早年，Bauman 以《立法者與詮釋者》（1987）、《現代性與大屠殺》（1989）、《現代性與含混曖昧》（1991）與《後現代及其不滿》（1997）等書，一方面指出啟蒙現代性所帶來的問題，另一方面也藉此凸顯現代性的社會文化特性，對比出當代社會文化的轉變。然而，這些著作僅止於沿用了現代性與後現代的傳統概念區分。

直到 2000 年出版了《液態現代性》，在一系列探討後現代文化特性的著作之後，這本書可說是進一步提出獨創概念，來掌握與診斷當代社會文化的重要作品。在此書之後出版的《液態之愛》（2003）、《液態生活》（2005）、《液態恐懼》（2006）、《液態時代》（2006）、《液態邪惡》（2016）等著作，都可以說是《液態現代性》一書的深入發揮與延伸。由此可見，《液態現代性》在 Bauman 的學術發展過程中，具有承先啟後之重要地位。

《液態現代性》在思想史與社會學史上的承先啟後

社會學從發展之初，其實就與現代性密切相關。上至馬克思（K. Marx）、韋伯（M. Weber）、涂爾幹（E. Durkheim）、齊美爾（G. Simmel）或是更早的孔德（A. Comte），乃至於後來的帕森斯（T. Parsons），眾社會學大家皆致力於理解其所屬時代的

社會文化特性。這些社會學家會使用現代（modern）一詞，實際上指涉的是他自己的當代（contemporary）。其中最明顯的就是 Durkheim 的「機械連帶」與「有機連帶」之概念區分，藉由古代與現代的比較，凸顯當代社會文化的特性。而 Parsons 兩兩一組的「模式變項」（pattern variables）也是如此。進一步來說，後現代思想家所提倡的「後現代」（postmodern）概念試圖彰顯的，亦是當代有別於被稱為「現代性」的時代、尤其是啟蒙現代性之特點。

總之，後現代或是液態現代性概念的提出，都是思想家企圖指出其「當代」社會文化特性有別於此前的「現代」或「古代」之成果。因此，《液態現代性》這本書的重要性，還在於 Bauman 承繼這樣的思想傳統之視野與格局，這是他做為一位思想家與社會學家的承先啟後。液態現代性，是相對於先前的「固態」現代性而存在。但在此，我們也可以進一步觀察到 Bauman 不同於後現代思想家之選擇。亦即，當代與啟蒙現代性之間不是截然二分的斷裂，而是既有延續、亦具差異的關係。有鑑於源自固態現代性的個體化發展趨勢在液態現代性中扮演了關鍵角色，Bauman 因而不認為液態現代性與固態現代性之間是截然二分的。所以，他既沿用了「現代性」一詞，卻又以「液態」和「固態」之間的不同來凸顯其當代特性，捨棄「後現代」的概念。

進一步來說，Bauman 是以「液態現代性」的概念，繞道 1982 年馬歇爾・博曼（M. Berman）描繪現代社會文化特性的著作《所有堅固的事物皆煙消雲散：現代性經驗》，與 Marx 在〈共產黨宣

言〉中勾勒其當代資本主義社會的名言：”All that is solid melts into air.” 遙相對話。Bauman 所要主張的是，Marx 所屬的現代社會，在摧毀了僵固的傳統社會文化體制之後，卻又再次形成自己的僵固體制。而 Marx 那句話，則直到 Bauman 的當代——也就是「液態現代性」的時代才真正實現。相較之下，此前的現代性只是僵硬、沉重的固態現代性而已。

也正如前述 Durkheim 以「機械連帶」和「有機連帶」的概念區分來對照出其當代社會文化的特色，Bauman 正是以「傳統」、「固態現代性」、「液態現代性」這三元的概念區分，主張其所屬的時代不再是啟蒙現代性的社會文化。對我來說，這不僅僅是時代的變化，也標誌著 Bauman 自身思想的躍進。後者意味了 Bauman 並不滿足於沿用現代或後現代的概念，故自成一家之言，並以後續的十幾年來發揮與延伸他在 2000 年這本書中所提出的「液態現代性」概念。

固態現代性的社會文化特性，正如固體一樣，是以空間的占領為主；液態現代性的社會文化特性，卻著重時間上的速度與彈性。本書即以波灣戰爭為例進行分析。簡言之，昔日美國投入越戰之所以付出慘痛代價，是因將具體的軍力以飛機、船舶、車輛等運輸工具的方式投入戰場。其目的在於實際占領地盤據為己有，卻也得因此面臨隨時隨地出沒的游擊隊之偷襲。相較之下，波灣戰爭的特殊意義在於不再以實際的軍力或軍事設施來占領陣地，而是隨時以來自遠方的飛彈或飛機來消滅敵軍。只要敵軍進占就立刻會被轟炸機

或飛彈掃蕩，因而美軍得以持續控制陣地，卻無須實際占領。亦即，液態現代性意義下的占領，不再是以固態的軍事設施與人員來占領，而是遠距的、即時的占領。因此，Bauman 認為這就有如液體的流動狀態，勝敗關鍵在於隨時的變化。

　　前段的討論，不僅利用了「空間」與「時間」兩種不同意象，實際上也指向了兩種不同的媒介與媒介速度。更精確地說，Bauman 劃分「傳統」、「固態現代性」與「液態現代性」等三個歷史發展階段，乃深受傳播學者麥克魯漢（M. McLuhan）的軟性技術（或媒介）決定論的影響。McLuhan 依據所使用的不同媒介，將人類文明的發展劃分為三個階段。首先是以口語為主要傳播媒介的部落社會，再來是以印刷術、汽車與火車等機械媒介為主的民族國家，最後是當代以電子媒介為主的地球村。McLuhan 把從第一個階段到第二個階段的發展，描繪為相對速度上的加速，所導致的結果是「去部落化」，才會使得部落社會瓦解，並轉變為民族國家。而第二個階段到第三個階段的發展，則是從相對速度到絕對速度（光速）的加速，所導致的結果是眾所周知的「再部落化」，讓人類再次緊密聚集為地球村。

　　Bauman 亦將其所提出的傳統、固態現代性與液態現代性等三個歷史階段，分別對應到三種不同速度的技術。依序是濕體（wetware）、硬體（hardware）與軟體（software），分別架構了前述三種不同的社會文化特性。但究其實質，這三種技術正是 McLuhan 的口語（人體）、機械、與即時性的電子媒介。兩人在

思想上的相近性，亦可證諸於不時出現在 McLuhan《理解媒介》（1964）與 Bauman《液態現代性》中的速度與加速這兩個詞彙。顯然，Bauman 獨創的「液態現代性」概念絕非憑空從天外飛來的莫名靈感，而是有其深厚的學理基礎。衡諸當代，他也算是將速度與即時速度用以理解當代社會文化特性、而立足於學術潮流的先鋒之一。

　　Bauman 對當代社會文化之液態現代性特性的掌握，也跟前面所提到的社會學家們一樣，並非片面歌頌當代的進步，而是為了能更精準診斷其中的問題。因此，包括《液態之愛》、甚至包括沒有直接用到「液態」這個詞的《廢棄的生活》（2007）等書，都是企圖指出一切講求快速、彈性的當代，其親密關係的輕盈與脆弱，或是不尊重生命與自然資源、「用後即丟」的輕視浪費。

　　扣緊當代的資本主義，Bauman 實際上在比本書更早的《全球化》（1998）裡，就已經以「不在地主（absentee landlord）」的概念指出，藉由電子媒介日益彈性流動的資本與資本家，其也削弱了與在地的連結。跨國企業無須面對他們為當地所帶來的環境污染，也可無視居民與勞工的抗爭。只要遭逢阻礙，就撤資遷廠，拍拍屁股走人，逼使各國政府得以各項租稅優惠予以挽留。這不僅完美再現於台灣桃園 RCA 污染案，也說明了全球貧富差距日益擴大的緣由。由此可見，Bauman 的液態現代性概念，可以超越 Marx 筆下與民族國家或傳統戰爭緊密相關的沉重資本主義概念，並進而掌握當代資本主義社會經濟體制如何利用網際網路等電子媒介所帶

來的彈性與速度，及其「不可承受之輕」的後果。

我們自己的承先啟後？

　　既然前述的社會學家與傳播學者等思想家都致力於理解他們自己所處時代的社會文化特性，我們是否也該立足於自己的當代，一樣致力於掌握此一時代的社會文化特性，而非一味沿用 Bauman 所提出的液態現代性概念，認為其必定適用於我們呢？換言之，我認為 Bauman 的《液態現代性》這本書承先啟後的意義，不僅是在於他自己諸多著作中的地位，或是與眾多思想家有著一致的現實關懷，還在於這本書給我們的啟發；那就是應該正視自己當代社會的特性，而不是人云亦云、或迷信權威地套用其他學者所創的概念。畢竟，這些既有的概念也只是他們立足於自己的時代而提出的見解，所以我們當然也得立足自己的時代，並在此一基礎上進行知識的創發。

　　也因此，我個人才會在近年提出「流動的群聚（mob-ility）」概念，企圖掌握當代社會中最典型的人際關係樣貌，其底層則是 Bauman 在本書以及早期的《自由》（1988）一書中所提及的自由與安全、個人與社會之間的「愛恨交織（ambivalence）」概念——融入社會就擔心失去自我，保有個性又覺得失去社會支持。然而，儘管 Bauman 自己不時會在著作中提及此一愛恨交織的心態，卻在

《液態現代性》之後推出了《個體化社會》（2001）一書來探討當代社會的人際關係；在《液態之愛》中，他亦過度強調個體化與個人主義輕盈且脆弱的愛情之來由。結果，便是錯失了愛恨交織的矛盾張力。實際上，儘管愛情在當代是如此脆弱，卻無礙於人們的渴求，這證明了人們既想與他人連結，又不願固定下來的矛盾心態。進而，Bauman 對「掛釘社群（peg community）」或「衣帽間共同體（cloakroom community）」的保留態度，也代表他過於注重此一現象背後的個體化潮流，卻忽略了既然還有社群，就表示人們還是希望能夠與他人、尤其是集體的情緒共感。而流動的群聚正是人們在個人與社會之間、與在自由與安全之間愛恨交織的結果。

由此可見，流動的群聚概念，一方面是延續 Bauman 有關自由與安全的愛恨交織之討論主張，相對於傳統社會中的人們犧牲自由來換取集體所提供的安全保障，現代社會的人們則開始伸張其個體性與自由；而當代的人們在享有充分的自由以後，又再回頭渴望在集體中與他人的情緒共感。然而，在既不願放棄個性與自由，又想融入集體並獲得安全感的情形下，就形成流動多變、時聚時散的群聚關係，想要感受集體亢奮就加入，但又會隨時隨地抽身以保有個性與自由。這正是當代社會文化有別於傳統或現代社會文化的特色。因此，在另一方面，「流動的群聚」在呼應「液態現代性」所蘊含的流動特質以外，卻也不像 Bauman 那樣偏重個體化的因素，而是以自由與安全、個人與社會的愛恨交織來說明此一流動性或液態化的成因。

循此，我個人也主張，Bauman 筆下液態現代性的具體展現之
一——行動電話的普及——並不只是個體化的展現，還有永恆聯繫
的面向。亦即，從室內電話到手機的變化，固然反映了個體化的趨
勢，但也有隨時與他人保持聯絡的動機，這恰恰展現出個人與社會
之間的愛恨交織。再者，相應於從固態現代性到液態現代性之間的
轉變，Bauman 認為政治的意義也從狹義的權力分配的政治轉向了
生命政治。針對這一點，我的老師葉啟政雖同樣以個體化為後現代
社會的結構性原則，卻主張當代政治型態之核心已經轉向了心靈政
治，而比 Bauman 更能貼切於晚近各種宗教活動盛行的趨勢。但
我的見解與 Bauman 或葉啟政皆有所不同。我認為，當代（後現
代）社會的結構性原則是個人與社會的愛恨交織，繼而也否定了
Bauman 以液態現代性為個體化發展趨勢的延續與極致。並據此認
為當代的政治意涵並非以個體化為基礎的生命政治，而是葉啟政所
謂的心靈政治。不過，我卻也認為心靈政治的興起和個人與社會之
間的愛恨交織密切相關，而非個體化的結果。亦即，當代新興宗教
的盛行，正是個體化與集體情緒共感交織下的產物。

　　無論如何，以上的見解都只是我個人的努力。讀者也應該以自
己的方式來承繼與修正 Bauman 所留下的知識遺產。

　　最後，實際上早在 2002 年，就已經有本書的簡體中譯本問世。
只是，光從至今還誤導著學界的《流動的現代性》書名，以及全文
錯誤百出的翻譯來看，新譯本的絕對必要性不言自明。而此一繁體
中譯本的品質與譯筆，也才能彰顯 Bauman 優美的文采。

編註：內文旁數字為原文頁碼。

重思液態現代性
二○一二年版序言

十多年前，當我以「液態性（liguidity）」做為人們目前實踐的生活形態的隱喻，嘗試解放其含義時，最困擾我，也是最難以解答的謎團之一，就是在液態現代性中人類境況的狀態為何：它是一個暗示、早期版本、預兆或將臨之事的預言？還是，它其實只是暫時、過渡的（同時也是未完成、不完整、前後不一的）臨時協議；只是兩個同樣都在解答人類共同生活的挑戰、明顯有別但都可行、經得起考驗、完整一致的答案，之間的一段間隔？

至今我對那個困惑仍舊不解，但越來越傾向認為，我們現在所處的時代是一個「空位期（interregnum）」——也就是舊的做事方式已經不再管用，以前學到或繼承來的生活模式不再適合當前的**人類境況**（conditio humana），但面對挑戰的新方法，以及更適合這些新境況的新生活模式還沒被發明、實施並運行……我們還不知

道哪些現存的形式及設定必須被「液化」及取代，雖然所有這些形式和設定都無法免於批評，而幾乎所有的形式和設定也都曾被貼上等候取代的標記。

最重要的是，和我們的祖先不同，我們對於前行的「目的地」並沒有一個清楚的認知——那必須是一個**全球化**社會的模式，是全球化經濟、全球化政治、全球化司法管轄權⋯⋯的模式，然而我們卻忙著應付最新出現的麻煩，忙著在黑暗中摸索嘗試。我們試著以拆掉燃煤電廠用核電廠取代的方式來削減二氧化碳污染，結果只召喚出盤旋在我們頭上的車諾比和福島核災幽靈⋯⋯我們只是感覺到卻不是真知道（且我們之中的許多人還拒絕承認），權力（也就是做事的能力）已經跟政治分離（也就是決定哪些事情該做、哪些事情該被賦予優先性的能力），因此我們除了對「要做什麼」感到茫然，如今又陷入了不知道「誰要去做」的黑暗之中。我們唯一的能動性就是自父母及祖輩處繼承來的集體目的之行動，然而考慮到我們問題的全球化影響、其起源和衍生的後果，這些受限於民族國家疆界的行動是明顯不足的⋯⋯

我們還是跟以前一樣的現代，但是這些現代的「我們」近年來人數大增。我們也許有充分的理由說，現在所有人或幾乎大部分的人，在全世界或幾乎每個地方，都已經是現代的了。而這意味著，今日不像十或二十年前，除了極少數例外，地球上的每一塊土地都被一股叫「現代化」的執迷不悟、不可阻擋的變遷所影響，並被它帶來的一切事物所影響，包括冗餘之人（human redundancy）的

持續生產，以及必然造成的社會緊張。

現代生活的形式可能在許多方面有所不同——但讓它們成為一體的正是它們的脆弱、短暫易逝，以及不斷變化的傾向。「成為現代」意味著現代化——用無法自拔、執迷不悟的方式進行；且不只是「成為（to be）」，不只是維持認同的完整性而已，而是要永遠處在「生成變化（becoming）」之中，要避免充分實現，並保持一種定義不完全的狀態。一旦過去的結構被宣告過時，新的結構就會立刻取而代之，但每個新結構的使用期限也不過是另一份短暫協議——只是個等候進一步通知的暫時狀態。現代性的另一個不可分割的性質，是它在任何階段、任何時刻都始終是「在什麼東西之後的（post-something）」現代性。隨著時間飛逝，現代性瞬息萬變地改變著形式……不久前才被（錯誤地）稱為「後現代性」，而我所選擇的更精確的稱法，「液態現代性」，是一種逐漸增長的確信，確信變遷是**唯一**的永恆，不確定性是**唯一**的確定。一百年前，「成為現代」意味著追求「最後的完美狀態」——如今，它則意味著無止境的完善，沒有在望的「終極狀態」，也不渴望有。

我以前不用二分法來思考這道堅固性（solidity）相對於液態性的謎題，現在也不；我將這兩個狀況視為是彼此糾纏、難分難捨的一對，將它們綁在一塊的是一條辯證的紐帶（當李歐塔〔François Lyotard〕觀察到人們無法在沒有先成為後現代的情況下成為現代時，他腦海中或許也會浮現出這樣的紐帶）。畢竟正是對事物和狀態之堅固性的追求，才往往觸發、維持並引導它們的液化。液態性

ix

不是敵對的一方，而是追求堅固性產生的影響；它沒有別的起源，即使是（或即便是）這個起源否認這個後代的正當性也是如此。回過頭來，正是這種滲冒、溢漏、流動液體的不定形式激起了冷卻、打濕及鑄造出形式的努力。如果說有任何事物可以用來區分現代性的「固態」與「液態」階段（也就是將它們以連續的方式排列），那就是在這份努力背後既隱又顯的目的之變化。

　　堅固事物的瓦解，最初的原因並不是因為對堅固性本身的怨恨，而是對現存及繼承來的堅固事物之堅固程度的不滿；完完全全就是因為，從癡迷於秩序並對建立秩序無法自拔的現代力量之標準來看，傳承下來的堅固事物已被發現不夠堅固了（對於變遷的抵抗力或免疫力不足）。然而，後來的發展是，（在我們居住的世界的這個角落、直到今天）堅固事物都開始被視為是液態岩漿的短暫、直到有進一步變化之前的冷凝；只是個臨時協議，而不是終極的解決辦法。彈性取代了堅固性，成為人們所追求的東西和事務的理想狀況。只有在應允會招之即來揮之即去的情況下，人們才會忍受任何堅固事物（包括那些只是暫時滿足人們需要的事物）的存在。甚至在人們開始努力建立起耐用持久的結構、強化並使其變得堅固之前，就必須先在手邊準備好將它再次瓦解所需的適當技術。在建造工作開始如火如荼地進行之前，就必須先賦予將這個被建構起來的結構拆毀的權利和能力。在它們被組裝起來的那一刻就已開始分解的完全「可生物分解」結構成了今天的理想結構，大部分的結構（如果不是全部的話）都必須使盡全力符合這個標準。

長話短說，如果在現代性的「固態」時期，現代性的核心是控^x制並確定未來，那麼在它的「液態」時期，最重要的考量就變成要去確保未來沒被拿來抵押，並避免那些尚未被揭露、未知且不可知的機會被搶先用掉的威脅，那些機會是人們希望未來會帶來，而未來也必然會帶來的。尼采的發言人查拉圖斯特拉預期到此一人類境況，悲嘆道：「當下光陰的虛度」威脅要讓意志——承載著自己過往成就及錯誤的厚重負累——「咬牙切齒」、痛苦呻吟、萎靡不振、被自己的重量所壓垮。害怕事物太過牢固以致無法拆毀、害怕事物停留太久不願離開、害怕事物成為我們的手鐐腳銬，也就是害怕跟著浮士德墮入地獄，只因為他犯下了貪圖並永遠留下美麗瞬間的錯誤。沙特（Jean-Paul Sartre）將這樣的恐懼追溯到我們討厭碰觸到黏滑物質的本能天性；然而從症狀上來說，那種恐懼得到要進入液態現代性的年代時，才被確定為人類歷史的原動力。事實上，那種恐懼標誌著現代性即將到來。而我們也許會認為它的出現是歷史上一次充分的、貨真價實的典範轉移……

　　當然了，正如我已多次說明的，整個現代性有別於過往其他時代的，就在於它對現代化的強迫症與癡迷——而現代化就意味著液化、融化及熔解。但是——但是！一開始現代心靈最主要關注的與其說是熔解的技術（我們周遭大部分看似堅固的結構似乎都是因為自己無法堅持下去而熔化的），不如說它關注的是熔解的金屬所要倒進去的那些模具的設計，以及讓它固定在那些模具內的技術。現代心靈追求的是完美——而它希望達到的完美狀態，在最後的陳述中意味著壓力及繁重工作的終結，因為任何更進一步的變化只能是

變得更糟。在早期，變遷被視為是種初步而臨時的措施，人們希望變遷會帶來穩定、寧靜的時代——也因此帶來舒適和休閒。變遷被認為必然只會侷限於這個過渡期：從陳舊、鏽蝕、部分腐朽、破碎而裂變、在其他方面不可靠且全然不良的結構、框架及安排，過渡成為這些結構、框架及安排量身定做的終極（因為完美之故）替代品——它們是防風、防水且禁得起歷史考驗的。也就是說，變遷是朝著即將到來的輝煌願景的一項運動：這是個秩序的願景，或（回想起帕森斯〔Talcott Parsons〕對現代追求的最重要綜合）一種「自平衡系統」，能夠從每個可想像的干擾中凱旋而歸，固執、不可逆地回到它的安定狀態：一種由徹底且不可避免的「機率偏態」（最大化某些事件的可能性，同時最小化其他事件的可能性）所導致的秩序。與事故、偶發事件、大雜燴、曖昧、矛盾、流動性，以及秩序打造者的其他災難和夢魘相同的是，變化被看作只是**暫時的刺激**（並被當成暫時的刺激來解決）——而且人們絕不是為了變化而變化（今天的情形正好相反，正如理查‧桑內特〔Richard Sennett〕所觀察到的那樣，如今完全可行的組織只是為了證明它們有持續的生存能力而被解散）。

十九世紀的經濟學家中最受尊敬及最有影響力的人士預期，經濟成長將持續下去「直到人類所有需求都得到滿足為止」，接著取而代之的是「穩定經濟」，它會年復一年以相同的數量和內容再自我生產。「與眾不同」的問題也被認為是一種暫時的不適：令人困惑的多樣化世界，因差異的衝突以及顯然不可調和的對立面之間的爭鬥而不斷分裂，最終將在一場（革命性的）「結束一切戰爭的戰

爭」，或是一場（演化性的）適應和同化的戰爭幫助下，回到和平、統一而單調的寧靜之中，這是一種徹底清除了衝突和對抗的、沒有階級的寧靜。來自普魯士萊茵的卡爾‧馬克思和弗里德里希‧恩格斯，兩位一頭熱的年輕人用欽羨的目光看著資本主義熔爐完成了熔化工作；這是引導我們進入這種穩定而無憂無慮的社會必須要做的。波特萊爾（Baudelaire）讚揚了他最喜愛的現代畫家康斯坦丁‧居伊（Canstantin Guys），因為他窺探了飛逝瞬間裡的永恆。簡言之，現代化是一條具有先驗固定的預定終點線的道路，它是一項注定要讓自己失去工作的運動。

我們仍需一段時間才能發現或判定：不對現代化執迷不悟、難以自拔的現代性，就像一場不吹的風或一條不流動的河流，是一種矛盾修辭……現代生活形態的工作從熔化不夠堅固的劣質固體，變成了熔化固體本身，因為固體已經變得過度固化而不再是可行的了。也許它從一開始就執行了這樣的工作（後見之明是，我們現在確信它是這樣做了）──但是如果在詹姆斯‧彌爾（James Mill）、波特萊爾，或就這件事來說，如果在《共產主義宣言》（Communist Manifesto）作者們的時代跟他們這麼說的話，他們可是會強烈抗議的。二十世紀初期，愛德華‧伯恩斯坦（Eduard Bernstein）被社會民主派的建制合唱團給轟下台，更被社會主義建制派的議事團憤怒地逐出家門，就因為他膽敢指出「目標不算什麼，運動才是一切」。相隔幾十年的波特萊爾和馬里內蒂（Marinetti）之間存在著根本上的價值論差異──儘管他們顯然有著共同的話題。而這恰恰是造成差異的差異……

持久事物即將分崩離析，並刮起一陣短暫流行旋風來填補空缺；是這些可怕的跡象和預期引發了現代性。但才幾乎不到兩個世紀，耐久性和短暫性之間的優勢／劣勢關係已經被扭轉了。在劇烈的轉向下，如今現代性是可以將事物整個顛倒過來、可以解決並放棄掉最珍貴事物的一種設備——這些事物包括了容易解除的紐帶、可輕易撤銷的義務，以及只限當下在玩的遊戲才有效的遊戲規則，有時規則的有效時間甚至還撐不到那麼長。我們全都陷入了難以停下的追逐新奇的境地之中。

　　正如馬丁・傑伊（Martin Jay）堅持認為的，「液態現代性」絕不是一個全球同步出現的現象。在世界的不同地方，與歷史上任何其他轉變一樣，通向現代性「液態階段」的轉變在不同的時間以不同的速度發生。還有一點至關重要，不同時點它會發生在不同的環境——因為已完成轉變的玩家在全球舞台的存在本身就排除了它們的轉變路徑被模仿及重複的可能性（我會認為「後進者」整體上傾向於簡化並壓縮模式制定者的軌跡，有時甚至帶來災難性的血腥結果）。中國現在正忙於應對「資本的原始積累」帶來的挑戰和任務，這些資本被認為造成大量的社會失序、動盪和不滿情緒，並導致極端的社會兩極化。原始積累不是一種能友善接納任何種類自由的環境——不論是多樣化的生產者還是消費者。事情發生的過程必然會衝擊其受害者並附帶傷亡事件，產生具潛在爆炸性威力的社會緊張局勢，而這種緊張局勢必須受到新興企業家和商人壓制，並獲得強大且無情的強制性國家專制政體的援助。智利的皮諾契（Pinochet）、南韓的李承晚（Syngman Rhee）、新加坡的李光

耀、台灣的蔣介石，以及今日的中國領導人，都是過去或現在的獨裁者（亞里斯多德會稱他們為「暴君」），這毫無意義；但他們在過去或現在都能掌控傑出的對外擴張及快速興起的市場力量。如果不是這些國家的長期專制，它們不可能被讚美為今天「經濟奇蹟」的縮影。而且我們可以補充一點，它們成為經濟奇蹟的縮影並不是巧合，它們如今正全力以赴追逐一種精緻的「液態現代」、消費主義的生活形態，這也不是巧合。我還要補充的一點是，更早前日本和德國在戰後的「經濟奇蹟」，相當程度上可以用外國占領軍隊的存在來解釋；這些占領軍從當地政治機構手中接管了國家權力的強制／壓迫職能，同時有效地逃避來自被占領國家民主體制的一切控制。

簡言之，如果啟蒙運動所形象化、馬克思要求並保證的自由是根據「理想生產者」的概念量身訂做，而市場推動的自由是以「理想消費者」為對象而設計，那麼這兩種自由都不會比另一方「更真實」、更現實或是更可行——它們只是不同的自由而已，關注的是不同的自由因素：回想一下以賽亞・柏林（Isaiah Berlin）的「消極」自由（「免於干涉的自由（freedom from）」）和「積極」自由（「自我實踐的自由（freedom to）」）吧。這兩種願景都將自由視為「賦能（enabling）」的條件，一種提高主體能力的條件——但到底是使他們能做什麼，又擴展了什麼能力呢？一旦你試著認真對這些問題進行經驗審查，你遲早將不可避免地發現，兩種願景——無論是生產者還是消費者導向的自由——都預示著實踐過程中將可能出現施行上的強力阻礙，且阻礙絕不是來自這些願景暗

xiv示的方案的外部。相反地，那些「去能（disabling）」因素正是被認為對要將「賦能」方案付諸實行不可或缺的條件，這一點實在令人困惑；所以希望自由只會賦能而不會去能，似乎只是沒有根據的夢想、注定失敗的努力。

然而，這是個社會政治問題，而不是形上學課題。理想和完美的自由、「完全自由」、只有賦能沒有去能的自由，是形上學的矛盾修辭，就像它在社會生活中也似乎是無法達成的目標一樣；原因正是這個事實——做為一種固有的、不可避免的社會關係——自由的推進力量只能是一種分裂的力量，任何具體應用都肯定會受到根本上的考驗。正如同許多理想和價值觀，自由恆處於一種新生狀態（statu nascendi）；它永遠不會實現，而是（或更確切地說，就是出於這個原因）不斷成為人類為之奮鬥的目標，並因此在稱為歷史的永無止境的實驗中成為一股巨大的推動力。

我們所處困境的「液態性」主要是由於所謂的「去管制（deregulation）」而導致的，即權力（意味著做事的能力）從政治（意味著決定要完成哪些事情的能力）中分離，以及由此造成的代理機構的缺位或弱化，或換句話說，由此造成的工具不足以完成任務之情況；同時，「液態性」也是由行動的「多中心主義（polycentrism）」而導致的，這種行動多中心主義的背景發生在我們這個由密集的相互依賴網絡所整合的行星上。坦率地說，在「液態性」境況下，一切事情都可能發生，但沒有信心和把握可以完成任何一件事情。結果就是不確定性的出現：它是一種綜合感

覺，結合了無知（意味著不可能知道將要發生的事情）、無能（意味著不可能阻止它的發生），以及難以捉摸、擴散性、無法明確表達也難以定位的恐懼——那種害怕失去依靠而拼命尋找的恐懼。生活在液態現代境況下，有如行走在地雷區：每個人都知道爆炸可能隨時隨地發生，但沒有人知道什麼時候它會到來、會發生在什麼地方。在一個全球化的星球上，這種境況是普世性的——沒有人可以豁免，也沒有人可以為其後果購買保險。一個地方造成的爆炸，威力會蔓延至整個星球。我們需要很多的努力才能擺脫這種情況，但在離婚後，權力和政治的再婚無疑是今天人們所認為的「再固化（resolidification）」的**必要條件**。

另一個自《液態現代性》第一版問世以來進一步浮上檯面的問題，是「流離失所」的人們——移民、難民、流亡者、尋求庇護者，即流動人口和無永久住所的人數——都在不斷增加。「歐洲需要移民」是歐洲進步研究基金會（Foundation for European Progressive Studies）現任會長馬西默‧達勒瑪（Massimo D'Alema）在二〇一一年五月十日的《世界報》（Le Monde）裡直言不諱的聲明，這個主張和「最活躍的兩個歐洲縱火狂」——貝魯斯科尼（Berlusconi）和薩科齊（Sarkozy）的立場直接起了爭論。支持這一假設的計算幾乎再簡單不過：目前有三‧三三億歐洲人，但目前（且仍在下降）的平均出生率意味著，在未來四十年內歐洲人口將縮減至二‧四二億。為填補此一人口縮減，至少需要三千萬的新移民——否則我們的歐元經濟體將會崩潰，我們所珍視的生活水平也會一起陪葬。達勒瑪作出結論：「移民是資產，而不是危險。」因

此，文化**交混**（混雜〔hybridization〕）也適用於此一結論，而這是新移民湧入勢必會引發的結果；文化靈感的混合是豐富的源泉，也是創造力的動力來源——對歐洲文明和任何其他文明都一樣。儘管如此，文化豐富性與文化認同喪失的區別僅在一線之間，要避免當地人與外來者的共同生活侵蝕了文化遺產，這種共同生活就需要建立在尊重歐洲「社會契約」根本原則的基礎上……重點是，**雙方都要**這麼做才行！

然而，如果歐洲對於給予「新歐洲人」社會和公民權利如此吝嗇、猶豫，進行的速度如此緩慢，那要如何確保這樣的尊重呢？例如，移民目前貢獻了義大利國民生產總值的十一％，但他們卻無權在義大利選舉中投票。此外，沒有人能真正確定有多少沒有證件或持偽造證件的新移民在為國民生產做出積極貢獻，進而有利於國家福祉。達勒瑪以一種修辭性的方式問：「歐盟如何才能允許這樣一種情況存在，即剝奪了相當一部分人的政治、經濟和社會權利，又能不破壞我們的民主原則？」而且既然，公民的義務同樣在原則上伴隨著公民權利而來，那麼我們能夠認真指望新來者會擁護、尊重、支持並捍衛這些「歐洲社會契約的根本原則」嗎？我們的政治人物透過指責移民（無論是真的或推定的）缺乏意願「融入」當地人標準來博取選民的支持，同時無所不用其極地將這些標準訂在外來者搆不上的地方，並承諾做更多事情來防止他們取得這些基本權利。在這過程中，他們讓這些宣稱用來抵禦外部入侵的標準失去公信力或受到破壞……

一個大問題是，最有可能決定歐洲未來的一個尷尬局面，是這兩個正在爭論的「事實」中，哪一個最終會（在沒有拖延太久的情況下）脫穎而出：一個承認是移民在快速高齡化的歐洲所扮演的救命角色，這也是迄今為止幾乎沒有哪個政治家敢公開表明支持的立場；另一個則是讓移民成為替排外情緒煽風點火的工具，目的是讓政治人物順利將之轉換為選舉資本。

　　二○一一年三月，德國綠黨在巴登－符登堡地方選舉中獲得了耀眼的勝利，取代社會民主黨人成為相對基督教民主黨人的另一選擇，並在德國歷史上首次將一位自己人，溫弗里德・克瑞契曼（Winfried Kretschmann）推上邦政府總理寶座。此後，德國綠黨，特別是丹尼爾・柯恩班迪特（Daniel Cohn-Bendit），就開始思考讓德國總理府在二○一三年盡快變綠的可能性。但會是誰將用自己的名字留下歷史紀錄？柯恩班迪特深信，那個人會是傑姆・奧茲德米（Cem Özdemir），他們目前的共同領導人——頭腦清醒、精力充沛並且廣受讚佩，數月前才剛以八八％的得票率再次當選。奧茲德米在十八歲前一直持有土耳其護照；那時的他已經是個深入德國和歐洲政治的年輕人了，但他選擇了德國公民身分，因為當時土耳其國民在進入英國或跨越邊界至鄰國法國時，必然得遭受盤查騷擾。人們不禁要問：在今天的歐洲，誰是歐洲未來的先行報信者？是那對歐洲最活躍的縱火狂，還是柯恩班迪特？

　　然而，在我們越發意識到的、那糾纏著我們液態現代生活形態的各種憂慮中，這並不是最後的一項。正如馬丁・海德格（Martin

Heidegger）提醒的，我們所有人、人類，都是向死而生的——無論我們多麼努力，也無法將這件事驅逐出腦海。然而有越來越多深思熟慮的當代人不斷提醒我們其他人，我們所屬的人類物種正向著滅絕的方向前進，我們正以梅爾維爾的亞哈船長（Melville's Captain Ahab）的方式，將其他所有或大多數活的物種誘入毀滅的陷阱中；儘管到目前為止，無論盡了多大的努力，他們還是無法讓我們接受這件事。

　　國際能源署（International Energy Agency）最近宣布：世界汽油產量已在二〇〇六年達到頂峰且勢必會下滑，而目前正是中國、印度或巴西等國數量空前的能源消費者進入油品市場的時刻。但這個訊息卻沒有引起公眾關注，更不用說引起警惕了；無論是政治精英、商業人士或意見領袖圈，幾乎沒有人注意到這個訊息。

　　「社會不平等會讓現代方案的發明人羞愧不已」，米榭・侯卡（Michel Rocard）、多米尼克・布赫（Dominique Bourg）和弗洛宏・歐嘉涅赫（Floran Augagneur）在他們發表於二〇一一年四月三日《世界報》的合著文章〈人類物種瀕危〉（The human species, endangered）中作出了這個結論。在啟蒙時代，當法蘭西斯・培根（Francis Bacon）、笛卡爾甚至黑格爾在世的時候，地球上沒有一個地方的生活水準比最窮的地區高出兩倍以上。但今天，最富有的國家卡達（Qatar）的人均收入比最貧窮的辛巴威高出了四百二十八倍。以及，且讓我們記住，這些比較都是平均數之間的比較——這讓人想起諺語中提到的野兔和馬肉醬食譜：準備一

隻野兔和一匹馬……。^{譯 1}

　　在承受經濟增長基本教義派帶來的劇烈痛苦下，貧窮問題卻仍頑固地持續存在於地球，這樣的事實已足夠讓正在思考的人們停下來反思進步過程中附帶而來的苦難。將貧窮、看不見未來的世界，和富裕、充滿盼望、熱鬧的世界分離開來的懸崖不斷加深——其深度已超出了最強壯、大膽的登山者的攀登能力所能負荷——這是另一個值得我們嚴肅關注的明顯理由。正如上面引文的作者所警告的，不平等的深化最主要的受害者將會是民主，因為生存和可接受生活所需的配備越來越稀缺且難以取得，這些物品已經成了依賴社會給養的人與未得到援助的窮人之間的割喉戰目標。

　　還有另外一個值得人們提高警惕的重要原因。富裕程度的提升，表現在消費水準的不斷提升；畢竟，從有助於改善生活品質的角度來看，富足是一種值得渴望的價值，但在全球化經濟成長教（Church of Economic Growth）會眾所使用的方言中，「讓生活更美好」的意涵（或只是讓生活少了點不如意）卻意味著要「消費更多」。對經濟成長教的忠實信徒來說，所有通往救贖、拯救、神聖與世俗恩典的道路，以及一切立即和永恆的幸福，都要通過商店才能實現。而等著追求幸福的消費者一掃而空的商店貨架被塞得越滿，地球這個唯一的容器、也是填滿貨架所需的資源——亦即原料

_{xviii}

譯註一：量體規模之間有巨大差異，難以比較或混為一談的意思。

和能源——的供應者，就會被掏得越空：科學一再重申並反覆確認了這個真理，但根據最近的一項研究，美國新聞界在報導「永續性」議題時有五三％直接否認這點，而剩下的報導要不是忽略它，就是默默地帶過。

提姆・傑克森（Tim Jackson）在兩年前出版的《沒有經濟成長的繁榮》（Prosperity without Growth）一書中警告，到本世紀末，「我們的子孫將面臨惡劣的氣候環境、資源枯竭、被破壞的生物棲地、物種的大量滅亡、食物短缺、大規模遷徙，以及幾乎不可避免的戰爭」，然而在一片震耳欲聾、麻木不仁及令人無能為力的沉默中，他的警告同樣被忽視了。儘管我們的債務驅動型消費受到權力的極力教唆、協助和鼓動，但它「在生態上是無法永續的、在社會上是有問題的、在經濟上是不穩定的」。傑克遜還有其他一些令人不寒而慄的觀察，其中一個是，在我們這樣的社會環境中，世界上最富有的五分之一人口每年獲得全世界收入的七四％，而最貧窮的五分之一人口則需要爭搶二％的收入。引用撲滅貧窮的高貴需求來證成經濟成長政策持續造成的災難，這種慣常手法顯然是徹頭徹尾的偽善，也是對理性的冒犯，但最受歡迎（最有影響力）的資訊管道對於這一點也幾乎是普遍忽視的，或充其量將這樣的資訊用某些新聞頁面或時段來打發；它們以報導那些調整並適應他們悲慘境遇的聲音而知名。

傑瑞米・勒格特（Jeremy Leggett，在二〇一〇年一月二十三日的《衛報》中）根據傑克遜的線索提出，我們需要「在傳統的富

裕陷阱以外的地方」（讓我補充一點：也要在物品及能源使用／誤用／濫用的惡性循環以外的地方）尋求一種持久的（而不是注定失敗或純屬自殺行為的）繁榮，也就是在親密關係、家庭、鄰里、社群、生活意義中去尋找，在「珍視未來的健全社會的使命」中去尋找，即便這是一個公認模糊而難解的領域。傑克遜自己冷靜地坦承，質疑經濟增長被認為是「瘋子、理想主義者和革命者」會做的事，具冒險性、令人恐懼又充滿期待（而這不是毫無理由的）；自己要不是被當成這三種人之一，要不就是同時身兼這三種身分，而這樣的分類是由那個「不成長就滅亡」意識形態的倡導者或癡迷者所決定的。

　　艾琳諾 · 奧斯卓姆（Elinor Ostrom）的《治理公共事務》（*Governing the Commons*, 1990）比傑克遜的書早了十年，但我們已經可以在這本書裡看到，「人們天生就傾向根據短期利益行事並遵循『人人為己，寧可把別人當墊背』的原則」這個被努力推廣的信念根本禁不起事實的考驗。從她對在地活躍小型企業的研究中，奧斯卓姆得出了截然不同的結論：「社群中的人」做出的決定往往「不僅僅是為了利潤」而已。在去年三月與法蘭 · 寇騰（Fran Korten）的談話中，她提到了社群內部誠實與真誠的溝通，羞辱與榮耀的時刻，對公共場所和開放牧場的尊重，以及其他幾乎不消耗能量、不製造廢棄物的策略，她認為這些都是相當合理的行為，幾乎是人類面對生命中出現挑戰的本能反應——它們沒有任何一個特別有利經濟增長，但是都有利於這個星球及其居民的永續生存。

現在該是開始思考的時候了：這些共同生活形式是否就是我們大多數人所以為的那樣，只是一去不復返的往事，我們只有在已消逝的「過時落伍時代」殘存下來的少數地方發回的民族誌報告中才能窺見它們的樣貌？又或許，從某種另類史觀（因此也是對「進步」的另類理解）所看到的真相即將被揭露，那就是透過消費來追逐幸福的這段歷史絕對不是無法回頭也無路可退、只能不斷走下去的；人們已經、正在並即將證明它只是基於所有實際目的和意圖的一次繞道而已，它本質上是暫時的，也不可避免地是暫時的？

　　正如他們說的，陪審團還在外面。然而，是該做出裁決的時候了。陪審團出去的時間越久，他們因為撐不下去而被迫走出自己會議室的可能性就越大。

二〇一一年六月

序言 論輕盈與流動

頓挫、前後不一、措手不及的遭遇，乃是我們生活的常態。對於許多人來說，這些甚至是真正的需求，因為他們的心靈已不再能獲得滿足……除了突然的變化與持續出現的新刺激之外，沒有別的事物〔能夠滿足他們〕……我們再也無法忍受長久不變的事物，再也不知道如何從無聊平淡中生產出成果。

於是歸根結柢，整個問題就是：人類的心靈是否能夠駕馭它所創造出的事物？

——保羅・瓦樂希（Paul Valery）

流動性（fluidity）是液體與氣體的特性。正如《大英百科全書》（*Encyclopaedia Britannica*）的權威說明告訴我們的，區分這兩者與固體的，是它們「無法在靜止狀態時維持切向力或剪力」，因此「在這樣一種壓力下，持續改變形狀」。

當承受剪應力時，物質的一部分相較於另一部分出現了持續且不可復原的位移現象，這構成了流動，也就是液體特有的性質；相形之下，一個扭曲或彎折姿態的固體，其中的剪力維持不變時，該固體不會流動，而是會彈回原本的形狀。

液體（liquid）是流體（fluid）的一種，會有這些不尋常的特質，必須歸因於它們的「分子以一種有序方式排列在不過幾個分子直徑的範圍內」；儘管「固體所表現出的各式各樣反應，是讓固體的原子聚合在一起的結合類型（type of bonding）以及原子的結構性配置的直接結果」。反過來說，「結合」則是被用來表示固體穩定性的一個術語——意味著它們為「抗拒原子分離」所產生的阻力。

《大英百科全書》的說明到此為止——讀起來簡直就像是為了把流動性視為「現代」這個當前階段的最主要的隱喻而寫。簡而言之，流體的所有這些特徵要說的是：液體不像固體，無法很容易地維持其形狀。也就是說，流體並不占據固定的空間與時間。儘管固體有清楚的空間特性，但卻抵銷了時間的衝擊，降低其重要性（有效抗拒時間的流動或使其變得無關緊要），因此流體不會長時間保持一個形狀，而是時時處在準備要（而且很容易）改變形狀的狀態下；對流體而言，要緊的是時間的流動，重要性甚於它們偶然占據的空間：畢竟，它們也只占據空間「片刻而已」。在某種意義上，可說固體取消了時間；相反地，對液體而言，重要的多半是時間。

當描寫固體時，人們也許會完全忽視時間；但在描述液體時，不去說明時間可就是個重大疏失了。對於流體的描述全都是快照式的描述，而且相片的底部需要寫上日期。

流體輕易地移動著。它們「流動」、「溢出」、「耗盡」、「飛濺」、「傾注」、「漏出」、「湧流」、「噴射」、「滴漏」、「滲出」、「冒」；不像固體，它們不容易被阻攔——它們會繞過一些障礙、溶解另一些，若還有障礙就用鑽縫或滲漏的方式為自己開山闢路。遇上固體時它們可以毫髮無損地脫身，但它們所遇上的固體卻被改變，不是受潮就是濕透；這還是指如果能夠維持固態的話。流體非凡的移動能力（mobility）使人將它們和「輕盈（lightness）」的觀念聯繫在一起。按照所占的體積一比一計算，有些液體比許多固體還重，但我們卻還是往往根據視覺印象認為所有液體都比固體更輕、更不「沉重（weighty）」。我們將「輕盈」或「幾乎沒有重量（weightlessness）」和移動力及反覆多變聯繫在一起：我們從實踐中知道，越是輕裝上路，就越能輕鬆、快速地移動。

因此，當我們希望掌握當下的性質，而這個當下在現代性的歷史裡就許多方面來說都是個新奇（novel）的時期時，上述這些都是可以將「流動性」或「液態性（liquidity）」視為恰當隱喻的理由。

我欣然承認，這個提議會令任何精通「現代性論述」、熟悉現代史敘事常用詞彙的人感到卻步。難道現代性不是從一開始就是個「液化（liquefaction）」的過程嗎？難道「瓦解堅固不變的事

3

物（melting the solids）[譯1]」不是它一直以來的主要消遣及最大成就嗎？換句話說，難道現代性不是從誕生開始就一直是「流動的」嗎？

一旦我們回想《共產主義宣言》作者在一個半世紀前創造出的那句知名用語「瓦解堅固不變的事物」，上述這些和其他類似的反對意見都會很有道理，而且會更有道理。該用語指的正是自信、昂揚的現代精神為當時社會所帶來的結果；在它眼中，這個社會死氣沉沉得令人生厭，抗拒改變、墨守成規、固步自封而不思進取。如果說這股「精神」是「現代」的，理由其實正是因為它堅決認為應將現實從自身歷史的「死亡之手」中解放出來——而且只有透過瓦解堅固不變的事物才能辦到（按照定義，也就是去溶解經過時間的考驗仍留存下來、對時光的既往及歲月的流逝無動於衷也無所增減的一切事物）。那個意圖回過頭來呼籲「褻瀆神聖事物」：呼籲否定過去、奪去其崇高地位，尤其「傳統」——亦即存在於當下此時的過去積澱與殘餘——更是它的首要目標；因此，它呼籲粉碎由信念與忠誠所打造的、讓固形物得以抵抗「液化」的護甲。

然而，讓我們銘記，所做的這一切不是為了要一勞永逸地擺脫那些堅固不變的事物，讓這個勇敢的新世界永遠從它們手中解脫，而是為了清出一個場所，安頓那些**新而更加完善的固形物**；以另一

譯註 1：為行文流暢之故，下文將 the solids 譯為堅固不變的事物或固形物。

組更加美好、完善的事物取代繼承而來的那組瑕疵、不完美的事物，因為這樣的缺陷與不完美已讓它不再是可以改變的了。當閱讀托克維爾（Tocqueville）的《舊制度（Ancien Régime）〔與大革命〕》一書時，人們可能還會思忖，到底那些「既建的堅固不變事物」有多麼遭人怨恨、譴責；它們被蓋上「液化」的戳記，因為它們已然腐朽不堪、反應遲鈍，搖搖欲墜，彷彿隨時就會從裂縫處開始土崩瓦解，並且完全不可信賴。現代發現，那些前現代的固形物已經處在相當接近瓦解的狀態；而在渴望瓦解它們的背後，最強烈的動機之一就是希望發現或創造出——為了改變的緣故——**持久不變的堅固性（solidity）**，這種堅固性是人們可以信賴、倚靠的堅固性，也是讓這個世界變得可以預測、並因此可以管控的堅固性。

　　首先被瓦解的固形物及首先被褻瀆的聖物就是傳統的忠誠，以及束縛人們手腳、阻礙並絆跌著企業前進步伐的慣有權利與義務。要熱切投入建立新的（真正堅實的！）秩序的任務，就必須先擺脫那些舊秩序對建築者施加的沉重負擔。「瓦解堅固不變的事物」最重要的，是意味著擺脫那些「無關緊要的」責任與義務，這些阻礙了通往效益的理性計算之路；正如馬克斯・韋伯（Max Weber）所言，將企業從家庭責任的桎梏和倫理義務的嚴密羈絆中解放出來；或如同湯瑪斯・卡萊爾（Thomas Carlyle）會說的，在構成人類相互關係及相互責任基礎的諸多紐帶中僅僅保留「金錢往來關係（cash nexus）」。透過同樣的方式，這樣「瓦解堅固不變的事物」也讓複雜的社會關係網絡陷入失靈狀態——讓它毫無遮蔽與保護，手無寸鐵地暴露在外，沒有能力抵抗由商業動機促成的行動準則及

其形塑的理性標準，更別說分庭抗禮了。

那場重大的啟程，為工具理性長驅直入並支配（韋伯用語）社會關係網絡的領域、或說（正如卡爾・馬克思的闡釋）經濟在該領域所扮演的決定性角色打開了大門：現在，社會生活的「基礎」賦予了所有其他生活領域「上層建築（superstructure）」的地位——也就是由該「基礎」製造出的產物，而這人工製品唯一的功能就是讓基礎能夠持續而平穩地運行。堅固不變事物的瓦解導致經濟逐步而漸進地擺脫了傳統政治、倫理及文化的層層束縛。它積澱成一種主要是透過經濟標準來界定的新秩序。那個新秩序比它所取代的舊秩序更加「兼顧」，因為，不像那些舊秩序，新秩序不受來自非經濟行動的挑戰影響。有能力轉變或改革這個新秩序的大多數政治或道德力量都已毀壞，或太短暫太虛弱，或在其他方面不足以勝任此一任務。這並不是說一旦確立之後，此經濟秩序就會對其餘的社會生活進行殖民、再教育，並按照自己的方式加以改造；而是那個秩序將會支配人類生活的總體，因為就不懈而持續地再生產該秩序這件事情來說，生活中發生的任何其他事件都是無關緊要、不起作用的。

針對現代性事業的此一階段，克勞斯・奧菲（Claus Offe，在一九八七年首度發表於《*Praxis International*》的〈The Utopia of the Zero Optio〉一文中）有極佳的描寫：「複雜」社會「已經變得極其僵固死板，以致於從規範的角度反思或更新它們『秩序』的嘗試，亦即對發生在社會之中的過程進行協調的天性，由於它們

5

實踐上的無效以及因而暴露的本質上的缺陷,實際上已經被提前扼殺了。」無論該秩序內的「次系統」單獨或分別來看是如何自由、多變,但它們卻以「僵硬死板、致命,並與任何的自由選擇無緣」的方式交織在一起。事物的總體秩序失去了選擇的機會;人們並不清楚這些可能是什麼樣的選擇,對於在社會生活不可能有能力孕育出選項的情況下如何真正創造出一個明顯可行的選項,更是毫無頭緒。在總體秩序與每一個目的性行動的施為者、工具及策略之間存在著一道裂縫——一道永恆擴大著的裂縫,其上看不見任何橋樑。

與大多數反烏托邦的(dystopian)情節相反,這個結果並不是透過獨裁統治、屈從、壓迫或奴役,也不是透過「系統」對私領域的「殖民化」而達成。恰恰相反:正是激進地清除那些被懷疑限制了個人選擇或行動自由的鐐銬,才產生出今日的處境,而這些懷疑可能是正確,也可能是錯誤的。**秩序的僵固死板是由人類施為者所擁有的自由去打造並積澱而成的。**這種僵固性是「鬆開煞車踏板」後的總產物:去管制、自由化、「彈性化」、增加流動性、解除對金融、房地產及勞動市場的限制、減輕稅務負擔等的總產物(正如奧菲在一九八七年首度發表的〈Binding, Shackles, Brakes〉一文中所指出的);或者,(引用理查・桑內特〔Richard Sennett〕在 Flesh and Stone 中的說法),這種僵固性也是「速度、逃逸、被動性」技術的總產物——換言之,也就是允許系統和自由的施為者維持高度疏離,彼此迴避正面遭遇的技術。如果系統性革命的時機已經過了,那是因為不存在可以架設此系統的控制桌面的建築物,可以被革命者攻破、占領;也因為極難或甚至無法去想像,一旦置身於這

些建築物裡（假如他們先建立起建築物的話），這些勝利者可以做些什麼來翻轉局勢，結束那些引發他們叛變的悲慘境遇。對於下面這一類潛在革命的明顯缺乏，人們應該不會感到驚訝或困惑才是：將改變個人困境的渴望編織成改變現存社會秩序計畫的這一類人民的革命。

　　建立一個新而更加美好的秩序以取代有缺陷的舊秩序，這項任務現在並不在議程上——至少不是在政治行動應該出現的領域的議程上。「瓦解堅固不變的事物」，這個現代性的永恆特質於是獲得了一個新的意義，最重要的是，它被重新導向了一個新的目標——而這個重新導向的最主要效果之一，就是瓦解那些會將對秩序與系統的質疑保持在政治議程上的力量。那些輪到它們被扔進熔爐裡的固形物，以及在現在、在這個流動現代性的時代正處於融化過程的固形物，是將個人選擇與集體計劃和行動互相鎖在一起的紐帶——也就是在個人所採取的生活方針與人類集體政治行動之間的溝通及協調模式。

　　一九九九年二月三日，在接受強納森・盧瑟福（Jonathan Rutherford）訪談時，烏爾里希・貝克（Ulrich Beck，幾年前他才創造出「第二現代性」這個詞來指稱現代性「**轉向其自身**」的時期，也就是所謂「現代性的現代化」年代）談到了「雖死猶生」的「殭屍範疇」與「殭屍制度」。他舉出家庭、階級及鄰里關係做為這個新現象的最主要例子。以家庭為例：

問問你自己，今天的家庭究竟是什麼？它的內涵是什麼？當然家庭裡有孩子，我的孩子、我們的孩子。但即便是家長身分，家庭生活的核心，在離婚的情況下也正在開始解體……祖父母被動地被納入及排除於家庭外，沒有任何方法可以參與他們子女的決定。從他們孫子女的角度來看，祖父母的意義是由個人的判斷及選擇所決定的。

也就是說，目前上演的是現代性「瓦解力量」的重分配及再配置。它們首先影響的是現存制度，那些限定了可能的行動選擇領域的框架，像是不得上訴的透過繼承方式分配的財產。舊有的形構、格局、依賴和互動模式都被扔進熔爐，接受重新鑄造與形塑；這是以逾越、打破邊界、銷蝕一切為內在天性的現代性歷史上的「打破常規」時期。然而，對那些個人而言，他們的疏於注意可以被原諒：他們遭遇到的是儘管「新而更加完善」，卻和過去一樣頑強、難以撼動的模式與框架。

確實，打破常規的前提是常規要被另一個常規所取代；人們從舊牢籠中解放，然而當他們在這個新秩序提供的現成立基點（也就是階級之中）持續、專心地投注一生的漫長努力，仍無法重新找到安身立命之道時，得到的卻是警告與譴責；**階級**的框架（就像已然瓦解的**財產**一樣堅決地）集中濃縮了總體生活條件及生活展望，並決定了符合現實的生活計畫及生活策略的範圍。自由個人所面臨的任務是要運用他們新得到的自由找到合適的立基點，並透過順從其安排，也就是忠誠地遵守對該位置而言被認為是正確、恰當的規則

與行為模式而安定下來。

　　今日越來越短缺的，正是這些人們可服從、可選擇做為穩定的確定方向的依據，並隨之接受其指引的模式、規範與準則。這並不表示我們當代人只接受自身想像力及決心的指引，並可以一點一滴從無到有地根據自身意志建立起自己的生活模式，或是不再依賴社會所提供的建材及設計藍圖。但是這確實意味著我們現在正從預先配置好的「參照群體（reference group）」的年代，走入「普適性比較（universal comparison）」的年代；在這個年代，個人自我建構的努力目標無可救藥地懸而未決，沒有事先給定的目標，且在這類努力達到唯一真正的目的地、也就是個人生命終點之前，往往會經歷許多深刻的變化。

　　在這個時代，模式與形構不再是「給定的」，更別說是「不證自明」了；它們數量太多，彼此扞格、命令互相衝突，於是每個命令都不再擁有具強制性的約束力量。它們的性質已然改變，並根據已改變的性質重新加以分類──被歸入個人任務清單的項目之中。模式與形構不再先於生命政治（life-politics）而存在並構成其未來行動路線的框架，而是跟隨著生命政治（**由**它產生），其往返轉折一再地形塑並再形塑自身樣貌。這些液化的力量已經從「系統」向「社會」移動，從政治向「生命政治」移動──或說從社會共同生活（social cohabitation）的「巨觀」層次向「微觀」層次移動了。

8　　於是，我們的現代性是個體化、私有化的現代性，我們肩負著模式編組的重擔，失敗的責任主要落在個人的肩上。現在輪到依

賴與互動的模式要被液化了。這些依賴與互動模式的可塑性程度已經到達過去幾個世代不曾經驗也無法想像的程度；然而正如所有的流體，它們無法保持同一個形狀太久。比起讓它們保持原狀，形塑它們會更容易。固體一旦被形成就不需要再做任何事了，但要讓流體保持一定形狀卻必須投入許多的關注、持續的警戒及持久的努力——即便如此，仍不能保證這些努力一定能取得成功。

否認或甚至刻意貶低「流動現代性」的出現對人類境況帶來的深刻變化，並不是明智的作法。系統性結構的遙不可及結合了做為生命政治直接背景的非結構性及流動狀態，以一種基進的方式改變了人類境況，並要求我們重新考慮那些經常構成人類境況之敘事框架的舊概念。就像殭屍一樣，這樣的概念在今日仍雖死猶生。實際的問題是：僅管取得了新的樣貌或以化身的方式出現，這些舊概念的復活是否可行呢；或者（如果行不通的話），要如何體面而有效地安葬它們？

這本書要回答的就是這個問題。有關人類境況的正統敘事往往圍繞著一些基本概念，我選擇了其中的五個做為檢視的對象：解放、個體性（individuality）、時間／空間、工作，以及社群（community）。我在書中探討它們的意義及實際運用的連續體現（僅管是以非常零碎而初步的方式），抱持著將孩子從向外潑去的髒洗澡水中拯救出來的期望。

現代性的意義豐富，我們可以透過許多不同的標記來追蹤其降臨與進展。然而，其中有一個現代生活及現代背景的特質，也許因

為是「造成差異的差異」，所以特別突出；所有其他特性都由此發展而來，它是關鍵的屬性。這個屬性就是時間與空間之間的變動關係。

當時間與空間從生活實踐中分離、也與彼此分離，並因此變成容易加以理論化的彼此有別、相互獨立的策略及行動範疇時；當時間與空間不再是彼此交織、難分難解的生活經驗面向，不再被封鎖在穩定而明顯牢不可破的一對一對應關係中，如同它們在漫長的前現代歲月裡時，現代就開始了。在現代性中，時間擁有**歷史**；它擁有歷史，是因為時間的「乘載能力」永遠在擴展當中──乘載能力是指時間單位得以「經過」、「穿越」、「覆蓋」，或者**征服**空間的延伸範圍。一旦時間在空間中穿行的速度（它不像明顯不具彈性的空間，既不能延伸也無法縮短）成為人類創造力、想像力及智謀的體現時，時間就獲得了歷史。

當速度（說得更明白些，是加速度〔acceleration〕）的觀念是指涉時間與空間的關係時，它就**假定**了這種關係的可變性；如果時空關係沒有改變的可能、如果它是不屬於人類或先於人類的現實，而非人類創造力與決心的體現、如果它不是遠超出自然的移動工具──人腿或馬腿──所限制前現代身體運動的那個窄小的變化範圍，那麼時空關係就幾乎不會有任何意義。一旦一個時間單位能夠經過的距離開始依賴科技、人工的運輸工具，那麼原則上，所有對於運動速度的現存、繼受限制就都可以被超越。如今，天空（或者後來得知的，光速）才是唯一的限制了，而持續、無法阻擋、快

速加速中的現代性，正為了突破這個限制而努力。

　　多虧了新近取得的彈性與擴張性，讓現代性首次成為征服空間的重要利器。在時間與空間的現代鬥爭當中，空間是堅固遲鈍、笨重遲緩的一方，只能進行防禦性的壕溝戰——扮演障礙物的角色，阻礙具有韌性的時間不斷前進。而在這場戰役中，時間是積極主動、活力充沛的一方，也始終是進攻的一方：它是侵略、征服及殖民的力量。在現代時期，運動速度的穩定增加以及更快移動工具的穩定取得，成為主要的權力及支配工具。

　　米歇爾・傅柯（Michael Foucault）運用了傑瑞米・邊沁（Jeremy Bentham）的全景監獄（Panopticon）做為現代權力的主要隱喻。在全景監獄裡，犯人被囚禁在一個地方，失去移動的自由，他們被關在受到嚴密監視的厚重牆內，固定在自己的床上、牢房裡或工作檯前。因為受到監視，他們無法走動；他們必須隨時待在指定的地方不能離開，因為他們不知道、也沒有辦法知道看守人現在在哪裡——看守人可隨意走動。監視者的設備以及走動的方便保證了他們的支配地位；犯人「被固定在一個地方」則是造成他們屈從的重重枷鎖之中最安全、最難以打破或放鬆的一種手段。管理者權力的秘密，在於對時間的操縱；而透過否認下屬有走動的權利、透過例行化下屬必須遵守的時間節奏讓他們無法在空間中移動，則是管理者行使權力時的主要策略。速度、取得並使用交通工具的能力，以及因此獲得的行動自由，以上這些共同構築了權力的金字塔。

全景監獄是權力關係兩造間彼此交往及衝突的一種模式。管理者控制自己的隨心所欲，以及例行化他們下屬的時間之流，這兩種策略在此合而為一。但是這兩項任務之間存在著緊張關係。第二項任務約束了第一項任務——它將「執行例行化的人」綁在時間例行化的對象被關押的地方。這個執行例行化的人並不擁有真正充分的行動自由：實際上，他無法選擇當個「不在地主（absentee landlord）」。

全景監獄還背負了其他障礙。它是個昂貴的策略：要征服並緊緊占據一個空間，同時讓該空間的居民固定待在受監視的地方，這會產生許多代價高昂且沉重累贅的行政工作。要興建一棟建築並讓它維持在良好狀態，必須雇用專業的監視人員並付他們薪水，也得照顧到犯人的生存及工作能力並加以維持。最後，無論是否願意，處理行政就意味著要對該地方的總體福祉負起責任，即便只是從很好理解的自我利益來著眼——而責任又再次意味著被綁在一個地方。它要求你在場並參與，至少是讓你處在永恆的對抗與拉鋸掙扎當中。

有這麼多的評論者談到了「歷史的終結」、後現代性、「第二現代性」和「超現代性」，或是去闡釋自己對於出現某種基進變化的直覺，那是在人類共同生活的安排及今日實施生命政治的社會條件中出現的某種基進變化。促成這種情形出現的是一個事實：加快移動速度的長期努力如今已到達它的「自然界線」了。權力的移動速度可以跟電子訊號一樣快，於是移動權力的基本成分所需的時間

也被縮短成一瞬間的事。實際上，權力已經變成真正的「**治外法權**¹¹
（exterritorial）」，不再受限於空間的抵抗，甚至不再為此慢下
腳步（手機的誕生可以看成是對空間依賴的象徵性「最後一擊」：
連電話插座都不需要就能下達命令，並看到該命令所產生的效果。
下達命令的人身處何方已不再具有任何重要性——「近在眼前」和
「遠在天邊」的差異，或置身蠻荒和文明秩序之地的差異，幾乎都
已經消失了）。這讓權力持有者獲得了前所未見的機會：他們可以
除去權力的全景式技術中令人尷尬、不快的那些面向。無論現階段
在現代性歷史上是一個什麼樣的階段，也許最重要的是，這個階段
也是**後全景式權力關係**（*post-Panoptical*）的階段。在全景監獄的權
力關係中，關鍵的是負責人被假定為始終「在那裡」、就在附近、
就在控制塔裡。但在後全景監獄的權力關係中，關鍵的是操作權力
搖桿的人們在任何時候都可以避不見面——讓人完全無法接觸到
——而他們所掌握的權力搖桿卻決定了在這段關係中較無法隨心所
欲移動者的命運。

　　全景式權力關係模式的結束，預示了監督者與被監督者、資本
與勞動、領導者與追隨者、交戰雙方之間**相互交往年代的終結**。現
在，權力的主要技術是逃跑、滑移、省略及迴避，這些技術有效地
拒絕了任何領土的限制，及其必然會帶來的沉重負擔：建立及維持
秩序，為它的一切後果負責，並付出必然的代價。

　　這種新的權力技術在波灣戰爭及南斯拉夫戰爭的進攻者採取的
策略中得到了生動的展示。不願意在戰爭進行時部署地面部隊，這

件事著實令人吃驚；無論官方解釋可能意味著什麼，這種不情願不只是受到媒體大肆宣傳的「屍袋」症候群所影響那麼簡單。參與地面戰爭之所以引發不滿，不只是因為在國內政治上可能引發負面效果，還因為（也許是主要原因）它對總體來說不會產生幫助；考慮到戰爭目標的話，它甚至還會產生反效果。畢竟，征服一塊土地的同時承擔其所帶來的行政和管理負擔，這不只不在戰爭行動的目標清單上，更是要盡一切方法去避免的不測事件，因此這種事被嫌惡地視為另一種「附帶損害（collateral damage）」，只是這次發生在攻擊方身上而已。

　　由行蹤隱祕的戰鬥機和有自動導航及搜尋目標功能的「聰明」飛彈發起的攻擊出其不意、神出鬼沒，且速度極快，取代了步兵部隊在地面推進並掃蕩敵軍的做法——這種做法的目的是為了拿下由敵人擁有、控制並進行管理的領土。進攻者不再像過去一樣，希望在敵人逃跑或敗退後成為「留在沙場上的最後一人」。軍隊和它的「打帶跑」戰爭計畫預示、體現並突出了液態現代性年代的新型態戰爭中真正重要的事：不是為了征服新的領土，而是為了摧毀那些阻礙新而流動的全球化力量流向的高牆；要讓敵人的腦中不再存有一絲建立自己統治實域的渴望，並由此打開至今仍被壁壘及高牆阻礙而無法進入的空間，好讓其他的、非軍事的權力武器長驅直入。人們也許會因此說（以改寫方式引用克勞塞維茲〔Clausewitz〕的知名公式），今日的戰爭看起來越來越像是「透過其他手段來推動全球自由貿易」了。

吉姆・麥克勒夫林（Jim MacLaughlin）最近提醒我們（參見《Sociology》1/99），除了其他方面之外，現代時期的降臨還意味了「定居者（the settled）」所展開的一貫系統性攻擊，那些轉向定居生活的人們反對游牧民族及游牧生活型態，因為他們和新興現代國家對領土及疆界的專注形成了鮮明差異。在十四世紀時，依本・哈勒頓（Ibn Khaldoun）可以吟唱游牧生活的讚歌，頌讚游牧生活讓游牧民族「比定居民族更加接近良善，因為他們……更能遠離所有侵入定居者心靈的惡習」。然而在不久後，狂熱的民族及民族國家建國大業就開始在全歐洲如火如荼地展開，當建立新的法律秩序以及規範公民權利責任的法典時，「國家（soil）」的地位被堅定地放在「血緣（blood）」之上。游牧者，那些輕看立法者對領土的關懷、公然無視他們劃定疆界的苦心孤詣的人，在這場以進步和文明為命的聖戰中被丟進了最主要的惡棍行列。現代的「時間政治（chronopolitics）」不只將他們視為劣等原始的民族，是「低度發展」並因此需要徹底改造與啟蒙的人，而且還是落後、「被時間拋在身後」的人；他們飽受「文化落後」之苦，徘徊在進化之梯的下層，而在爬上梯子以追隨「普適發展模式」這件事上，還不可原諒地動作遲緩或是病態地不情願。　13

　　整個現代時期的固態階段，游牧習俗一直不受歡迎。公民身分與定居生活一起到來，沒有「固定住址」及「無國家」意味著被安分守己並受法律保障的社群排除在外，犯罪者不是被積極起訴，就是被法律歧視。雖然上述這種情況在無家可歸者和詭計多端的「下層階級」身上仍然適用，他們依然受到舊的全景監獄式控制技術的

監控（這些技術大多已被放棄，不再被當作整合及規訓大多數人的主要工具了），但定居生活對游牧生活的無上優越性以及定居者支配游牧者的年代，卻很快就告一段落了。我們正見證游牧生活對固定領土及定居生活原則展開的復仇。在現代性的流體階段，大多數的定居者被居無定所、享有治外法權的菁英所統治。現在，對政治及戰爭而言，保持讓游牧者可免費隨時來去的道路並逐步淘汰仍存在的檢查哨，已經成了超越一切的目標（meta-purpose），這就是克勞塞維茲最早宣稱的「透過其他工具的政治延伸」。

當代全球菁英是根據老派作風的「不在地主」模式形塑出來的。它可以進行統治，而無需承擔行政、管理、福利關懷的惱人瑣事，或得因此負擔「啟迪民智」、「移風易俗」、提高道德水準、「教化人心」及進行「文化征服」的使命。菁英不再需要積極參與下級人民的生活（相反地，參與人民生活被視為多餘的、代價高昂而且無效，因此被積極迴避）——於是「越大」非但不代表「越好」，還不太合理。現在是越小、越輕、越好攜帶的東西越能代表改善與「進步」。相較於必須緊密依賴那些因其可靠堅固而被視為具有吸引力的東西——亦即它們的重量、堅固結實及不輕易屈服的抵抗力——現在，能夠輕便地移動才是權力的優點。

若能隨心所欲地在短時間內甚至立刻到達、或是放棄一塊土地，那麼守住它就不再那麼重要了。另一方面，因抓得太牢，承擔對彼此都有約束力的承諾而不堪負荷，則可能有積極的害處，且新的機會也可能突然在其他地方出現。洛克斐勒（Rockefeller）也許

會希望自己的工廠、鐵路和油井蓋得越大越好、擁有越久越好（或是永遠擁有它們，如果用人類或人類家族壽命的長度做為時間尺度的話）。然而，比爾‧蓋茲卻對跟自己過去感到自豪的所有物分道揚鑣、了無遺憾；今日，創造利潤的是令人難以置信的循環、回收、老化、丟棄及取代速度──而不是產品的經久耐用及持久可靠。長達數千年之久的傳統被不尋常地翻轉了。今日世界中享有高位、手握大權的人們憎惡並對耐久事物避之惟恐不及，卻異常珍惜那些轉瞬即逝的東西；而那些位在底層的人──在困難重重的情況下──則絕望地奮鬥著，只為了讓他們那些脆弱、微不足道、轉瞬即逝的所有物提供更持久耐用的服務。這兩群人今天多半得在舊貨或二手拍賣市場的櫃檯對立兩邊時，才有可能相遇。

人們經常充滿焦慮地注意到社會網絡的解體、以及有實力的集體行動組織的分崩離析，並嗟嘆這是由越來越靈活、難以捉摸、多變、閃爍不定的權力具有的新的輕盈及流動性所帶來令人意想不到的「副作用」。然而社會解體既是新權力技術的條件，也是它的結果，這種新的權力技術把解開束縛以及逃脫的藝術當成它的主要工具。要讓權力可以自由流動，這個世界就必須沒有圍籬、柵欄、設防邊界以及檢查哨。任何由社會紐帶編織成的嚴密網絡，尤其是扎根於領土的緊密網絡，都是必須清除掉的路障。為了它們持續、漸增的流動性，全球權力著重於摧毀這類網絡，因為流動性它們力量的主要泉源，也是它們所向無敵的保證。是人類紐帶與網絡的分崩離析、不堪一擊、脆弱短命及它們的待更新狀態（until-further-noticeness），讓權力可以首先為所欲為。

如果這種糾纏不清的趨勢繼續發展而不放慢腳步，男人和女人將會被按照電子鼴鼠的模式加以重塑。電子鼴鼠這個控制論拓荒年代的驕傲發明，問世時曾立刻被稱許為即將到來的時代的先行者：一個裝在小腳輪上的插頭，它氣急敗壞地四處奔走，尋找能夠插入的電子插座。但是由手機所預示即將來臨的這個時代，插座可能會被宣布為是已過時、品味低俗的東西，數量會越來越稀少、品質也越來越不牢靠。在當時，許多的電力供應商會頌揚加入他們各別電網的好處，並競相爭取尋找插座的人青睞。但長期來看（無論「長期」在這瞬時性（instantaneity）的時代裡意味著什麼）插座將可能被淘汰，並由商店零售的拋棄式電池取代，每個機場售貨亭、高速公路及地方道路沿線的服務站都可以買到這種電池。

這似乎是一種為液態現代性量身訂製的反烏托邦思想——用來取代歐威爾式及赫胥黎式惡夢的恐懼，是再合適不過了。

一九九九年六月

第一章　解放

在第二次世界大戰結束以來的「榮耀三十年」——財富及經濟安全在富裕的西方史無前例地得到成長與確立的三十年——接近尾聲時，赫伯特・馬庫色（Herbert Marcuse）怨道：

> 談到今日及我們自身的處境，我認為我們面對的是一個歷史上的嶄新處境，因為今日我們必須從一個運作相對良好、富裕、強而有力的社會中解放……我們面對的問題是我們需要從一個在人類的物質、甚至是文化需要上取得相當程度發展的社會中解放，一個——用一句口號來形容——將商品送到越來越多人手上的社會。而這意味了，我們正面臨一個從社會中解放的問題，且這樣的解放顯然已不具有大眾基礎（a mass basis）。[1]

對馬庫色而言，我們**應該**、也**必須**要解放，要「從社會中解放」，這點不是問題。馬庫色**當時**的問題——一個「分送商品」的社會特有的問題——是：解放不具有「大眾基礎」。簡單地說，很少有人想被解放，更少有人願意為了解放採取行動，而且實際上沒

有人能十分確定「從社會中解放」跟他們當時已然所處的狀態有什麼不同。

「解放」從字面來說意味著擺脫某種鐐銬的束縛，這些鐐銬阻撓或妨礙了運動；因此，解放就是開始**感到**自己可以自由移動或行動。「感到自由」，就意味著可以隨心所欲地行動或擁有行動的可能，不會被妨礙、阻撓、抵制或遇到任何其他障礙。正如亞瑟‧叔本華（Arthur Schopenhaur）曾觀察到的，「現實」是由意志的行動創造出來的；在我對於世界是「真實（real）」——是約束、限制、不服從——的感知中，是世界對於我的意圖、我的意志無動於衷，不願屈從地進行回彈。感到不受約束、感到可隨心所欲而行，意味著在意願、想像及行動能力間達到了一種平衡：當想像力未超出一個體的實際欲求，同時無論想像力或實際欲求都未超出行動能力的限制時，人就會感到自由。因此，有兩種不同的方式可以建立這種平衡並維持其完好無損：要不就是減少、削弱欲求及想像的其中之一或兩者，要不就是擴大一個人的行動能力。一旦達成了平衡，只要這種均衡能保持完好無損，「解放」就是一句無意義的口號，缺乏推動前進的力量。

這樣的用語，讓我們可以和「主觀的（sujbective）」及「客觀的（objective）」自由分道揚鑣，也與主觀的及客觀的「解放需求」分道揚鑣。可能會有一種情形，就是追求改進的意志遭受挫折或從一開始就不被允許出現（比方說，根據西格蒙德‧佛洛伊德〔Sigmund Freud〕的看法，遭受「現實原則」在人類尋求享樂及

幸福的驅力上加諸的壓力）；無論是真正經驗到或出自想像的意圖，都會被削減為符合行動能力的大小、尤其是符合理性的行動能力的大小，才會有成功的機會。另一方面，也可能會有一種情況是，透過直接操縱意圖——進行某種「洗腦」——使一個人永遠無法對「客觀的」行動能力進行檢驗，更別說弄清楚什麼是真正的客觀行動能力，因此人們會把他的野心與抱負設定在「客觀」自由的水準以下。

　　「主觀」和「客觀」自由的區別打開了一個真正的潘朵拉盒子，裡面裝滿了「現象／本質」這類的惱人議題——這些議題具有程度不一、但總體而言十分可觀的哲學意義及潛在的政治意涵。其中的一個議題是，可能會覺得好像是自由、但實際上根本就不是自由，也就是說，人們也許會滿意他們的境遇，即便此般境遇就「客觀」而言還遠不能令人滿意；也就是說，即便生活在奴役之中，他們也會覺得自由，並且不覺得有解放自己的強烈衝動，因此放棄或喪失了變得真正自由的機會。這種可能性的必然結果就是假定人們沒有能力對自己的悲慘命運作出判斷，因此必須得用強迫或是半哄半騙的方式，總之就是要受到引導，他們才會體驗到對「客觀」自由的需求，並鼓起勇氣與決心，為了獲得它而奮戰。另外還有種更陰翳的預感，啃噬著哲學家的內心深處：一旦考慮到行使自由可能是件什麼樣的苦差事，他們害怕人們其實只是不喜歡自由，並對解放的願景感到厭惡而已。

自由：好壞參半的祝福

在改編自史詩《奧德賽》（*Odyssey*）知名插曲的一個劇本〈奧德賽與豬：文明及其不滿〉[譯1]中，利翁‧福伊希特萬格（Lion Feuchtwanger）指出，當水手們被女神喀耳刻（Circe）蠱惑變成了豬之後，就沉湎在新的現狀，並抵死抵抗奧德修斯（Odysseus）為了打破魔咒將他們變回人形所做的努力。當奧德修斯告訴他們，他已經找到可以破除魔咒的仙草，很快就能將他們變回人形時，這些水手變成的豬立刻以他們熱心的拯救者都追不上的速度跑去找隱密的地方躲起來。奧德修斯最後還是設法誘捕了其中的一頭豬：當神奇的仙草在豬的身上一摩擦，粗硬剛毛下隱藏的厄爾皮諾羅斯（Elpenoros）[譯2]——一個水手——正如福伊希特萬格所強調的，根據各種流傳的普遍說法，他就「像所有其他人一樣，既不是個摔角高手，也沒有過人的才智。」這個「被解放的」厄爾皮諾羅斯一點也不感激自己重獲自由，反而憤怒地攻擊他的「解放者」：

> 所以你回來了，你這無賴、愛管閒事的傢伙？又想對我們

譯註 1：〈*Odysseus und die Schweine: das Unbehagen an der Kultur*〉若從德文直譯，應該譯為〈奧德賽與豬：對文化的不滿〉，但《*Unbehagen an der Kultur*》為佛洛伊德知名著作，英文及中文通常譯為《文明及其不滿》（*Civilization and its Discontents*）。劇作家在這裡刻意引用佛洛伊德的典故，為使讀者容易體會，故按照一般習慣譯法譯出。

譯註 2：史詩《奧德賽》中的人物應為 Elpenor。

嘮嘮叨叨死纏著不放是嗎？又要叫我們拿自己的身體去冒險、要我們強迫自己不斷去接受新的決定是嗎？我當豬當得很快樂，可以在泥巴裡打滾、做陽光浴，可以狼吞虎嚥、暴飲暴食、唏哩呼嚕、吱吱怪叫沒人管，不用沉思也不必質疑「我要做什麼，要做這還是做那。」你來幹嘛呢你？！你來就是為了把我帶回以前我過的那種可厭的生活嗎？

解放是祝福，還是詛咒？是偽裝成祝福的詛咒，還是像詛咒一樣令人恐懼的祝福？一旦情勢變得再清楚不過，自由姍姍來遲，而那些原本應該享受它的人卻不願意前去歡迎時，在幾乎一整個現代時期，這類問題就在有識之士的腦海中縈繞不去，因為這個時代將「解放」放在政治改革議程的第一位，將自由放在價值清單的最前方。人們提出了兩類答案。第一類答案質疑是否「老百姓」做好獲得自由的準備了。正如美國作家赫伯特‧塞巴斯欽‧艾加（Herbert Sebastian Agar）的說法（在一九四二年出版的《偉大時刻》〔The Time for Greatness〕一書中），「令人自由的真理，也是多數時候人們不願意聆聽的真理。」第二類答案則傾向認為，當人們質疑提供給他們的自由可能帶來的好處時，人們是有道理的。

第一類答案斷斷續續地激起了人們對「人民（people）」的憐憫，因為他們在遭受誤導、欺騙或蒙蔽的情形下交出了獲得自由的機會；或是激起了人們對「大眾（mass）」的輕蔑與憤怒，因為他們不願承擔伴隨自主性及自我主張而來的風險及責任。馬庫色的抱怨就混合了這兩種情緒，他的抱怨也是一種責怪，怪罪那些不自由

的人在新的富裕生活大門前明顯地與自己的不自由進行了和解。其他常見的類似抱怨還有受壓迫者的「資產階級化」（以人的「所有（having）」取代了人的「所是（being）」，以人的「所是」取代了人的「所為（acting）」，做為最高的價值）以及「大眾文化」（一種由「文化工業」造成的集體腦傷，文化工業在——正如馬修·亞諾（Matthew Arnold）會說的——「對於甜美和光明以及使之成為普遍享受的激情」應該生長的地方，培植了對娛樂及消遣的渴望）。

20　　　第二類答案意味著，虔誠的自由主義者所頌讚的那種自由並不是幸福的保證，這正和他們的宣稱相反。自由可能帶來的苦難多過於歡樂。根據這個立場，自由主義者錯了；就像大衛·康威（David Conway）[2] 以重申亨利·希季威克的原則來斷言，只要去維持成人「對每個人都必須自力更生的期待」，就可以最有效地促進普遍的幸福；或是如查爾斯·莫瑞（Charles Murray）[3] 描述孤獨的追尋所特有的幸福時，那慷慨激昂的說法：「讓一件事令人滿足的是**你**完成了它……你擔起**你**肩膀上的沉重責任，為創造出許多美好事物盡了**你**的一份力。」「被迫自力更生」這件事預示著精神折磨和無法做決定的痛苦，而「擔起自己肩膀上的責任」則意味著令人無力的對風險與失敗的恐懼，而面對這些風險與失敗，你沒有申訴的權利，也沒有人會賠償你的損失。這不可能是自由的真正含義；如果「真正存在的」自由，亦即可提供的自由，確實就意味著上述的一切，那麼它既不會是幸福的保證，也不會是個值得奮鬥的目標。

　　第二類答案基本上是來自霍布斯式（Hobbesian）的本能恐懼，

恐懼「人類無拘無束、無法無天（man on the loose）」。他們的信心來自於一個假定，即人類從強制性的社會約束中解放（或者從一開始就沒有服從這些約束）時，就會是頭野獸，而不是個自由個體；他們所製造出的恐懼則源自於另一個假定：當缺乏有效的約束時，生命就會變得「骯髒下流、粗野殘暴，而且短命」——跟幸福根本扯不上邊。涂爾幹將完全一樣的霍布斯式觀點進一步發展成為全面性的社會哲學，根據這套社會哲學，只有以平均或最常見的事物做為衡量標準，並且受到嚴厲的懲罰性制裁支持的「規範」，才能夠將準人類從最駭人也最令人畏懼的奴隸狀態中解放出來；這種奴隸狀態並不是潛藏在任何外在壓力下，而是潛伏在內部、在前社會或無社會的人類本性之中。在這個哲學裡，社會強制才是解放的力量，也是人類可以合理懷抱的唯一自由的希望。

> 個體屈從於社會，而這種屈從正是他獲得解放的條件。因為人類的自由就在於從盲目、不假思索的自然力（physical force）中解放；要達成這個目標，就必須借助偉大、充滿智慧的社會力來反對自然力，只有在社會力的保護下，個體才能尋得庇護所。透過將自己置於社會的羽翼下，他也讓自己在某種程度上依賴社會。但這是一種解放性的依賴；在這裡面絲毫不存在衝突。[4]

不但依賴與解放之間不存在任何衝突；除了「屈從於社會」並遵守其規範，追尋解放別無它途。反抗社會是無法獲得自由的。即便造反者沒有馬上被變成野獸並因此失去他們對自身處境的判斷

力，但反叛規範的結果是一種永恆的苦痛，一種因陷入對週遭他人意圖及行動無法確定的狀態、是以無法做決定而產生的苦痛——可能讓人生不如死的苦痛。濃縮的社會壓力強加於人類身上的模式和例行公事，可以讓人們免於這樣的苦痛：多虧了被推薦的、可執行的、訓練有素的行為模式所具有的單一性及規則性，人類才會在大多數時候知道該如何前進，而不會總是發現自己處在沒有路標可參考的情境裡；在這類情境裡，人們必須自己負責做出決定，且無法確定結果會是如何，這讓人類的每一步都充滿了難以計算的風險。

21　　當人們為了生活任務進行鬥爭時，缺乏規範、或僅只是不確定規範為何——所謂的失規範——是一個人所能遇到的最不幸遭遇。規範**可以**使人無所不能，也可以使人一無所能；失規範預示的是純粹直接的無能為力狀態。一旦規範性準則的大軍從生活的戰場上撤離，留下來的就只剩下懷疑與恐懼了。當（正如埃里希·佛洛姆〔Erich Fromm〕所言）「每個個體都必須向前試試自己手氣」時，當「他必須游泳，不然就會下沉」時——他便會「強迫性地追求著確定性」，他會開始絕望地尋找可以「消除懷疑**意識**」的「解決辦法」——任何能夠承諾「為『確定性』負起責任」的事物，都會受到全心的歡迎。[5]

　　「例行公事有損人格尊嚴，但它也有保護作用；」桑內特這麼說，接著並提醒他的讀者有關亞當·斯密（Adam Smith）與德尼·狄德羅（Dennis Diderot）[譯3]之間的古老爭論。儘管斯密警告工作的常規慣例會有辱人格並使人變得愚笨，「狄德羅卻不認為例行性工作會令人降低身分……狄德羅最偉大的現代繼承人，社會學家安

東尼・紀登斯（Anthony Giddens）則指出習慣在社會實作及自我理解上的基本價值，以嘗試將狄德羅的洞見傳承下去。」桑內特自己的主張十分直接了當：「去想像一個由不時的衝動、短期行為所構成而沒有持續常規慣例的生活，一個沒有習慣的生活，其實就是去想像一個無腦的（mindless）存在。」[6]

生活尚未達到可稱之無腦的那種極端狀態，但已經造成了許多傷害，而所有確定性的未來觀劇，包括新設計出的常規慣例（這些常規慣例不可能持久到足以變成習慣，如果顯示出成癮的跡象，也可能會受到不滿和抵制）都只能夠充做支架，它們是人類巧思構想出的花招詭計，只有當人們不太仔細去考察時，看起來才像是真的有那麼回事。在摧毀了充滿常規慣例、缺乏反思的事實世界（the matter-of-fact world），犯下了「原罪」之後，產生的所有確定性都必然是人造的確定性，是肆無忌憚、毫無羞恥心地「捏造」出來的確定性，具備了所有人為決定與生俱來的脆弱性，正如吉爾・德勒茲（Giles Deleuze）和菲力克斯・瓜達里（Felix Guattari）所強調的，

> 我們不再相信碎片存在的神話，像是屬於一座古老雕像的碎片，僅僅等待著最後一塊碎片的出現，好讓它們重新黏合在一起，創造出一個與原本那個一模一樣的整體

譯註 3：應為 Denis Diderot 之誤。

（unity）。我們不再相信曾經存在過一種原始的總體性
（totality），或者不再相信有某種最終的總體性，在未來
的某一天等待著我們。[7]

被切開的東西無法黏回去。放棄了對總體性的一切盼望，無論
是在未來或是過去，你就踏進了流動現代性的世界。時間到了，正
如亞蘭・杜漢（Alain Touraine）最近所做的，該是宣稱「人類做
為社會存在，是由他或她在決定了他或她行為及行動的社會中的位
置所定義的，而這個定義已走到盡頭」的時候了。將「不取決於社
會規範的社會行動的策略性定義」以及「所有社會行動者為了他們
的文化及心理特殊性進行的防禦」兩者結合的原則「可以在個體身
上找著，但卻再也無法在社會制度或普適原則上找到了。」[8]

支撐這樣一種基進立場的心照不宣的假設是，無論自由過去
被想像為什麼，還是可能達到什麼樣的自由，結果都已經出來了；
除了把僅存的幾個混亂不堪的角落清理乾淨，將所剩無幾的空白處
填滿之外——這項工作一定很快就會完成——已經沒有什麼好做的
了。無論性別為何，現在每個個體都擁有充分、真正的自由，有
關解放的議程上已經空無一物了。馬庫色的抱怨及社群主義對失
落社群的執著，可能展現了互相對立的價值，但兩者都同樣是與
時代脫節的。不論是將已經連根拔起的事物再種回去，或是「喚醒
人們」去從事尚未實現的解放任務，現在都不再是可能的選項了。
馬庫色的左右為難是過時的，因為「個人」已經被賦予了他夢寐以
求以及他可以理智地期望的全部自由；社會制度對於將定義及認同

的憂慮交給個體進取性去煩惱是再樂意不過了，可以造反的普適性原則則遍尋不著。至於「將脫嵌事物（the disembedded）進行再鑲嵌（re-embedding）」的社群主義夢想，沒有什麼可以改變一個事實，那就是除了汽車旅館的床、睡袋和分析師的沙發之外，沒有其他地方可以進行再鑲嵌了，以及從現在開始，社群——與其說是「想像的」不如說是**假想的**——可能只會是演出中的個體性（individuality）表演的短暫花招，而不是界定認同的決定性力量。

批判的偶然性及多變的命運

科內流斯·卡斯托里亞迪斯（Cornelius Castoriadis）曾說，我們所生活的社會的問題就在於它不再自我質疑。這種社會不再承認存在著自己的替代選項，因此也就不再有責任去審視、論證、正當化（更別說證明）它那些明白或隱藏的假定的有效性了。

然而，這並不是意味我們的社會已經鎮壓（或是可能進行鎮壓，除非是出現巨大的動盪）這樣的批判思想。我們的社會也沒有讓它的成員沉默（更別說是因害怕）而不再發出這類的聲音。更進一步地說，情況恰好相反：我們的社會——一個由「自由個體」所組成的社會——已經讓對現實的批判，也就是對「現況（what is）」的不滿以及不滿的表達，變成了每個成員生命事業（life-business）的一部分，無法迴避且義不容辭。正如紀登斯一直提醒我們的，我們都是今日「生命政治」的參與者；我們是「反身性的存在」，我們密切注意自己的每一個行動，很少對它的結果感到滿

意，永遠迫不及待想要修正它。然而不知怎麼地，我們的反思總是不足以讓我們看清那些將我們的行動與行動的結果連結起來，並決定其結果的複雜機制，更別說觸及那些促成這類的機制全面開展的條件了。我們也許是更「具有批判的傾向」了，相較於我們的先人要設法在日常生活中維持批判精神，我們更大膽也更不容易妥協，但我們的批判，打個比喻來說，是「不痛不癢的（toothless）」，無法影響設定我們「生命政治」選擇的議程。我們的社會提供給成員前所未有的自由，但正如里奧·史特勞斯（Leo Strauss）許久前曾警告過我們的，這種自由是和前所未有的無能為力並肩而至的。

人們有時會聽到當代社會（以晚期現代或後現代社會、貝克的「第二現代性」社會、或我偏好稱作的「流動現代性社會」的名義出現）是不能接納批判的這種看法。這種看法似乎沒有捕捉到當下變化的本質，因為它們假定「可以接納」批判的意義在經歷了接連的歷史階段後仍是不變的。然而，重點在於當代社會已經賦予了「對批判的接納性」一種全新意義，並發明了一種方法，可以在容納批判性思想及行動的同時不受容納批判所可能帶來的後果影響，因此能夠在接受大門開放政策的測試後毫髮無傷——變得更強大，而不是更脆弱。

在目前形式中，現代社會這種「接納批判」的特質也許可以類比為活動拖車營地的模式。活動拖車營地對每個擁有自己活動拖車的人開放，只要有足夠的錢支付租金。旅客來來去去；若每個消費者都分配到夠大的地方停靠活動拖車，電力插座、水龍頭都可以正

常使用，停靠在附近的車主們也沒有製造出太大的噪音，天黑後就把他們的行動電視和高傳真喇叭音量調低，就不會有什麼人關心這個營地到底是怎麼運作的。駕駛們將他們自己的家也跟著拖車一起帶到營地，車上並配備了這段期間所需要的一切裝備，無論如何他們都不打算待太久。每個駕駛都有他或她的旅行路線和時間安排。駕駛們希望營地的管理者做的無非（但這也是基本要求）是讓他們自我管理，不要過多干涉。而做為交換，他們則承諾不會挑戰管理者的權威，並付該付的租金。因為他們付了錢，所以也有權利要求。當他們主張自己有權使用承諾提供的服務時，態度可說是相當堅定，但在其他方面他們則希望可以按照自己的意願行事；如果不讓他們這麼做，就會大發雷霆。有時候，他們也會大聲嚷嚷，要求更好的服務；如果他們的訴求夠直接、夠大聲，意志夠堅定，他們甚至可能得償所願。如果他們覺得上當受騙，或管理者沒有遵守承諾，這些拖車族可能會抱怨並要求自己應得的權益——但是他們不會想到要去質疑這個營地的管理哲學，進行重新協商，更別說擔負起經營這個地方的重責大任。充其量，他們只會在心裡記上一筆，告誡自己下次再也別上門，並且不把它推薦給朋友。當他們按照自己的行程安排啟程時，營地大體上還是跟他們來之前沒什麼兩樣，不受過去露營者的影響，等候著其他人的光臨；雖然，有些抱怨在接連時期來到的拖車族間口耳相傳，可能讓營地提供的服務有些修正，以避免未來再次出現重複的不滿聲浪。

在液態現代性時期，社會對批判的接納性就和拖車營地的模式類似。古典批判理論是另一個執迷於秩序的現代性經驗所孕育的產

物，受解放的**終極目的**（telos）啟發，並以解放為其終極目的，阿多諾（Adorno）和霍克海默（Horkheimer）將古典批判理論整理出像樣的形貌，當時它是個十分不同的模式，批判理論與它的制度化規範及習慣化規則、責任的指派及受到監督的表現共同組成了一個家庭，而由於經驗上的好理由，批判觀念便被深深刻劃在這個共同的家庭之中。然而，雖然採用了拖車營地接納拖車車主的模式來接納批判，對於批判學派的奠基者所假定並致力推動的那種批判模式，我們的社會肯定是堅決不會接納的。用不同但具有呼應性的話來說，我們可以說「消費者模式批判」已經取代了在它之前的「生產者模式批判」。

　　和流行的做法相反，這個命運的轉折無法只從公共氣氛的轉變、對社會改革的欲望衰退、對共善及美好社會的圖景漸漸不感興趣、政治參與的普遍下降，或是享樂主義、「唯我獨尊」心態的興起來解釋──雖然無疑地所有這些現象確實在我們時代的標誌中顯得特別突出。這種轉變的根源在更深的地方，它們深植於公共空間的深刻轉型；更一般性地來說，它們深植於現代社會維持運作並使自己永續長存的方式之中。

　　既是古典批判理論的目標也是其認知框架的那種現代性，令回顧過去的分析家感到驚訝，因為它和構成現今世代生活框架的那種現代性十分不同。它顯得「沉重」（正和當代「輕盈的」現代性相反）；更加靜止、「堅固」（有別於「流動」、「液態」或「液化」）；濃縮（和瀰散或「毛細現象」相較）；最後，它是系統性的（有別

於網絡式的）。

「批判理論」時期沉重／堅固／濃縮／系統性的現代性富含了極權主義的傾向。包羅一切、具有強迫及強制同質性的極權主義社會持續構成了隱隱可見的威脅──或是做為這種現代性的終極目標、做為一個從未真正拆除引信的定時炸彈，或從未被完全驅除的幽靈而存在。這種現代性是偶然性、多變、曖昧、反覆無常、個人特質的死敵，並宣告對所有這一類的「異常事物（anomaly）」發動持久的聖戰；而一般預期這場聖戰的頭號犧牲者，正是個體自由及自主性。**福特主義工廠**（Fordist factory）是這種現代性的最重要聖像之一，它將人類活動化約為簡單、例行的動作，且這些動作大體上是預先設計好的，人們只能以順從、機械化的態度與方式照著做，沒有發揮心智才能的餘地，所有自發、個體的創新進取都不被容許；**官僚體制**（bureaucracy）是聖像之二，至少在先天固有的傾向上類似於馬克斯‧韋伯（Max Weber）的理念型模式，也就是人們將認同與社會紐帶和帽子、雨傘和大衣一起寄放在衣帽間的入口處，只有命令與法典能夠毫無爭議地驅使這個體制內的人行動，只要他們仍然待在這個體制裡面；接著是**全景監獄**，因為瞭望塔的緣故，囚犯們從來無法確定他們的監視者何時會對他們暫時放鬆警覺；**老大哥**（Big Brother），永遠不打瞌睡，獎勵忠誠者、懲罰叛徒時總是能夠那麼迅速敏捷有效率；以及──最後的──**納粹集中營**（Konzlager，後來現代諸魔對神發起的反抗組織古拉格〔Gulag〕也加入了這個行列），在這裡人類可塑性的限制被放在實驗室條件下接受測試，所有被認定或被發現不夠有可塑性的人全都注定要精

26

疲力竭而死，或被送往毒氣室和焚化爐。

再次回顧過去，我們可以說批判理論的目標是平息或中和、最好是能夠完全遏止社會的極權主義傾向，這個社會被認為帶有與生俱來、永恆的極權主義癖性之包袱。捍衛人類自主性、選擇自由以及自我主張、當個與眾不同並持續與眾不同的人的權利，是批判理論的主要目標。和早期好萊塢通俗劇所假定的類似，當戀人們再次覓得彼此、並許下婚姻誓言時，就意味著劇終的時刻到了，戀人們將「從此過著幸福快樂的日子」，早期的批判理論也把將個體自由從例行公事的鐵掌中拯救出來，或是讓個體脫離被貪得無饜的極權主義、同質化、一致化欲望折磨的社會的鐵牢籠，視為終極的解放，以及人類悲慘命運的終結──「任務完成」的時刻。批判就是服務於這個目的；它不需要更往前看，不需要展望達成目的的那一刻以外的事物──它也沒時間這麼做。

喬治‧歐威爾（George Orwell）的小說《一九八四》寫就的當時，是對於糾纏著現代性狂暴階段不散的恐懼及憂慮最完整──也是最權威的──的總結。一旦映射到對當代苦難之病痛及病因的診斷，這樣的恐懼就設定了該時代的解放計畫所能展望的視野範圍。當真正的一九八四年到來時，人們又忽然回想起歐威爾的洞見，正如預料中的，它再度成為公眾辯論的話題，並再一次（也許也是最後一次）得到了完整的表達。同樣預料中的是，大多數的作家削尖了自己的筆，想要在經過時間的檢驗、話語取得了真實的骨肉後，從歐威爾的預言中區分出真理與謬誤。然而，在我們這個

時代，當即便是人類文化史上關鍵的里程碑及不朽之作都需要持續回收利用，並且必須在週年紀念日場合，或透過事前的大規模宣傳及附帶回顧展，才能夠週期性地回到世人的目光下（只為了當展覽結束時，或當另一個週年紀念日的到來占據了媒體版面及電視時段時，再度從公眾的眼前及腦海中消失無蹤）時，「歐威爾事件」和圖塔卡門、印加黃金、維梅爾、畢卡索或莫內這一類事物每隔一段時間所受到的待遇並無太大不同，也就不會太令人訝異了。

即便如此，一九八四慶祝活動的短暫，所撩起的公眾興趣的意興闌珊及迅速降溫，以及隨媒體帶頭炒作的宣傳熱潮結束後，人們對這本歐威爾**大師名作**的遺忘之迅速，都令人必須停下來深思。畢竟，多年以來（並且持續到僅僅幾十年前），這本書一直是對公眾內心深處的恐懼、不祥預感及夢魘的權威性記載；因此，為什麼它的短暫復活卻只激起了轉瞬即逝的興趣呢？唯一合理的解釋是人們在一九八四年討論這本書時並不覺得興奮莫名，他們對於他們被委託討論或思考的這個主題並沒有太大熱情；因為，在歐威爾的反烏托邦中，他們不再承認自己的悔恨與痛苦，或隔壁鄰居的夢魘。這本書重新躍入了公眾的眼簾，但卻只是一閃即逝；它被授與了某種介於老普林尼（Plinius the Elder）的《自然史》（*Historia naturalis*）與諾斯特拉達姆的預言之間的地位。

比起依據那纏附不去、折磨著他們的「心魔」來定義不同歷史時期，人們還可能有更糟的做法。許多年來，歐威爾的反烏托邦、由阿多諾和霍克海默所闡明的啟蒙大計的邪惡潛能、邊沁／傅科的

全景監獄或反覆出現的極權主義浪潮集結的跡象，這些都被等同於「現代性」這個觀念。因此也難怪，當古老的恐懼從公眾舞台上消失，以及對和逼近中的**一體化政策**（Gleichschaltung）及喪失自由的恐懼相當不同的新的恐懼走到台前、強行進入公共辯論場域中時，不少觀察者迅速宣布了「現代性的終結」（或更大膽地說，歷史本身的終結；讓自由、或至少是由自由市場和消費者選擇所示範的那種自由不再受到進一步威脅，他們就能宣稱歷史已經達成了它的**終極目的**）。然而（歸功於馬克‧吐溫〔Mark Twain〕）說現代性溘然長逝的消息，甚至說它已奏起臨終輓歌的流言，都是十足的誇大其辭：並不會因為它們的洋洋盈耳，就讓這些訃聞看起來不那麼草率倉促。似乎，被批判理論奠基者（或者就這件事而言，是被歐威爾的反烏托邦）做出診斷並推上審判席的那種社會，只是多樣而千變萬化的現代社會所採取的其中一種形式而已。它的衰弱並不預示著人類苦難的終結，更不預示著做為知識分子任務及志業的批判的終結；它的衰退也絕不意味著這類批判會就此成為多餘。

　　進入二十一世紀的人類社會並不比進入二十世紀的社會更不「現代」；我們可以充其量說，它是不同方式的現代。讓它可以像它在一個世紀左右之前一樣被稱作現代的原因，正和讓現代性和所有歷史上出現過的其他人類公同生活形式分道揚鑣的原因一樣：具強迫性且令人執迷、持續不間斷、永遠未完成的**現代化**；也就是壓倒一切、無法根除、難以平息的對於創造性破壞的渴望（或對於破壞性創造力的渴望，這些情形也許就是個例子：打著「更新、更好的」設計的名義來「清除地盤」；「拆除」、「切割」、「淘汰」、

「合併」或是「縮小規模」，一切都是為了追求更大的能力，以便未來能夠做更多同樣的事——可能是增加生產力或競爭力）。

正如萊辛（Lessing）在很久前就指出的，我們在邁入現代時期時，已經從對創世神話、天啟和永恆天譴的信念中解放。少了這些信念的障礙，我們人類發現自己完全「孑然一身（on our own）」——這意味著從現在起，我們知道除了自身遺傳或後天獲得的稟賦、智謀、勇氣、意志及決心的缺陷之外，我們可以無止境地改進世界和自我改進；並且知道，人手所造的，人手也可以拆毀。成為現代——如同它在今日的意義——開始意味著無法停下來，甚至比過去更無能力保持靜止狀態。我們移動著，且必須不斷移動著，原因與其說是韋伯所謂的「滿足的延遲（delay of gratification）」，還不如說是因為滿足的不可能：滿足的眼界、努力的終點線、以及讓人可以停下來休息並自我恭賀的那一刻，移動得比最快的跑者還要快。滿足始終是未來的滿足，成就失去了吸引力，也失去了當成就被達成時產生的滿足感，如果滿足感沒有在更早之前就失去的話。成為現代意味著永恆地自我超越，並處在一種持續的逾越狀態（a state of constant transgression；以尼采的話來說，一個人不可能成為**真正的人**〔Mensch〕，如果他沒有成為、或至少是努力要成為一個**超人**〔Übermensch〕）；成為現代人也意味著擁有一個認同，而這個認同只能做為一個未實現的計畫而存在。就這些方面來說，我們祖父輩的悲慘境遇和我們自身的悲慘境遇，中間的差距其實並不大。

然而，有兩項特質讓我們的處境——我們的現代性形式——新穎而與眾不同。

　　首先，是早期現代性幻想的逐步破滅及迅速衰微：這些信念包括相信沿著我們正在前進的這條路走下去終會有一個終點、一個可以抵達的歷史變遷的終極目的、一種明天、明年或是下一個千年就能臻至的完美狀態、從所有或某些假設方面來說的某種美好社會、公義社會、沒有衝突的社會，這個社會是：供給與需求形成了穩定平衡，所有需求都被滿足；有著完美的秩序，在此秩序下一切都各得其所，沒有任何不得其所的事物會存留，也沒有任何位置會令人質疑；由於一切需知的事物都已被得知，因此人類事務變得完全透明；未來可以完全掌控——由於這種掌控是如此全面，乃至於消滅了人類事業所可能遭遇的一切偶然、爭執、舉棋不定及非預期結果。

　　第二項重大轉變，則是現代化任務及責任的去管制和私有化。過去習慣認為，由人類理性所完成的工作，就被視為人類集體性天賦和財富，但工作現在已被碎片化（「個體化（individualization）」，指派給人類的勇氣與力量來執行，交由個體管理，由個體負責資源的供給。雖然透過做為整體社會所採取的法律行動來改進（或所有對於現狀的進一步現代化）的觀念尚未被完全揚棄，但其強調的重點（重要的是，和對於責任的承擔一起）已經朝著個體的自我主張而產生了決定性的轉向。這個命運的分水嶺已然反映：倫理／政治論述已從「公義社會（just society）」的

框架被重新定位在「人權（human rights）」的框架，也就是將焦點重新放在個體權利的論述上，包括個體保持與眾不同的權利、按照自己心意選擇他們自身的幸福模式和適合的生活風格的權利。

　　人們並不將改進的希望寄諸於政府金庫裡的大筆金錢，而是聚焦在納稅人口袋裡的小小零錢。如果最初的現代性是頭重腳輕的，那麼今天現代性的頭就是輕的了；除了把解放這事的責任交給中層和底層外──大部分持續現代化的重擔已經交到他們手上了──這個現代性已不再承擔「解放」的重責大任。「再也沒有社會救贖了」，這是彼得‧杜拉克（Peter Drucker）這名新商業精神使徒的知名宣告。「沒有社會這種東西」，瑪格麗特‧柴契爾甚至更直言不諱地宣布。不要回頭看，也不要抬頭看；看看你的內心深處，你的足智多謀、意志與力量──改進生活所須的一切工具──都在那裡了。

　　也不再有「老大哥正在看著你」了；現在那是你的責任，你的任務是看著老大哥、老大姊們逐漸膨脹起來的隊伍，仔仔細細、興頭十足地看著他們，並盼望能找到一些對自己有點用處的東西：一個可以效法的模範，或是一句可以解決你煩惱的金玉良言；你的煩惱，就像他們的煩惱一樣，都是必須由個體來解決、也只有個體能夠解決的。不再有偉大的領袖告訴你要做什麼，讓你可以不必為自己的所作所為造成的後果負責；在這個由個體組成的世界裡，你只有從其他個體身上才能找到教你如何處理你自己生活事業的榜樣，而你對這個榜樣而不是另一個榜樣的信任造成的結果，你必須承擔

起全部責任。

與公民作戰的個體

諾伯特‧愛里亞斯（Norbert Elias）過世後出版的最後遺作《個體的社會》（*Society of Individuals*）完美地抓住了自社會理論誕生以來即始終糾纏不放的問題之核心。愛里亞斯與自霍布斯以來建立、並由約翰‧彌爾（John Stuart Mill）、赫伯特‧史賓塞（Herbert Spencer）及自由主義正統學說重新鍛造為常識信念（doxa，即通往一切進一步認知的未受檢驗的框架）的一個傳統分道揚鑣；他以「關係（of）」的概念取代了「合作（and）」或者「對抗（versus）」的概念。藉著這麼做，他將論述從對自由與宰制這兩股力量間進行的永不結束的殊死之爭的想像，轉移到了對「相互起作用的概念（reciprocal conception）」的想像：形塑其成員個體性的社會，以及從自己的生活行動中塑造社會的個體；當個體採取在他們的依賴關係所形成的社會網絡中認為可信且可行的策略時，他們便從生活行動中塑造了社會。

將社會成員打造為個體，便是現代社會的正字標記。然而，這種打造並不是一次性的行為，而是一種每天都上演的活動。現代社會存在於它持續不間斷的「個體化」活動之中，正如個體的活動也存在於日復一日對這個被稱為「社會」的相互糾纏的網絡所進行的重新塑造及重新協商之中。這兩個夥伴不會長時間留在原地不動。因此，「個體化」的意義也就不斷改變，不斷取得新的形貌——因

為它過去歷史所累積的結果逐漸削弱著繼承而來的準則，制定新的行為規則，並產生出新的遊戲籌碼。「個體化」如今的意涵和它在一百年前相當不同，和它在早期現代時期所傳達的也截然不同——那是一個將人從緊密交織的共同依賴、監視及強制的關係網絡中「解放」出來仍受到高度讚揚的時期。

貝克的〈超越階級與地位？〉（Jenseits von Klasse und Stand?）和幾年後的《風險社會：邁向另一個現代之路》（Risikogesellschaft: quf dem Weg in eine andere Moderne）[9]（以及伊莉莎白·貝克-葛恩胥菡〔Elisabeth Beck-Gernsheim〕所著《自己的生活方式：個體化進程中的女性》（Ein Stück eigenes Leben: Frauen im Individualisierung Prozeß）為我們對「個體化進程」的理解開啟了新的篇章。這些作品將個體化進程早現為有著特殊階段、持續進行的、未完成的歷史——儘管它有著會移動的地平線，以及會劇烈扭曲和轉彎的奇特邏輯，而不是朝向某個**終極目的**，或是預先設定好的方向。佛洛伊德探索做為（現代）歷史事件的文明化，提出了「文明化的個體」理論，我們可以說，正如愛里亞斯將佛洛伊德的「文明化個體」理論歷史化一樣，貝克也將愛里亞斯對個體誕生的解釋歷史化了；他的方式是透過將個體的誕生重新呈現為**現代化**的一種永恆面向，這個現代化是持續、強制，並且具有強迫性的。貝克對個體化的描繪並非將其當作是受時間限制的、短暫易逝的個人裝飾品——一個對於整個圖像的理解只起了蒙蔽而非澄清作用的觀點（首先擺脫的是線性發展的觀點，也就是沿著解放、增長的自主性以及自我主張之自由的軸線而規劃的一個進程）——因此

能夠開放地審視個體化的歷史傾向及其產物的多樣性，並得以更好地理解現代性當前階段的獨特特質。

　　總而言之，「個體化」包括了將人類的「認同」從「給定」的事物轉變為一項「任務」，並要求行動者必須承擔執行這項任務的責任，同時為執行結果（以及副作用）負責。換句話說，「個體化」包括建立一種**法理上**的（de jure）自主性（而不論是否也建立了**事實上**的〔de facto〕自主性）。

　　由於個體化的出現，人類不再「與生俱來」某種身分。正如尚-保羅・沙特（Jean-Paul Sartre）著名的說法：出生就是個資產階級是不夠的——一個人還必須活出資產階級的生活（請注意，基本上這個說法並不適用於前現代時期的王子、騎士、農奴或市民；也無法絕對適用於現代時期世襲富裕或貧窮的人）。需要**成為**自己**所是**的那個人，是現代生活的特徵——而且是這種生活專屬的特徵（而不是「現代個體化」的特徵；這種表達方式顯然是累贅的，因為在談個體化和現代性時，就是在談個人和同樣的社會狀況）。現代以強制性、義務性的自我決定取代了由他者來決定社會地位的作法。整個現代時期的「個體化」——所有時期及所有社會部門——都是如此。然而，在這個共同的困境中仍存在著明顯的不同，這些顯著差異區別了處在同一歷史階段的相繼世代及各種行動者類型。

　　早期現代性「脫嵌」是為了進行「再鑲嵌」。雖然脫嵌是社會認可的宿命，但再鑲嵌卻是個人必須面對的一項任務。一旦打破了社會等級（estate）的僵化框架，擺在現代早期的男男女女面前的

打造「自我認同」任務，就意味著一種「活得像自己的同類」（和左鄰右舍比排場）的挑戰，要積極遵從新興的、以階級為區分方式的社會類型及行為模式，模仿並跟隨這樣的生活模式，「適應文化」，不要跟不上別人，不要脫離常軌。繼承而來的社會歸屬所在位置的「社會等級」，已經被奮鬥而來的成員身分目標的「階級」所取代了。儘管社會等級是藉由先賦（ascription）而來，但階級的成員身分卻包含了巨大的成就標準：階級和社會等級不同，它必須是「加入」進去的，且必須在日復一日的行為中持續更新、再次確認及檢驗成員身分。

從現在回顧過去，可以說階級區分（或性別區分）是從不平等的資源近用權而來的副產品，這些資源是讓自我主張有效所必須的資源。不同的階級，在可獲得認同的範圍以及選擇並擁抱認同的容易程度上，都是不同的。生來就擁有較少資源並因此擁有較少選擇的人，就必須以「人數的力量（power of numbers）」來彌補他們的個人弱點——亦即封閉等級並參與集體行動。正如奧菲所指出的，**集體**·階級取向的行動之於那些處在社會階梯底層的人們來說，就和對生活日標的**個體性**追求之於他們的雇主一樣，都是自然而然、無可否認的想法。

也就是說，被剝奪者會「聚在一起（add up）」；之後，他們會因「共同利益」而凝聚，並被視作只能以集體的方式加以補償。對那些處在個體化接受端的人而言，「集體主義」是他們的首選策略；因為他們受限於個人自身資源的明顯不足，無法以個體的方式

來進行自我主張。另一方面,處境比較好的人,他們的階級取向則是局部的,因此也是派生性的:大部分時候是當資源分配的不平等受到挑戰及質疑時才會浮上檯面。然而無論是哪一種情況,「古典」現代性的個體都因為「等級秩序」的瓦解而處於「脫嵌」狀態;他們運用身為自主施為者所獲得的新的權力及應得權利,狂熱地尋求「再鑲嵌」。

而已經準備好、等著要「接待」他們的「母床」,可是一點也不缺。階級雖然是形成的,可以協商,而不是如同過去的社會等級只能是世襲、「與生俱來」的,但是階級卻往往像前現代通過世襲而來的社會等級一樣,讓階級成員難以掙脫其桎梏。階級和性別有很大部分仍不在個人的選擇範圍之內;要逃脫它們的束縛,並不比在前現代時期要挑戰個人在「存在聖鏈(Divine chain of being)」上的位置來得容易許多。總而言之,階級和性別是「自然的事實」;而留給大多數個體的自我主張任務,則是要透過表現出和其他位置占有者相同的行為,並去「適應」自己被分配到的立基點。

這正是使得昔日的「個體化」與在「**風險社會**(Risiogesellschaft)」、「反身現代性(reflexive modernity)」、「第二現代性」(這些均是貝克對當代的不同稱呼)時代中的個體化形式有所區別的原因。沒有為「再鑲嵌」而提供的「母床」,且這種被假定為當然存在、為人們所追求的母床已被證明是脆弱不可靠的,經常在「再鑲嵌」的工作完成前就已消失無蹤。更確切地說,存在的是各種尺寸、風格、數量與位置常在變化之中的大風吹位子

（musical chair），這些位子促使男人和女人都必須持續地處在移動狀態，沒有「完成」的希望，得不到「抵達」、到達終點目標後那種可以放下警戒、鬆弛下來，不再煩惱任何事的休憩與滿足感。

可不要搞錯了：現在，就和以前一樣——現代性的流動、輕盈階段，就和堅固、沉重階段一樣——個體化都是必須接受的命運，而不是種選擇。在這個人選擇自由之地，逃離個體化重擔、拒絕參與個體化遊戲的選項，顯然**不在議程上**。個人遺世獨立、自給自足也許是另一種幻覺：男人與女人所受的挫折與麻煩找不到人可以歸咎，這不必然意味著他們比過去更容易用家電產品來讓自己免於挫折，或用異想天開的方式——像是靠著用力拉自己的拔靴帶——從泥沼中脫困。然而，如果他們生病了，人們會認為那是因為他們沒有下定決心勤勞地遵守他們的健康計畫；如果一直找不到工作，那是因為他們沒有學會可以讓他們得到面試機會的技巧，或是因為他們不夠努力找工作，因為他們純粹就是不想工作；如果不確定自己的職涯前景，並為自己的未來感到痛苦，那是因為他們不夠好，所以無法贏得友誼並對人發揮影響力，他們沒有學會並嫻熟那些表達自我、讓人留下深刻印象的技巧，而那是他們本來就該會的。無論如何，這就是目前他們被告知的情況，也是他們深信不已的；所以，他們表現得好像這就是事情的真相了。正如貝克恰當而一針見血地說出的，「一個人如何生活成了**針對系統性矛盾的傳記式解決方案**（biographical solution to systemic contradiction）。」[10] 風險與矛盾持續被社會生產出來；但應付處理風險與矛盾的責任和需求，則被個體化了。

長話短說：做為宿命的個體性與做為自我主張之實際、現實能力的個體性，之間的鴻溝正在加深（個性化（individuation）這個詞最好和「被指派的個體性（individuality by assignment）」有所區分：貝克選擇這個詞來區別自我維持、自我驅策的個人，與除了行動以外沒有別的選擇的人，即便反事實的是他們好像已經達到個性化了一樣）。最重要的是，彌合這道鴻溝並**不是**此種能力的一部分。

　　一般說來，個體化的男人與女人所擁有的自我主張能力，缺乏了進行真實的自我建構所必須的那些東西。正如史特勞斯觀察到的，無拘無束的自由的另一面，就是選擇的無足輕重，這兩面是彼此制約的：為何要費心去禁止那些無關緊要的事情呢？一個態度犬儒的觀察者會說：當自由不再是什麼了不起的事時，自由才會來到。在個體化這口鍋爐裡熬煮著自由的甜美油膏，裡面躺了隻欲振乏力的齷齪蒼蠅：在人們對自由所帶來的個人賦權的高度期待下，這樣的欲振乏力越發令人覺得可憎、難堪、心煩意亂。

　　也許，正如在過去，肩並著肩一起走上街頭會是個補救辦法？也許個人的權力──無論獨自一人時有多軟弱無力──凝聚在一起時，可以化為集體的立場與行動，共同完成那些無論男女、做夢都想不到可以單獨辦到的事情？也許吧⋯⋯然而有個困難之處在於，將個體的怨憤不滿集結並凝聚起來、形成共同利益化為聯合行動，這是項令人膽怯的任務，因為命定成為個體的人最普遍的困難是，現在的他們是「**無法疊加的**（non-additive）」。他們無法被「總

計起來」成為一個「共同奮鬥的目標」。他們也許可以和睦相處，卻無法凝聚。人們會說，打從一開始他們就是透過一種缺乏可以和其他人的苦惱互相接合的介面的方式被形塑出來。

苦惱也許是**相似的**（有越來越多受歡迎的談話節目費盡心思展現它們的相似性，並在這同時反覆灌輸一個訊息：人們最重要的相似性在於每個受苦的人都是獨自面對自己的困境），但它們卻未形成一種「大於各部分加總的總體」；它們既沒有獲得任何新的特質，也沒有因為人們一起正視、面對及解決問題而變得更容易處理。其他受苦者相伴的唯一好處，只會是讓人再次確認這件事：單打獨鬥面對問題，是其他所有人每天都在做的；如此，就能再次點燃並激勵已然萎靡不振的決心，並繼續這樣走下去。人們或許也會從其他人的經驗中學會如何在下一輪的「縮小企業規模」^{譯4}中生存下來，學會如何對付那些自認已是青少年的兒童以及那些拒絕變為成人的青少年、如何把肥胖及其他不受歡迎的「異物」「從自己的身體中驅逐出去」、如何戒除不再帶來快樂的癮頭或擺脫不再令人滿意的伴侶。但是人們從他人的陪伴中首先學到的教訓是：陪伴所能提供的幫助，僅是關於如何從個人那無可救藥的孤獨中倖存下來的建議而已；此外人們還學到，每個人的生活都充滿了風險，必須一個人獨自面對。

譯註 4：許多企業用來裁員的理由。

　　因此，又出現了另一個困難：正如托克維爾很早就察覺到的，讓人們自由的結果可能會讓他們變得**漠不關心**。個體（individual）是公民（citizen）最糟的敵人，托克維爾如此表示。「公民」是傾向透過城市的福祉來尋求自身幸福的男女，而個體則往往對「共同奮鬥的目標」、「共善」、「良善社會」或「公義社會」抱持不冷不熱，或懷疑或警戒的態度。除了讓每個個體都能得到滿足外，「共同利益」還有什麼意義呢？無論個體聚在一起會做什麼，也無論他們共同的勞動會帶來什麼其他好處，這都意味著他們的自由——他們各自追求認為適合自己的事物的自由——有所限制，對追求本身也毫無幫助。只有兩件有用的事是人們可以期待並盼望「公權力」做到的，那就是對「人權」的維護，也就是讓每個人可以自行其是，並在這麼做的同時能夠和平共處——方法是透過保護他或她的人身及財產安全，把真正的罪犯或有犯罪嫌疑的人關進牢裡，讓大街上看不到行兇搶劫者、反常的人、乞丐，以及所有其他可憎的、心懷不善的人。

　　帶著伍迪·艾倫（Woody Allen）慣有的、難以模仿的機敏才智，當他瀏覽著想像中美國趨之若鶩的那種「成人暑期課程」的廣告傳單時，他準確抓住了現今「奉命成為的個體」的古怪興趣及性格弱點。經濟學理論的課程會出現「通膨與蕭條時期——教你該怎麼穿」這樣的科目；倫理學的課程包括「定言令式，及讓它為你服務的六種方法」；至於天文學的課程簡介則寫著「由氣體所構成的太陽會隨時爆炸，摧毀我們的整個星系；我們將建議學生，在那樣的情況下身為一般市民能做些什麼」。

總而言之：個體化的另一面似乎就是公民資格的侵蝕及緩慢瓦解。喬愛樂・侯蒙（Joël Roman）、人文期刊《精神》（Ésprit）的主編，在他的近作（《個體的民主》〔La Dé,ocrqtie des individus〕，1988）中指出「警覺心退化為對財貨的監控，而普遍利益則不過是利己主義者組成的聯合會，動員的是對鄰人的集體情感及恐懼」。侯蒙敦促讀者尋求「重新恢復共同做決定的能力」，這樣的能力現在因缺乏而變得益發顯著。

　　如果個體是公民最糟的敵人，如果個體化會為公民資格及以公民資格為基礎的政治帶來麻煩，那是因為**就其本身而論**，個體的關注與首要之務占據了整個公共空間，宣告它們是唯一合法的占領者，並將其他的一切從公共論述中排擠出去。「公」被「私」殖民了；「公共利益」被化約成對公眾人物私生活的好奇，公共生活的藝術則窄化成為私事的公開展演，以及私人情感的公開告白（越私密越好）。抗拒此種化約的「公共議題」變得幾乎難以理解。

　　至於個體化行動者「再鑲嵌」入公民資格的共和政體內的願景，現在也變得希望渺茫了。與其說他們是為了追求共同奮鬥的目標並協商共善意義及共同生活原則的方式，而冒險進入公共舞台，倒不如說是對「建立人際網絡（networking）」的絕望需求促使他們這麼做。正如桑內特持續指出的，分享隱私往往是「建立社群」的優先辦法，也許也是唯一辦法。這種建立社群的技巧只會孵育出和散亂、浮動的情感般脆弱、短命的社群，這些情感如浮萍般從一個目標漂向下一個目標，在漂流中永遠尋覓著一個無法確定的安全

港灣：一個擁有共享的憂慮、共享的焦慮或共享的仇恨的社群——但在各種情況下，它都是「掛釘」社群（'peg' community），圍繞著一根釘子的暫時聚集；許許多多的孤獨個體將他們孤獨擁有的恐懼懸掛其上。正如貝克所說的（見他的〈論工業社會的必死性〔On the Mortality of Industrial Society〕一文）：[11]

> 從正消逝的社會規範中浮現的，是赤裸、驚惶未定、咄咄逼人地尋求著愛與幫助的自我。在追尋自我及充滿情感的社會交往（sociality）過程中，它很容易就迷失在自我的叢林……。在他或她自身自我的迷霧中隨意探索的人不再有能力注意到這樣的與世隔絕，這「自我的單獨監禁」其實是對大眾宣判的刑罰。

個體化留下來不走了；所有思考如何用我們所有人的生活方式來處理個體化影響的人，都必須從承認這個事實開始。個體化為數量不斷增加的男人及女人帶來一種史無前例的嘗試的自由——但是（拉丁俗諺云：不要相信敵人送來的禮物）它也帶來了前所未見的任務：你必須處理它們的後果。在自我主張權利及控制社會設定——是這些社會設定決定了這樣的自我主張是可行或不切實際——的能力之間存在著巨大的鴻溝，這鴻溝似乎就是流動的現代性的主要矛盾；而透過嘗試錯誤、批判性反思及大膽實驗，我們都將需要學習如何集體地處理這樣的矛盾。

個體社會中批判理論的困境

　　無論採取任何形式，現代化衝動都意味著對現實的強制性批判。這股批判衝動的私有化則意味著強制性的自我批判，這樣的自我批判源自於對自我的永遠不滿：身為一個**法理上**的個體，意味著無法將自身的悲慘遭遇怪罪任何人；除了自己的懶惰和散漫外，無法為自身的失敗找出其他原因；且再怎麼努力，也找不到其他補救辦法。

　　日復一日地生活在自我譴責及自我蔑視的風險下，不是件容易的事。當一雙雙眼睛聚焦在自己的表現上，就不會再注意到集體生產出個體存在矛盾的社會空間了，這誘使男人與女人自然而然地化約自身困境的複雜性，以便讓他們悲慘遭遇的原因變得可以理解，是以在採取補救行動時變得容易處理並接受。並不是因為他們發現「傳記式解決方案」麻煩、手續繁瑣，原因很簡單，由於沒有有效的「針對系統性矛盾的傳記式解決方案」，因此缺乏手邊能用的可行解決方案，只好透過想像出來的解決方案加以彌補。然而，無論是想像的還是真實的，為了看起來明智、可行，所有的「解決方案」就必須與任務及責任的「個體化」保持一致，不能有落差。因此就有了個體掛釘的需求，驚慌的個體們可以集體將他們個體的恐懼懸掛在這樣的掛釘上，即使只是片刻也好。我們的時代是幸運的，因為有代罪羔羊──他們可能是把私生活搞得一團糟的政治人物、從破舊街道及破爛街區中偷溜出來的罪犯，或者是「我們中間的外國人」。我們的時代也是有專利鎖、防盜警報器、鐵絲網圍籬、守望

相助隊和義警的時代；是打著「調查報導」名號四處打聽陰謀論的小報記者讓公共空間充斥著虛實不清的幻影的時代，而在這個空間中，行動者早已令人不安地集體消失了。這些小報記者也起勁地尋找貌似可信的新的「道德恐慌」目標；越能強烈到釋放出大量被壓抑的恐懼和憤怒，就越好。

讓我再次重申：在**法理**個體的境況和他們成為**事實**個體的機會之間，存在著日益擴大的鴻溝——成為事實個體的意思是取得自己命運的控制權，做出他們真正想要的選擇。從那道深淵般的鴻溝中，散發出一股毒害著當代個體生命的至毒惡臭。然而，單靠個體的努力無法消弭那道鴻溝：要消弭它不能透過從自我管理的生命政治中能獲得的工具與資源，得靠政治才有辦法——而且是大寫的政治。或許可以這麼說，我們談論的這道鴻溝之所以會出現並且擴大，正是因為公共空間被清空了，尤其是人們討論公共事務的場所（agora）消失了；在那個生命政治與大寫政治相遇的、既公共又私人的中介性場所，私人的煩惱可以被轉譯成公共議題的語言，並可為私人的煩惱尋找、協商出有共識的公共解決方案。

也就是說，局面已經逆轉：批判理論的任務被翻轉了。在過去，這個任務一直是捍衛私人的自主性不受步步進逼的「公共領域」所侵犯，讓人們從具有無限權力、不帶情感的國家及其眾多官僚魔掌或他們的小爪牙的壓迫性統治下解脫出來。但現在，這個任務是要捍衛消逝中的公共場域，或是要重新裝備並占領那個被兩邊拋下而迅速變得空曠的公共空間：一邊是「利益相關公民」的離場，一邊

則是真實的權利躲進了一個只能被描述為「外太空」的地方，儘管現存的民主體制還是能夠取得一些成果。

「公共領域」正開始殖民「私人領域」，這種說法已不再真實。事情正好相反：是私人空間殖民公共空間，並將無法用私人關懷、憂慮或追求的語言來表達的一切事物排擠、驅逐出公共空間，一個也不放過。人們一再被灌輸他或她是自己命運的主人這種訊息，這樣的個體沒有理由去認為那些抗拒被自我吞沒並讓自我技能應付處理的事物具有「主題相關性」（阿弗列德‧舒茲〔Alfred Schütz〕語）；但公民的正字標誌正是有這樣的理由，並且因此而行動。

對個體而言，公共空間不過是個巨大的螢幕，私人的憂慮投射其上，但仍維持著私人的特質，並沒有在這個放大的過程中獲得新的集體性質：公共空間是私人祕密的公開告解處。個體日復一日地在導遊的引導下遊覽公共空間，回家時他們的**法理**個體性被增強了，同時再次得到保證，他們處理生活事務的單獨方式跟所有其他「像他們一樣的個體」都一樣，儘管（仍然像他們一樣）他們在這過程中也承受著各自的挫折與（但願只是短暫的）失敗。

至於權力，則遠離了街道與市集、會堂與國會、地方及全國性政府，也離開了公民的控制範圍，享受著電子網絡的治外法權。今天，那樣的權力所偏好的策略原則是**逃離、迴避**及**不參與**（disengagement），而其理想狀態則是隱形。嘗試要預測它們的行動及行動的非預期結果（更別說努力去避免或阻止它們之中最不受歡迎的那些結果），實際的效果就像是「防止氣候變遷聯盟」所

收到的效果。

於是，公共空間日益缺乏公共議題。它無法扮演它過去的角色，也就是一個私人煩惱與公共議題相遇並對話的場所。在個體化壓力的接收端，個體逐漸（但一貫地）被剝除了公民資格的護甲，連他們的公民能力和利益也被剝奪。在這樣的處境下，**法理**個體終將可能轉變成**事實**個體（亦即能控制為做出真實自我決定所不可或缺的資源的人）的前景似乎越來越渺茫。

個體如果不先變成**公民**，**法理**個體就無法轉變成**事實**個體。沒有具自主性的社會，就不會有具自主性的個體，而社會的自主性必須要有審慎的、且是永遠審慎的自我建構；這樣的自我建構也許只是社會成員共同達成的一項成就。

「社會」與個體的自主性之間永遠存在著一種曖昧不明的關係：它同時是個體自主性的敵人，也是它的**必要**條件。但在現代史的進程中，這段注定要維持下去的矛盾關係，威脅與機會的比例卻發生了急遽的變化。雖然密切監視個體的理由也許並未消失，但如今社會是個體強烈需要、但卻極為缺乏的主要條件——當他們徒勞而歷盡艱辛地奮鬥著，為了將他們的**法理**地位重新打造為貨真價實的自主性及自我主張的能力時，個體需要社會。

用最概略的方式來說，這就是決定了批判理論——更一般地說，社會批判——今日任務的困境。歸結言之，這些任務就是再一次將被形式性個體化的結合及權力與政治的分離所撕碎的東西連結

在一起。換言之，就是重新設計並占領如今變得空蕩蕩的公共論辯空間──一個個體與公眾、私人與公共利益相遇、論辯並進行協商的場所。如果批判理論過去的目標──人類解放──在今天仍有一點意義，那麼它即意味著重新連結深淵的兩頭；一頭是法理個體的現實，另一頭則是事實個體的願景。而重新學習已然被遺忘的公民能力並取回失落的公民工具的個體們，則是這個特殊的搭橋任務唯一的建設者。

重探批判理論

對於思考的需求讓我們思考，阿多諾曾如此說。[12] 他的《否定辯證法》（*Negative Dialectics*）是對於在一個不宜人性安居的世界中成為人的方式所做的漫長而艱辛的探索，這趟探索以這樣辛辣但終究空泛的句子做為結語：在寫了數百頁之後，什麼也沒解釋，什麼謎題也沒揭開，什麼保證也沒做出。成為人的祕密仍像是這趟旅程的剛開始一樣令人費解。思考讓我們成為了人，然而是成為人才讓我們去思考。思考是無法解釋的，也不需要解釋。思考不需要什麼正當理由；但即便是有人嘗試這麼做，也無法給予思考什麼正當理由。

阿多諾會一而再、再而三地告訴我們，這種困境既不是思想衰弱的標誌，也不是思想者恥辱的勳章。如果它的確意味著什麼，還不如說事情正好相反。在阿多諾的筆下，無情的必然性成了一種特權。一個思想越是無法被人們熟悉的語言所解釋並讓專注於日常生

存要務的男女理解，它就越是接近人性的標準；越是無法根據實質的好處與用途或是超市或股票交易所的標價做為一個思想存在的正當理由，它的人性化價值就越高。正是積極追求市場價值及立即消費的強烈欲望，在威脅著思想的真正價值。阿多諾寫道：

> 沒有思想可以不受交流的影響；光是在錯誤的地方、基於錯誤的共識來表述一個思想，就足以削弱它的真實性。……因為知識性的、不可褻瀆的孤立現在是展現某種程度團結的唯一方式。……超然的觀察者就和積極的參與者一樣深陷其中（entangled）；前者的唯一好處是可以洞觀自己的身不由己（entanglement），並享受這樣的認識所帶來的無限自由。[13]

一旦我們記住，「對一個天真形式的主體而言……它是無法看清自己所受到的框限的，」[14] 以及這種制約的不透明性本身正是這種永恆天真的保證，這點就變得更為明顯，即這種自知之明（insight）正是自由的起點。正如思想除了讓自身永遠存續外什麼也不需要，天真也是自給自足的；只要自知不要來打擾天真，天真便會將自身的框限保持得完好無損。

「不受打擾」；確實，自知的打擾不太受到那些人的歡迎，他們已經習慣了生活中沒有做為解放的甜蜜願景的自知之明。天真的無邪單純讓即便是最動盪不安、危機四伏的框限都顯得熟悉而安全，任何對於它的支架其實搖搖欲墜的自知之明，都預示著缺乏信

心、懷疑及不安全感，沒有多少人會興高采烈地期盼這種事情。對阿多諾而言，似乎對於自知之明的普遍怨恨是個好的發展，雖然這不表示事情就會更輕鬆。因為天真的不自由正是思想者的自由。它讓「不可褻瀆的孤立」變得容易許多。「將沒人想買的獨一無二的東西拿出去拍賣的人，代表著他不受交易的影響，即便這違反了他的意願。」[15] 從這個思想到另一個思想不過是一步之遙：做為原型框限的流亡者的思想，原型框限是不受交易影響的。無疑地，流亡所提供的產品讓人連一絲想買的念頭都沒有。「每個離開故鄉的知識分子都是支離破碎的，毫無例外，」阿多諾在他流亡美國的日子裡這樣寫道。「他生活在一個將永遠不可理解的環境中。」難怪他對在當地市集中生產任何貴重事物會冒的風險採取了保險措施。於是，「如果深奧難解的姿態在歐洲往往只是追求最盲目的私利的藉口……那在移民生活中，撙節的想法大概就是最容易接受的救生艇了。」[16] 流亡之於思想者，就相當於家之於天真者；在流亡中，思想者的超然——他習慣的生活方式——獲得了生存下去的價值。

閱讀德意生（Deussen）所編的《奧義書》（Upanishads）時，阿多諾和霍克海默尖刻地評論那些追求真理、美與正義之統一的人，說那些「歷史的局外人」，他們的理論及實踐體系「不是非常嚴謹、沒有中心思想；他們思想的無政府狀態讓他們有別於成功的哲學體系。他們更注重觀念和個體，而非管理和集體。因此他們激起了憤怒。」[17] 因為，如果觀念要取得成功並達到洞穴居住者的想像邊界，優雅的吠陀儀式就必須取代《奧義書》隨心所欲的冥想，

頭腦冷靜、行為規矩的斯多噶學派就必須取代衝動魯莽、傲慢自大的犬儒學派，而極端實際的聖保羅則必須取代一點也不務實的施洗者約翰。然而最大的問題是，這些觀念的解放力量是否能在它們取得世俗的成功後仍保留下來。阿多諾對這個問題的答案是十分悲觀的：「就像現代政黨和革命的歷史一樣，古老宗教和學派的歷史給我們的教訓是：生存下來的代價是務實的參與，將觀念轉變成支配的力量。」[18]

　　在這最後的一句話中，糾纏著這位原初「批判學派」的創建者與最知名學者的主要策略性困境，得到了最生動的表達：無論是誰，只要思考並在意著，就註定要在乾淨但虛弱無力的思想與強而有力但骯髒的以支配為追求目標的思想之間，進行著隨時可能被吞噬的艱難航行。**非此即彼，沒有第三種選擇**。追求實踐或拒絕實踐都不是好的解決方案。追求實踐的努力往往無可避免地變形成支配，並帶著所有伴隨它而來的恐懼：恐懼必然加諸於自由之上的新的約制，恐懼效用的功利主義實用語言將凌駕理性的倫理原則，以及恐懼打了折扣的自由的雄心抱負及隨後產生的扭曲。而拒絕實踐也許滿足了對絕不妥協的純粹性的自戀主義欲望，但卻讓思想變得徒勞無益，終至無效白費：正如路德維希·維根斯坦（Ludwig Wittgenstein）哀傷地觀察到的，哲學改變不了任何事情；從對人類境況之非人性的厭惡誕生出來的思想，對於讓人類境況更為人性化起不了什麼作用，甚至根本不起作用。**沉思的生命**（vita contemplativa）與**行動的生命**（vita activa）的兩難困境，歸結起來就是兩個同樣令人提不起勁的願景之間的選擇。思想中保存的價

值越是不受污染，對他們打算要服務的對象的生活來說就越是缺乏意義。而這樣的思想對他們生活產生的效果越大，激勵並啟發這個改革生活的價值就越是令人不願懷念。

阿多諾的憂慮是個古老的憂慮，可一直追溯到柏拉圖對智慧及「回到洞穴」可行性的困惑。當柏拉圖呼籲哲學家離開日常性（quotidianity）的黑暗洞穴，（以思想的純粹性為名）拒絕與任何洞穴居住者往來，以便持久旅居於由乾淨、清澈的思想構成的明亮外在世界時，這個問題就出現了。在那個時代，這個問題是哲學家是否應該希望和那些洞穴裡的人分享他們在旅途上獲得的戰利品，以及——如果他們願意這麼做的話——居住在洞穴裡的人是否應該聽信他們。套句那時代常聽見的老話，柏拉圖認為溝通的破裂會導致帶來消息的信使被殺害……。

對於柏拉圖問題的阿多諾版本表述，是在後啟蒙的世界中成形的。在這個世界，將異端者釘在木樁上燒死或為預告更高貴生命之到來的報信者送上毒藥，絕對是不合時宜的做法。在這個新世界裡，如今化身**公民**（Bürger）的穴居者並不像柏拉圖原初構想的穴居者那般，被認為擁有與生俱來的熱情及優越的價值；他們倒是被預期會對那些必然干擾他們日常生活寧靜的訊息採取一樣頑強而堅定的抵抗態度。然而正如新的習語所說的，人們卻以一種不同的形式來設想溝通失靈的結果。在柏拉圖的時代，知識與權力的聯姻不過是種幻想，如今卻成了例行公事，實際上是不證自明的哲學假定，更是一種常見的、日常運用的政治宣稱。真理從人們會因此惹

來殺身之禍的事物變成了提供殺戮好理由的事物（一直以來皆是兩種情況並存，但兩者的混合比例卻出現了劇烈變化）。因此在阿多諾的時代，人們也自然而然並合理地預期，只要情況許可，帶來好消息的使徒被拒絕後就會訴諸武力；他們會尋求支配以打破人們的抵抗，強迫、鼓勵或賄賂他們的敵人服從他們不樂意服從的路線。

45　舊的困境是：如何找到適當的語言向缺乏經驗或知識的人訴說，同時又不會讓訊息的實質內涵受損；如何將真理壓縮成一種形式，不但容易領會，還有足夠的吸引力讓人期待去領會真理，而又不至於扭曲或稀釋了內容。如今在這之上，又加入了一個新的困難，這個困難在傳達解放性抱負的訊息時格外尖銳並令人憂慮：如何避免被權力與支配的腐敗影響，或至少限縮其影響；權力與支配如今被視為是向那些冥頑不靈、缺乏激情的人傳達訊息的主要工具。這兩種憂慮交織、有時甚至混雜在一起——正如史特勞斯與亞歷松德‧柯耶夫（Alexandre Kojève）之間尖銳卻沒達成結論的爭論一樣。

　　史特勞斯堅稱，「哲學」的目的是探詢「永恆不變的秩序；歷史發生於此中，此中卻全然不受歷史影響。」永恆不變的秩序也是普遍性的特質；然而只有以「真實的知識或智慧」為基礎——而非見解之間的協調與一致——才可能達成對「永恆不變秩序」的普遍接受：

> 見解基礎上的一致，永遠不能變成普遍的一致。每一種宣稱都具有普遍性，也就是說能夠得到普遍接受的信仰，都必然會激起一個提出相同宣稱的反信仰（counter-faith）。

在愚者中散播智者所獲得的真實知識不會有什麼幫助，因為透過真實知識的散播或稀釋，知識將無可避免地自我轉變為意見、偏見，或是區區信念而已。

對史特勞斯或柯耶夫都一樣真實的是，這道存在於智慧與「區區信念」之間的鴻溝，以及存在於他們之間的溝通困難，都直接並自動地指向了權力與政治的議題。這兩類知識之間的不可相容性，透過統治及施行的問題以及「智慧承載者（bearer of wisdom）」的政治參與問題，將自身展現於兩位論辯者面前；坦白說，這就是哲學及國家之間關係的問題，這問題也被認為是政治學的主要場域及焦點。其可歸結為在政治參與及徹底疏遠政治實踐之間做出直接選擇的問題，以及對每一個選擇的潛在好處、風險及缺點的仔細計算。

考慮到永恆秩序——哲學家的真正關懷——「全然不受歷史的影響」，那麼，與歷史的經理人、當權者之間的往來，究竟要透過什麼方式才能有助於哲學的事業呢？對史特勞斯而言，這大體上 46 不過是個修辭問題而已，因為唯一合理且不證自明的答案是：「不存在這樣的方式。」哲學的真理也許確實不受政治影響，柯耶夫這樣答覆，但這並不意味著它就能夠完全迴避歷史：哲學真理的核心意義在於進入歷史是為了改造歷史——因此與握有權力的人、這群可決定所有人事物進出的天生的守門員往來的實際任務，始終是哲學家事業中必不可少且至關重要的一部分。歷史是哲學的實現，哲學真理在歷史的接受與肯認中得到了最終的檢測與驗證：用

哲學家的話來說，就是成為**政體**的肉身（becoming the flesh of the polity）。肯認是哲學的終極**目標**，也是對哲學的終極證明；因此，哲學家行動的對象不只是哲學家自身、他們的思想、以及哲學思考的「內在事業」，還是這個世界本身，以及這兩者間最終的和諧共處，更確切地說，就是根據哲學家所捍衛的真理的樣式來重新打造世界。因此，與政治「老死不相往來」並不是答案；這樣做不僅有點像是背叛了「哲學以外的世界」，也有背叛了哲學本身的意味。

為通往這個世界而搭建「政治橋樑」的問題，是無法迴避的。由於維持那道橋樑運作的人只能是國家公僕，那一旦這事情真的發生了，如何透過他們讓哲學通往世界的旅程順暢平穩，這樣的問題就不會消失，必須老老實實地面對。另一個無法迴避的殘酷事實是——至少在一開始，只要哲學真理與世界現實之間的鴻溝沒有弭平——國家會以專制統治的形式出現。專制統治（柯耶夫固執地認為這種政府形式可以用**道德中立**的詞語加以定義）若遇到以下狀況，就會發生：

> 一部分公民（無論這一部分的公民是占大多數還是少數，都無關緊要）將自己的觀念及行動強加於其他所有公民身上，這些觀念或行動受這一部分公民自動自發認可的權威所操縱，但卻尚未成功得到其他人認可，而這一部分人是在沒有與其他人「達成協議」、沒有試著與他們達到某種「妥協」、也沒有考慮到他們的觀念與要求（這是由其他人自發認可的另一個權威所決定的）的情況下，將它強加

於他們身上。

正是因為對「他者」的想法與想望的漠視，讓專制政權成為專制，
因此這個任務就是去切斷這個一邊是傲慢忽視、另一邊則是沉默異
議的肇生分裂的鏈條（schismogenetic chain）（正如葛雷格里·
貝特森〔Gregory Bateson〕會說的），找到某個兩邊能夠會面並展
開富有成效的談話的基礎。只有哲學的真理才能提供那個基礎（這
點柯耶夫及史特勞斯會有志一同），因為它處理的是——正如它必
定會做的那樣——永恆的、具有絕對且普遍有效性的事物（由「區
區信念」所提供的所有其它基礎只能發揮戰場、而不是議事廳的功
能）。柯耶夫認為這是可行的，但史特勞斯不這樣認為：「我不認
為蘇格拉底和**平民百姓**〔people〕之間有對話的可能。」無論是誰，
只要參加了這樣一場對話，他就不是哲學家，而只是「某種夸夸其
談之徒」；他關心的與其說是為真理開闢一條允許它走向人民的大
道，不如說是為權力贏得它也許會需要或將要求的、任何形式的服
從。哲學家能做的不過是試著為這些夸夸其談之徒提供建議，而他
們成功的可能性則註定微乎其微。哲學與社會言歸於好並融為一體
的機會十分渺茫。[19]

　　史特勞斯與柯耶夫同樣認為，普遍價值及受歷史形塑的社會生
活現實之間的連結，是政治之事；處身於沉重的現代性階段之中，
理所當然地，他們的寫作會認為政治與國家行動之間是重疊的。因
此，他們的思想自然就未進一步論證哲學家所面臨的兩難，這兩難
歸結來說也就是「接受它」或「放下它」的簡單選擇：要不就是運

用那個連結，而不管企圖運用它所必然帶來的所有風險；要不就是（為了思想的純粹性）與它劃清界線，與權力及權力擁有者保持距離以策安全。換言之，這個選擇也就是在注定是虛弱無力的真理，與注定是背叛真理的力量之間的選擇。

畢竟，沉重現代性是一個根據建築或園藝方式來形塑現實的時代；順從於理性的裁定的現實是在嚴格的品管及製程規定下被「建造」起來的，最重要的是在建設開始之前，所有的一切早就被**設計**好了。那是一個製圖板和藍圖的時代──與其說是為了丈量社會疆土，不如說是為了將社會的疆土提升到只有地圖才能誇口或宣稱達到的清晰性與邏輯性。那是一個希望以立法手段讓理性成為現實的時代，是以一種會引發理性行為、並讓違反理性的一切行為因代價高昂而不在考慮範圍內的方式重新洗牌的時代。對於以立法為基礎的理性而言，忽視立法者及執法機構顯然並不在選項內。至於與國家建立關係（無論是合作還是競爭關係）的議題，則是它的形成性困境：的確，這是生死攸關的事。

生命政治批判

隨著國家不再希望、不願允諾也沒意願繼續擔任理性的全權代表及理性社會的建築師，隨著良善社會辦公室裡的製圖板在這過程中逐漸淘汰，隨著顧問、通譯及掮客等各路人馬接管從前屬於立法者的大多數任務，也難怪希望在解放行動中發揮角色的批判理論會如喪考妣了。分崩離析的不只是解放鬥爭所假定的工具與手段，

它的目標也同時破碎了：批判理論的核心及構成性困境，同時也是批判論述所圍繞的軸心本身，似乎不可能在工具與手段已然消亡的情況下倖存。許多人也許覺得，批判理論即將發現自己已經失去了主題。而許多人也許、也確實是絕望地緊緊抓住正統的批判策略不放，只為了確認——以漫不經心的方式——批判論述已不再有一個明確具體的主題，因為它的診斷越來越與目前現實脫節，提出的建議方案也越來越含糊不清；許多人堅持在他們曾從中獲得專業技能的舊戰場上繼續作戰，也樂於這麼做，卻不願從自己覺得熟悉而可靠的戰場轉到一塊新的但尚未被完全開發的領土；這塊領土在許多方面都仍是未知之地。

然而，不似批判理論家尚存的自我意識仍舊執著於在對抗形式、技巧和綱領中發展出來的同樣事物，批判理論的前景（更別說對它的需求）已不再執著於如今衰退中的生命形式。過時的只有存在於過去、但現已不存在的境況下被賦予的解放意義，解放的任務本身並沒有過時。現在處於危急關頭的是其他的事了。有個新的解放的公共議程正等著批判理論來操心呢。這個仍等著批判性公共政策的新公共議程，是和「液化」版本的現代人類境況一起出現的——尤其是緊隨著由那個人類境況所引發的生命任務的「個體化」 49
而來。

這個新的議程產生自前面討論過的、那道介於**法理**與**事實**個體性之間的鴻溝，或者——如果您願意的話——也可說它是產生自那道存在於透過法律實施的「消極自由」與大體不存在、或絕不是普

遍可獲得的「積極自由」（也就是貨真價實的自我主張能力）之間的鴻溝。這個新的境況和聖經上所說的那個導致以色列人反叛、出埃及的境況有點相像。「法老吩咐百姓的監工和工頭說，你們不可照常把草給百姓做磚……『叫他們自己去撿草；他們素常做磚的數目，你們仍舊向他們要』。」當工頭指出，除非能充分供應草桿，否則一個人無法有效率地做磚，並控訴法老他的要求是不可能辦到的時候，法老卻把失敗的責任顛倒過來，他說：「你們是懶惰的，你們是懶惰的！」今日，並沒有任何法老要求工頭用鞭子責打那些懶惰的人（即使鞭打已變成自己動手來做的事，並被自我鞭笞所取代了）；但供應草桿的任務一樣被今天的權威給免除，造磚的人也一樣被告知他們無法完成這項工作——最重要的是，他們做這項工作是為了滿足自己——唯一原因就是他們自己的懶惰。

今日，人們被交付的工作和現代時期開始時他們被交付的工作幾乎完全一樣；亦即個體生活的自我建構，以及將與其他自我構成的個體之間的連結編織成網絡並負責網絡的維修工作。批判理論從不曾質疑這份工作。這類理論家所批判的，是完成這份他們被指派要執行的解放人類個體的工作，這樣做的真誠性與權宜性。對那些本應提供自我主張的恰當條件卻沒這麼做的人，批判理論指責他們口是心非及軟弱無能：有太多強加在自由選擇上的限制；此外，形塑現代社會並使其結構得以運作的方式也具有極權主義傾向，它曾威脅要完全廢除自由，用強加或以不正當方式灌輸的單調同質性來取代選擇自由。

　　自由施為者的命運充斥著大量的自相矛盾：這些矛盾難以評估，更別說要解決了。舉例來說，自我打造的認同就存在著一種矛盾：自我打造的認同必須堅實到足以原封不動地得到承認，同時還必須要有足夠的彈性，而不至於在瞬息萬變的環境妨礙了未來行動的自由。人類伴侶關係的脆弱性也是如此：伴侶關係如今被賦予了比過去更多的期望，然其制度化的程度卻極低——如果有的話——因此也更無法承受這個多出來的負擔。還有，重新獲得的責任：它那危險地航行在袖手旁觀與高壓脅迫的礁石之間、令人遺憾的悲慘命運。另外，是所有共同行動的脆弱性：它們只有行動者的熱情與犧牲奉獻能夠倚靠，但它卻需要一個更持久的黏著劑來保持其完整性，直到達到它的目標為止。此外，高度困難的事情還有將徹底個人、主觀的生活經驗一般化，使之成為適合被寫入公共議程的問題，並成為公共政策所要處理的事務。這些只是信手捻來的幾個例子而已，但它們卻為批判理論家現在所面臨的挑戰提供了一幅清楚的景象，這些理論家的願望是能將他們的學科重新連結上公共政策議程。

　　批判理論家不是沒有好理由懷疑，在體現於現代性之政治實踐的「開明君主」對啟蒙運動的詮釋裡，只有結果——一個以理性的方式結構化並運作的社會——才是重要的：他們懷疑個體意志、欲望及目的，個體的**創造力**（vis formandi）及**創造欲**（libido formandi）；而無關乎功能、用途及目的之創造新意義的詩意傾向，則不過是路上的眾多資源或可能的障礙而已。為了反對那樣的政治實踐，或可能有的那種傾向，批判理論家樹立了一個反叛了那種觀

點的社會願景，也就是一個正是那些意志、欲望和目的，以及它們的滿足才重要、才需要被尊敬的社會；也因為這個原因，這個願景中的社會不利於所有的完美計畫，這些計畫違背或不顧個人意願，強加於以總稱方式被包含進來的男人和女人身上。對大多數批判學派的哲學家而言，唯一被認可也是唯一可接受的「總體性」，是從創造及自由選擇的個體的行動中可能浮現出來的「總體性」。

所有批判理論工作都帶有某種無政府主義氣質：權力都是可疑的、只有在權力那一方才會發現敵人、以及自由的所有缺點及挫折都得歸咎於這同一個敵人（甚至連本應為解放戰爭奮勇作戰的軍隊若缺乏士氣也要怪它，就像他們在「大眾文化」的論辯中所做的）。危險只會來自「公共領域」那邊，打擊也是從那邊降臨，公共領域總是急切地想侵略並殖民「私人的」、「主觀的」、「個體的」事物。只有少量並且總的來說微乎其微的思想工作，是著墨於窄化和空白的公共空間可能存在的危險，以及反向侵略的可能性，即私人領域對公共領域的殖民。然而低估可能發生的事情或是缺乏討論，已變成今日解放的主要絆腳石，而在目前階段，解放只能被描述為將**法理**的個體自主性轉變為**事實**的個體自主性。

公共權力預示了個體自由的**不完整性**，但它的撤退或消失卻意味著在法律意義上取得勝利的自由**實際上虛弱無能**。現代解放的歷史從與第一種危險的遭逢，變成了必須面對第二種危險。借用以賽亞‧柏林（Isaiah Berlin）的概念，人們可以說，一旦人們為「消極自由」奮鬥了也勝利了，那麼將「消極自由」轉變成「積極自由」

（也就是設定選擇範圍及選擇的待議事項的自由）所需的控制桿就崩壞了。公共權力已失去了它許多令人又敬又恨的壓迫力量——也失去了它很大一部分的賦予行動力的能力。解放的戰爭尚未落幕。但戰事要能有任何推進，現在就必須讓那些它在過去竭盡全力摧毀並從它路上掃清的一切復活。**在今天，任何真正的解放，要求的都是更多、而非更少的「公共領域」及「公共權力」**。現在正是迫切需要公共領域來捍衛私人領域入侵的時刻——儘管自相矛盾的是，這樣做的目的是為了加強，而不是削弱個體的自由。

正如往常一般，批判性思想的工作是揭露堆積在通往解放之路上的障礙。鑑於今天的任務特性，迫切需要檢視的主要障礙是一些正在增加的困難，包括將私人問題轉變為公共議題的困難；透過凝結和壓縮過程，將原本單純的私人煩惱聚合成大於個體要素總和的公共利益的困難；也是對「生命政治」的私有化烏托邦重新進行集體化，以便它們能再一次獲得「良善社會」、「公義社會」的理想樣貌的困難。當公共政治不再發揮它的功能、而讓生命政治接手時，**法理**個體在努力成為**事實**個體的過程中遭遇到的困難最後就變得因無法疊加、無法積累而惡名昭彰，並因此除了保留對個人憂慮進行告解及公共展示的空間之外，公共領域的一切實質內涵都被剝除。同樣地，個體化看似不只是一條單行道，在它前進過程中還似乎摧毀了所有想像得到的、可被用來執行它過去目標的工具。

批判理論所面對的這類使命，有一個新的受眾。一旦開明君主從他的起居室與會客室離去，老大哥的幽靈就不再徘徊在世界的閣

樓和地牢中了。在它們新的、液態現代的、急遽縮小的版本中,它們在個人生命政治的微型的、縮小的王國裡找到了避難所;個體自主性的威脅與機會——除了在具有自主性的社會中,自主性沒有其他地方可實現自身——必須在那裡尋找、也必須在那裡容身。對於共同的另類生活的追尋,必須從檢視生命政治替代選項開始著手。

第
二
章

個
體
性

53

現在，在這裡，你看，你必須拼命地跑，才能停留在原地。
如果你想去別的地方，你至少要跑得比剛才快一倍才行。

　　　　　　　　　　——路易斯・卡羅（Lewis Corroll）

不到五十年前，曾發生一場關於某種普遍預感的實質內涵為何的爭論，也就是關於人們應該害怕什麼，以及如果沒有在來不及之前阻止、未來就會帶來什麼樣的恐怖的爭論。這場在赫胥黎的《美麗新世界》和歐威爾的《一九八四》間引燃戰火的爭論，現在的人們已經幾乎記不得，更難說去理解了。

但可以肯定的是，這是場十分真實而熱烈的爭論，因為這兩種想像中的反烏托邦所生動描繪的世界，是如此地截然不同。歐威爾筆下的世界破敗失修、物資缺乏；而赫胥黎筆下的世界則豐饒富庶、奢華鋪張、沒有短缺。可以想見，居住在歐威爾世界裡的人們自然是愁眉苦臉、擔驚受怕，而赫胥黎所描繪的人們則是無憂無慮、幽默有趣。這兩個世界還有許多不同之處，但都令人印象深刻；這是兩個幾乎在所有細節上都相互對立的世界。

然而，還是有某個共同點將這兩本書描繪的幻境連在一起（如果沒有它，這兩個烏托邦就不會彼此對話，更別說吵架了），那就是它們都預感到將出現**一個受嚴密控制的世界**；預感到個人自由不僅將被化約為贅品或無用的東西，更會遭到被灌輸要服從指揮及既定常規的人們深惡痛絕；預感到一小群的菁英將操縱大眾——以至於剩下的人類只能像絲線木偶般度過自己的一生；預感到世界將分裂成管理者與被管理者、設計者與仿效設計者——前者將設計當成祕密在保守，後者則既無意願也無能力窺探那些設計稿並解讀出其全部的意義；預感到一個讓另一個世界的存在完全無法想像的世界。

　　認為未來將會有更少的自由，以及更多的控制、監督及壓迫的想法，並不是這場爭論的話題。歐威爾與赫胥黎對這個世界的終點並沒有意見不合；他們只是設想了不同條通往那裡的道路，而我們只要繼續保持足以讓事情自然發展的無知、遲鈍、安於現狀或懶於有所作為的狀態，那就夠了。

　　在一七六九年一封寫給霍瑞斯‧曼（Horace Mann）的信中，霍瑞斯‧瓦波爾（Horace Walpole）寫道：「對思考的人而言這個世界是齣喜劇，對感覺的人而言則是齣悲劇。」但「喜劇」與「悲劇」的意義是隨著時間而改變的，當歐威爾和赫胥黎拿起筆來勾勒這個悲劇性未來的輪廓時，他們二人都感覺到這個世界的悲劇，是它固執而無法控制地朝著分裂的方向前進：日益有權卻難以監督的控制者與日益無權而被控制的其他人之間的分裂。男人與女人不再

能夠掌管自己的生活，是一幅糾纏著這兩位作家的夢魘景象。其他時代的思想者，例如亞里斯多德與柏拉圖，也無法想像一個沒有奴役的社會，無論好壞；和他們非常相似的是，赫胥黎與歐威爾也無法設想一個沒有管理者、設計者與監督者的社會，無論快樂或悲慘。這些人聯合制定了別人必須照著演出的劇本，並將表演搬上舞台，將台詞塞進演員的嘴，開除想修改他們劇本的每一個人或將其關進地牢。赫胥黎與歐威爾無法看見一個沒有控制塔和控制台的世界。他們時代的恐懼，和那個時代的希望及夢想一樣，都盤旋在最高指揮部的上空。

資本主義──沉重與輕盈

奈喬·史理夫特（Nigel Thrift）也許會將歐威爾和赫胥黎的故事歸在「約書亞論述」的標題下，這樣才能有別於「創世紀論述」[1]（史理夫特說，論述是「指導人們如何活得像人的」的元語言）。「儘管在約書亞論述中秩序是規則，失序是例外，但在創世紀論述中失序是規則，秩序才是例外。」在約書亞論述中，世界（史理夫特這裡引用了肯尼斯·喬威特〔Kenneth Jowitt〕）是「圍著一個核心而組織起來，受到嚴格限制，並歇斯底里地關注著不可逾越的邊界而存在。」

針對「秩序」，我的解釋是千篇一律、規律性、重複性、可預測性；只有當某些事件被認為比其他事件更可能在某環境中發生，而其他事件則高度不可能或絕不可能發生時，我們才會稱這個環境

是「有秩序的」。同樣地，這表示有某個人在某處（可能是人或非人屬性的至高存在）必須干預事件的發生機率，操縱它們並預先決定結果，也就是密切注意不讓事件隨機發生。

約書亞論述中的秩序世界，也是受到嚴密控制的世界。在那個世界，一切事物都有其目的，即便不清楚（對某些事物這種不清楚的狀態是暫時的，對大部分事物則永遠如此）那個目的是什麼。那個世界裡容不下任何缺乏用途或目的的事物。然而在另一個世界，無用則是被認可的正當目的。為了取得認可，就必須為那個有序整體的維持與存續作出貢獻。唯一不要求正當性的是秩序自身，而且獨獨是秩序自身；換言之，秩序就是「它自身之目的」。它就是**存在著**，無法藉由主觀的期望來擺脫它：這就是我們所需要的全部了，或者說，這就是我們所能知道關於它的一切了。也許秩序之所以存在，是因為上帝將它放進了祂一勞永逸的神聖創造行動之中；或者是因為受造之物人類（儘管擁有神的形象）創造了秩序，並在他們持續的設計、建造及管理工作中延續著秩序的存在。而在我們所處的現代時期，由於上帝已長久離開人間，設計並維護秩序的使命便落到了人類的肩上。

正如馬克思所發現的，支配階級的觀念往往也是具支配地位的**觀念**（根據我們對語言及其作品的新理解，我們也許會認為這個命題是冗贅多餘的）。資本主義企業的管理者支配整個世界已經有至少兩百年的時間了，也就是說，是他們將可行與荒唐、理性與非理性，理智與瘋狂的事物區分開來，也是他們決定並限定著替代選項

的範圍，而人類生活的軌跡就被限制在這樣的範圍內。因此他們對世界的看法，連同著根據相似於這個想法的標準而被形塑及再形塑的世界自身，就為這個支配性論述注入了實質內涵。

直到不久前，具支配地位的一直是約書亞論述；現在，創世紀論述則越來越成為主流。然而，和史理夫特所暗示的正好相反，商業與學術、創世者與世界的詮釋者如今在同一個論述中相遇，這樣的情形根本一點也不新鮮，並不是獨屬於這個新的（史理夫特將之稱為「柔性的（soft）」）、求知若渴的資本主義的特質。幾個世紀以來，除了這個由資本主義視界與實踐所積澱而成的世界，在學術的概念網中就沒有其他的世界要掌握、反思、描述及詮釋了。在這整個時期，商業與學術持續舉行會面，即便（由於它們彼此之間無法順利地進行交談）它們始終給人一種相互保持距離的印象。而且正如今日的情形，會議室總是由前者來指定與提供。

支撐著約書亞論述並使其顯得真實可信的，是福特主義的世界（福特主義一詞是許久之前由安東尼奧‧葛蘭西〔Antonio Gramsci〕及亨利‧德‧曼〔Henri de Man〕率先使用，然而正如黑格爾「米娜娃之鼻（Owl of Minerva）」的習性，一直要到照耀在福特主義式實踐的陽光開始落下時，這個詞才被重新發現、取得知名度並廣為使用）。在亞蘭‧李畢葉（Alain Lipietz）的回顧描述中，全盛時期的福特主義同時也是一種工業化、資本積累及**管制**（regulation）的模式：

它結合了將個體施為者的期望及矛盾行為根據積累體制的
集體原則進行調整的各種形式……

工業典範包括了合理化（rationalization）的泰勒原則，以
及持續的機械化。那種「合理化」乃是以知識及勞動之體
力面向的分立為基礎……社會知識的系統化是從頂層開始
進行，並且被設計者融入機械當中。當泰勒及秉持泰勒原
則的工程師於二十世紀初首次引進這些原則時，他們的明
確目標是要強化管理部門對工人的控制。[1]

　　然而福特主義模式還不止於此，它是知識論的工地，在這之上
一整個世界觀被豎立起來，它以君臨一切的姿態高高聳立，俯視著
由生活經驗構成的整體。人類了解世界的方式始終是傾向**常規化的**
（praxeomorphic）：它始終是被當時的技能知識（know-how）、
被人們對於什麼可做以及通常會怎麼做的知識所形塑。福特主義工
廠——由於它在設計與執行、倡議與服從、自由與屈從，以及發明
與決策之間一絲不苟的區隔；它對存在於每一對這類二元對立兩極
之間的嚴密扣連；以及命令從每一對二元對立內第一個要素到第二
個要素的順暢傳遞——無疑是迄今為止以秩序為目標的社會工程的
最高成就。難怪它為每個試圖理解人類現實如何在其所有層次——
包括全球－社會及個人生活的層次——上運作的人設定了指涉的隱
喻框架（即便這個指涉並未被引用到）。我們很容易可以在一些觀
念中追溯到它隱蔽或公開的存在，遠至像是由「核心價值叢集」
所支配的帕森斯式（Parsonian）自我再製的「社會系統」，或是
做為自我窮畢生心力之身分認同建構工程的指導性設計的沙特式

（Sartrean）生活計畫，都可以看見它的蹤影。

　　確實，當時似乎看不見福特主義工廠的替代選項，也找不出有效辦法可以阻止福特主義模式擴散至社會的每個角落。從這個角度來看，歐威爾與赫胥黎之間的論辯，正如社會主義與資本主義之間的抗衡，不過是一場家庭口角。畢竟，共產主義只希望清除福特主義現在的污染（甚至它的瑕疵），清除由市場產生、妨礙市場無法徹底戰勝意外與偶然性、並讓理性規畫無法取得全面支配的有害混亂。用列寧的話來說，如果共產主義者當時能成功「將蘇維埃權力及蘇維埃式管理組織，與資本主義的最新進展結合在一起」，[3] 社會主義的願景就會實現了；僅管對列寧而言，所謂的「蘇維埃式管理組織」是要讓「資本主義的最新進展」（也就是列寧一再重申的「勞動的科學組織」）從工廠的圍牆內擴散出去，進一步滲透並浸潤總體社會生活。

　　福特主義是在現代社會「沉重」、「龐大」、「靜止不動」、「根深蒂固」、「堅實」時期的自我意識。在那個它們一起參與打造的歷史階段，無論禍福，資本、管理及勞動都注定要在彼此的陪伴中度過一段漫長、也許是永恆的歲月——巨型工廠建築、重型機械及大規模的勞動力共同束縛著它們。為了生存——更別說是有效率地行動了——它們必須「掘壕固守」，必須劃出界線並用壕溝及鐵絲網將其標明清楚，還要建築夠大的堡壘並囤積每樣必需品，以便撐過漫長而看似永遠沒有結束希望的圍城戰。沉重的資本主義執迷於龐大的體積與規模，且由於這個原因，它也迷戀於界線、迷戀

於將界線維持得滴水不漏、絲風不進。亨利‧福特（Henry Ford）的才華是他發現了一個能讓他工業堡壘中的衛士好好待在牆內的方法──避免他們受叛變或改投他方的念頭所誘惑。正如巴黎大學（Sorbonne）的經濟學者達尼耶‧高鴻（Daniel Cohen）所說：

> 有一天福特忽然決定要給工人「雙倍」的薪資。這句慶祝的話是他（公開）宣稱的理由：「我希望付給我工人的薪水能讓他們買得起我的汽車」。但顯然地，這只是個玩笑。工人所購買的汽車占他銷售成績的份額少得可笑，但他們的薪資在他成本中占的比例卻高得多……提供雙倍薪資的真正理由是福特當時面臨了勞動力的巨大流動率。為了將他們用鎖鏈緊緊拴住，他於是決定給他們幅度驚人的調薪……[4]

用高鴻的話來說，將工人釘在他們的工作崗位上，讓他們失去流動性，這條看不見的鎖鏈是「福特主義的心臟」。摧毀那樣的鎖鏈則是生命經驗中分水嶺式的決定性轉變，而這種生命經驗是與福特主義模式的衰亡及加速殞落連結在一起的。「在微軟展開職業生涯的人」，高鴻觀察到，「並不清楚自己的職業生涯將止於何處；但職業生涯在福特或雷諾公司起步的人，相反地卻對自己的職業生涯將在原地打轉有著近乎確定的把握。」

在沉重階段，資本就像它所雇用的勞工一樣被釘在地上。而今天，僅僅拎著一個裡面只放了公事包、手機和手提電腦的登機箱，資本就可輕裝上路了。它可以中途停留在幾乎任何地方，一旦滿意

就能繼續上路，毋須在任何地方長期停留。但另一方面，勞工卻仍像過去一樣靜止不動——他曾經預期可固定下來的地方，卻永遠失去了舊日的堅實；他就像徒勞無功地尋找著可下錨的巨石、最終卻落腳在脆弱不堪的沙地上的一支船錨般。這個世界上有些居民一直在移動，但對其他不移動的人而言，拒絕保持靜止狀態的卻是這個世界本身。一旦立法者、仲裁者及最高上訴法院合而為一，而這個世界看起來卻越來越像是玩家之一，它將牌放在靠近自己胸口處，設好陷阱並等待著可以作弊的機會時，約書亞論述聽起來就會十分的空洞虛偽。

在過去，「沉重資本主義（Heavy Capitalism）」這條船上的 ⁵⁹ 乘客相信（當然，這並不總是明智的作法）經過挑選被授權登上船長甲板的船員會將船安全駛抵目的地。乘客會將全副注意力放在學習及遵守為他們制定的規則上，這些規定以醒目的字體張貼在每條通道。如果他們發牢騷（有時甚至出現騷動），那也是因為船長沒有將船盡速駛入港灣，或是他對乘客的舒適與否特別粗心大意，才會起而反對他。另一方面，「輕盈資本主義（Light Capitalism）」這架飛機上的乘客則驚恐地發現機長室是空的，他們無法從上面標有「自動駕駛」字樣的神祕黑盒子中讀取任何訊息，而他們對這架飛機正在哪裡飛行、將在哪裡降落、誰來選擇機場，以及是否有任何規則允許乘客為安全抵達目的盡一份心力，均一無所悉。

有汽車，就能旅行

我們可以說，資本主義統治下的世界之轉變，事實證明正好是朝著韋伯信心十足預期的相反方向前進；當時他選擇了官僚體制做為即將到來的社會之原型，並將其描繪為理性行動門檻水準的形式（liminal form）。從沉重資本主義的當代經驗來推斷他對未來的見解（這個創造出「鋼鐵般外殼」的人不太可能意識到這種「沉重性」僅僅是某個時間段落內的資本主義屬性而已，也不太可能意識到還有其他資本主義秩序形態是可以想像並即將來臨的），韋伯預見的是「工具理性」將取得勝利：人類歷史的目的地十分明朗，人類行動目的的問題也得到了滿意的解決，不再是爭論話題，人們會全力關注的議題將絕大部分、也許全部都與手段及工具相關；也就是說，未來人類將沉迷於手段及工具議題。所有更進一步的理性化（理性化本身是不可避免的定局）都只在於對手段及工具的加強、調整及完善上。當了解到人類的理性能力往往會受情感習性及其他非理性傾向持續削弱時，人們也許會懷疑關於目的的爭論不可能會有平息的一天；但是在未來，關於目的的爭論將不復出現在受無情的理性化所推動的主流目光中——並留給那些在至高無上（決定性的）生活事業的邊緣忙碌的先知及傳道者。

姑且這麼說，韋伯也提出了另一種類型的目標導向行動，他稱之為**價值**理性行動；但他所謂的價值理性行動指的是「為了價值本身的好處」而去追求，「無涉於任何外在成功的前景」。他也清楚表示他所認為的價值是倫理、美學或宗教性價值——也就是說，

價值所屬的範疇正是被現代資本主義所貶低的，並宣稱其對它所提倡的計算性、理性的行為而言是多餘而毫無意義的，如果不是產生徹底的破壞效果的話。[5] 我們只能猜測，韋伯想到要將價值理性加入他的行動類型清單中是個事後之見，是受到剛發生的布爾什維克革命影響：布爾什維克革命駁斥目標問題已經被一勞永逸解決了的結論，相反地，它暗示了無論實現的機會多麼渺茫、嘗試的代價多麼高昂，當某些人堅持著他們的理想——因此他們的注意力會從對達成目標適用的工具之計算轉移開來——時，還是可能出現某種情境。

無論價值理性概念如何被運用在韋伯的歷史框架中，只要人們希望掌握當今歷史轉向的實質內涵，這個概念就絲毫派不上用場。今天的輕盈資本主義並非韋伯意義上的「價值理性」，即便它和工具理性秩序的理念型概念已然分道揚鑣。輕盈資本主義距離韋伯式的價值理性似乎有光年之遙：如果價值曾經在歷史上得到「絕對的」擁抱，今天也幾乎肯定不再如此了。從沉重走向輕盈資本主義的過程中，真正發生的是：有能力「絕對化」最高法庭價值的、那隱形的「政治局（politburo）」消失了：最高法庭在這裡的角色是通過有關值得追求目標的判決，並且不准上訴（這些機構是約書亞論述中不可或缺的核心）。

在最高權力機關缺席的情況下（或者是在有著許多競爭最高地位的機關，但沒有一個能誇耀擁有贏得競爭的不公平優勢的情況下），客觀的問題再次變得嚴重起來，並且必然成為無止盡痛苦及

眾多猶豫的原因；它會削弱人們的信心，並令人對全然的不確定以及因此帶來的持續焦慮狀態產生一種緊張不安感。用傑哈·舒爾茲（Gerhard Schulze）的話來說，這是一種新型的不確定性：「不知道目的，而不是像傳統的不確定性那樣是不知道手段」。6現在的問題，已不再是在認識不全的情況下嘗試評估達到既定目的之手段（那些已經擁有的以及那些認為需要並因此熱切尋求的手段）的問題了，而是要在面對所有已知或僅能猜測的風險時，考慮及決定在許多浮動而誘人並且「能力所及」（也就是說，像是可以透過合理手段追求）的目的中哪一個享有優先權——考慮到所擁有的手段數量，並將它們能持續派上用場的極小機會納入考量。

在這些新的情況下，大部分的人生以及大部分人的人生，都將花在為選擇目標而苦惱上，而不是花在替那些不求反思之目的尋找實現手段上。與它的前行者相反，輕盈資本主義注定是迷戀價值的。登在「求職欄」的杜撰小廣告——有汽車，就能旅行——也許就是這種對生活新的問題化的一個縮影，和它並肩的是今日科學技術機構及實驗室主任常提出的疑問：「我們已經找到解決方案了。現在讓我們找到問題。」「我能做什麼？」的問題已然支配了行動，並使「要怎樣將我無論如何必須、或應該去做的事情做到最好？」的問題相形見絀。

當視線所及，人們再也看不見留意著世界的規律運作並把守對錯之間界線的最高權力機關時，這世界便成了可能性的無限集合：一個裝得滿滿的容器，裡面全是無數人們尚未追逐或已然失去的各

種機會。無論個體的一生多麼漫長、冒險進取、勤勉不懈,都有比他人生所能努力探索的更多——而且多得惱人——的機會可以去探索,更別說是採納了。是這些無盡的機會填滿了最高權力機關消失後緊接著出現的空位。

難怪這些日子以來,反烏托邦不再是作家書寫的主題了:在這個後福特主義、「流動的現代」的世界裡,自由選擇的個體不再憂慮那個會懲罰他們越界的陰險**老大哥**。然而,在這樣的一個世界,也沒有多的空間能留給善良、會照顧人的**老哥哥**(Elder Brother)了;過去,每當遇到要決定什麼事情值得去做或什麼東西值得擁有時,老哥哥總是人們信賴、倚靠的對象,人們可以指望老哥哥保護他的小老弟,不讓他們被那些阻擋他們實現目標的惡霸欺凌;於是,良善社會的烏托邦也同樣不再被書寫了。也就是說,現在一切的一切都是個體的責任了。個體必須靠自己找到他或她有能力做的事,並將那種能力擴充到極致,還要靠自己找出能將那種能力發揮得淋漓盡致的目標——一個能獲得想像得到的最大程度滿足感的目標。現在,「將沒有預料到的東西馴化成一種消遣」[7]的責任完全在個體上了。

活在一個充滿機會的世界——每個機會都比前一個更加美好誘人,每個機會都「彌補了前一個機會,並為朝向下一個機會的轉變提供基礎」[8]——是個鼓舞人心的經驗。在這樣的一個世界裡,幾乎沒有什麼事情是事先決定了的,更沒有什麼事情是不可挽回的。很少有失敗是最終的失敗,幾乎沒有什麼不幸是無可轉圜的;然而,

也沒有什麼勝利是最終的勝利。為了保持無限的可能性，所以無法允許任何事物僵固成永恆的現實。它們最好保持液態及流動的狀態並標上「有效日期」，以免它們禁止了剩下機會的出現並掐死了萌芽中的未來冒險。正如畢茲科・梅洛斯科（Zbyszko Melosik）及湯瑪茲・茲庫德拉瑞克（Tomasz Szkudlarek）在他們對認同問題富有洞見的研究中指出的，[9] 生活在明顯是無限的機會（或至少是比人們合理希望能夠嘗試的更多的機會）當中，可以讓人嚐到「自由地成為任何人」的甜美滋味。這種甜美的滋味卻有著苦澀的餘味，因為「成為」這個詞表示沒有任何東西是已經完成的，一切都在前方。而成為「某個人」的狀況則意味著仲裁者最終的、遊戲結束的哨音響起：「當抵達終點時，你就不再自由了；當你已經成為某個人時，你就不再是你自己了。」這種未結束、未完成、未決定的狀態充滿了風險及焦慮；然而，它的對立物所帶來的卻不是純粹的快樂，因為它排除了要擁有自由就必須維持開放的那些東西。

遊戲還在進行、還會發生許多事情、生活中可能出現的奇蹟不是只有那些。能意識到這些事情，是十分令人滿足而愉快的。儘管經測試並占有過的事物沒有一個是不會衰敗且能永存的，這樣的懷疑就像諺語中在芳香美味的食物上盤旋不去的蒼蠅一樣，在人們腦海中盤旋不去。損失平衡了獲利。生活注定要在這兩端間航行，沒有任何水手可以誇口自己已經找到了一條安全的路徑，更別說是不冒任何風險了。

這個充滿可能性的世界就像是一個自助餐檯，上面擺滿了令

人垂涎的美食，數量多到即便是最飢渴的食客也無法嚐遍每一道佳餚。這些用餐者就是**消費者**，他們遭遇到最繁重、惱人的挑戰就是必須確立優先順序：他們必須放棄某些尚未探索的選項，讓它們保持未被探索的狀態。消費者的苦惱來自於選擇的過量，而非荒缺。「我已經充分運用我的手段和方法了嗎？」是在失眠的夜裡最常在消費者腦海縈繞不去的問題。正如馬利納・畢安希（Marina Bianchi）在一本由經濟學者進行的集體研究中談到消費品的業務員時所說的：

> 就消費者來說，客觀功能……是空的……
>
> 目的一致地與手段相符，但是目的自身並不是透過理性方式加以選擇的……
>
> 根據假設，消費者（但不是企業）從不會——或者從來沒被發現——犯錯。[10]

　　但即使你可能從不犯錯，你也可能從不確定自己是對的。如果一個人不曾犯錯，就無法區別出更好的行動，也無法在行動的諸多替代選項中識別出正確的行動——既不是在採取行動前，也不是在採取行動後。沒有犯錯的危險，並不全然是個祝福——可以肯定的是它所帶來的喜樂令人質疑，因為它所要求的代價是永久的不確定性以及永不可能滿足的欲望。對業務員來說這是個可望讓他生意興隆的好消息，但對買家而言卻是痛苦的保證。

不要空口說白話，做給我看！

　　沉重的、福特主義風格的資本主義是一個屬於立法者、程序設計者及監督者的世界；在這個世界，以他人為導向的男女用一種由他人規定的方式，追求著由他人確立的目標。因此，這也是一個屬於領袖與導師的權威的世界：領袖懂得比你更多；導師告訴你怎麼做才能做得更好。

　　輕盈、對消費者友善的資本主義並未罷黜制定法律的權威，也沒讓他們變得派不上用場。它只是產生出新的權威，並允許他們與舊權威共存而已；這些新權威的數量多到他們之中的任何一個都無法維持權威的身分太久，更別說是成為「唯一」權威了。錯誤可以有很多個，但真理只有一個，且只有在它是獨一無二時，真理（也就是說，真理被授與了宣稱所有自己的替代性主張皆誤的權利）才會被承認為真理。因此若仔細思考，「許多權威」這句話本身在措辭上就是矛盾的。當存在許多個權威時，他們往往會相互抵銷，於是一個領域中唯一有效的權威就是那個必須在權威之間做選擇的人。是由於選擇者的作用，一個自稱的權威才成為真正的權威。權威不再是發號施令的人了；他們改變自己來迎合選擇者，使出渾身解數來誘惑他們。

　　無論如何定義，在一個以「良善社會」或是「正派高尚的（right and proper）」社會為目標，並且努力和惡劣或不高尚的替代選項保持距離的世界，「領袖」既是其副產品也是必要的補充物。

然而，「液態現代」的世界卻不是這樣。柴契爾夫人（Margaret Thatcher）惡名昭彰的警句「沒有社會這種東西（There is no such thing as society）」同時是對資本主義之變化本質的意向宣言，也是自我實現的預言：緊接而來的是摧毀規範性及保護性網絡的舉動，在其大力協助下這句話從話語變成了現實。「沒有社會」意味著沒有烏托邦，也沒有反烏托邦。就像輕盈資本主義的大師彼得·杜拉克說的：「不再有從社會而來的拯救了」——他含蓄地暗示了（儘管是透過消極無作為而不是積極有為）人們也不能把招致詛咒的責任賴給社會：無論救贖或災殃，全都是你一手釀成，也只跟你切身相關——是你身為自由的施為者，自由地處理你的生活所造成的結果。

當然了，總是不缺那些宣稱自己知道內情（in the know）的人：其中不少人有著為數眾多的追隨者，隨時準備好要向他們的說法點頭。但這類「知情」人士，即使是那些博知能力未受公開質疑的人，都不是**領袖**；他們充其量只是**顧問**（counsellor）——而領袖與顧問之間的一個關鍵差異就是，領袖是被追隨的人，而後者則需要有人雇用，也可以被解僱。領袖做出要求並期望服從；但顧問充其量只能指望領袖樂意聆聽他們，注意到他們的存在。顧問必須先向那些可能的聽眾逢迎拍馬屁，才能藉此贏得他們的樂意聆聽。領袖與顧問之間的另一個關鍵差異，是領袖在個體的善與「全體的善（good of us all）」之間，或者說（正如賴特·米爾斯〔Wright C. Mills〕會說的）在私人憂慮與公共議題之間扮演雙向傳譯的角色。而顧問正好相反，他們對踏出私人這塊封閉的領地避之唯恐不及。

疾病是個體的，治療也是；憂慮是私人的，擊退憂慮的方法也是。顧問提供的忠告指向的是**生命政治**，而不是大寫政治；它們指向的是求助於顧問的人可獨力為自己做的事，每個人都是為了他或她自己——而不是指向那些只要他們聯合起來、就可以一起為了彼此而完成的事。

在某套十分暢銷的自我學習（teach-yourself）叢書中最成功的一本（自從一九八七年出版以來已售出五百萬冊），美樂蒂・比提（Melody Beattie）警告／建議她的讀者：「讓自己抓狂的最有效方式就是插手別人的事，讓自己成為明智愉悅的人最快的方式就是管好自己的事。」這本書的迅速成功，最主要得歸功於它那畫龍點睛的書名（不再互相依賴〔Codependent No More〕），這個書名具體而微地傳達了整本書的要旨：試著解決別人的難題只會讓你依賴，而依賴就意味著成為命運的人質——或者更準確地，成為你無法掌握的事或你無法控制的人的人質；所以儘管問心無愧，管好自己的事情就好。你從為別人做的事情上面得不到什麼好處，還會讓你的注意力從除了你之外沒有人可以做的事情上轉移開來。對於那些無論是否違心、總是在難免良心苛責的情況下被迫跟隨山繆・巴特勒（Samuel Butler）的箴言「比起權利或義務，愉快畢竟是更安全的指南」的孤獨者而言，這樣的要旨聽起來十分悅耳——該要旨中有著他們最需要的慰藉、赦罪，以及對行為的許可。

「我們」是領袖使用得最頻繁的人稱代名詞。至於顧問則很少使用到它：「我們」不過是「我」的集合，而這個集合不像涂爾幹

的「群體」概念，它並未大於部分的加總。結束顧問服務時，得到忠告的人就跟顧問服務開始時一樣孤立。若要說有什麼區別，那也是他們的孤立處境再次被加強了：他們對於自己將會被拋下自生自滅的預感已經被證實，而且就要成真了。無論建議的內容為何，它指向的都是那些得到忠告的人必須要自己去做的事，他們必須承擔起做好這些事的全部責任；如果結果不愉快，除了歸咎自己的失誤與疏忽，他們也怪不了任何人。

最成功的顧問會意識到這個事實：顧問服務的接受者希望得到的是實例教學。假若問題的本質就是只能由個人憑著自己的努力來解決，那麼尋求建議的人所需要的（或者自認為需要的）也只不過是當面對相似的煩惱時，其他的男女都怎麼完成任務的**實例**而已。他們需要其他人的實例還有一個更基本的理由，那就是有更多的人覺得「不快樂」，卻無法指出使他們不快樂的原因。「不快樂」的感受太常彌散而無所定著；它輪廓模糊，根基分散；它仍需取得明確的形貌——需要錘鍊成形、加以命名，以便將同樣模糊的對於幸福的渴望重新鍛造為一個特殊任務。借鑑於其他人的經驗——看看他們所受到的試煉與折磨——人們希望發現造成一個人不快樂的煩惱，並將之定位，給它們一個名字，這樣才能知道從哪裡可以找到抵抗或戰勝它們的方法。

在說明《珍芳達健美書》（Jane Fonda's Workout Book，1981）的熱賣現象以及書中提供給數百萬美國女性的自我鍛鍊技巧時，希拉蕊·雷德納（Hilary Redner）指出：

教練將她自己做為一個例子……而不是一個權威……

操練者透過認同於一個不是她自己的形象，而是某個範例
身體所提供給她的形象，從而擁有了她的身體。

珍芳達對自己所提供的東西的本質，以及她的讀者和觀眾應
該要追隨的是什麼樣的範例，都相當直言不諱：「我喜歡把我的身
體想成是我自己的作品，是我的血肉之軀。它是我的責任。」[11] 珍
芳達傳達給每位女性的訊息是要對待自己的身體就像對待自己的所
有物（我的血肉之軀）、自己的產品（我的作品），以及最重要
的——自己的責任一樣。為了維持並再次強化後現代的自我愛戀
（amour de soi），她訴諸於（除了透過所有物來自我認同的消費
者傾向之外）一個非常前後現代的（pre-postmodern）——事實上
是比現代更前現代——對工匠本能的記憶：我投注在一個產品製作
過程中的技能、專注及細心有多少，我所製作的產品就有多好（而
且不會更好了）。無論結果如何，除了自己，我都沒有其他人好讚
揚（或者是責怪，當情況可能如此時）的了。這個訊息的另外一面
也毫無疑義，即便不是以同樣清晰的方式來加以陳述，那就是：你
虧欠你的身體更多的著想與呵護，如果你忽視了這個職責，你就該
感到內疚及羞愧。**你**身體的不完美是**你**的過失、**你**的恥辱。但是對
罪的救贖卻是握在罪人的手上，而且只握在他或她的手上。

讓我跟著雷德納重複一遍：說起所有這些時，珍芳達並沒有表
現得好像自己是個權威人士（立法者、規範制定者、傳教士或是導

師）。她所做的只是「把自己當成一個示範」而已。我是個受人喜愛的名人；我是人們渴望及讚賞的對象。為什麼呢？不論原因可能是什麼，它之所以成為原因，也是因為我讓它如此。看看我的身體吧：它苗條、有彈性、玲瓏有致——而且永遠年輕。妳當然也想擁有——成為——像我這樣的身體吧。我的身體就是我的作品；如果妳跟著我這樣做，妳也可以擁有這樣的身體噢。如果「像珍芳達一樣」是妳們夢寐以求的事，記住了，是我，珍芳達，讓自己成為了妳們夢想中的那個珍芳達。

當然了，錢和名是有幫助的；它加重了這個訊息的份量。雖然珍芳達想盡辦法要將自己當成是個示範，而不是權威，但否認這件事是愚蠢的：因為她是珍芳達，她的例子自然而然就帶著某種權威性，這種權威性是其他人的例子必須付出大量的努力才能夠得到的。從某個意義上來說，珍芳達是個特例：她的顯赫家世使她「生活在鎂光燈下」，早在她承擔起將自己的身體做為示範的責任之前，她就已經透過廣為宣傳的各種活動而吸引了更多媒體關注。然而，一般而言，人們無法確定追隨榜樣的意願與榜樣人物的權威性兩者之間的因果連結，究竟誰是因、誰又是果。正如丹尼爾・布爾斯汀（Daniel J. Boorstin）在一九六一年出版的《鏡象》（*The Image*）一書中生動詼諧但並不全是開玩笑地觀察到的，名流是因為他的高知名度而知名的人，而暢銷書則是因為它賣得好所以才賣得好的書。權威擴大了追隨者的隊伍，但在一個目的不確定且長期處於未決狀態的世界裡，只有追隨者的數量才能創造——它**就是**——權威。

　　無論是哪一種情形，在榜樣─權威的結合中，榜樣的角色是最重要的，對榜樣的需求也是最迫切的。擁有足夠權威資本的名流甚至在開口之前就可以讓他們所說的話具有被關注的價值；這樣的名流過於稀少，無法滿足無數電視談話節目（chat-show）的胃口（他們也難得出現在最受歡迎的談話節目，如歐普拉〔Oprah〕或崔夏〔Prisha〕的節目上），但這阻止不了數百萬渴望得到指引的男男女女每天強迫性地觀看這些談話節目。分享她或他生命故事的人的權威也許有助於觀眾聚精會神觀看這些榜樣節目，並讓收視率多幾個千分點，但若說故事的人不具有權威，她的非名流身分以及他的默默無名或許可以讓榜樣比較容易追隨，因此本身可能會擁有價值增值的潛力。那些非名流、「和你我一樣」的「普通」男女出現螢幕上的時間可能十分短暫（短到只夠他們把故事說完並得到說完故事應得的掌聲，以及因為把精彩片段留到太後面或在乏味的細節上浪費太多時間而被喝倒采），這些人就跟他們的觀眾同樣的無助、不幸，同樣是血肉之軀，同樣絕望地找尋著體面地走出困境、邁向幸福生活的光明之路。所以他們可以做到的，我也一樣可以做到；也許還做得更好。我也許可以從他們的勝利與潰敗中學到一些**有用的教訓**。

　　譴責或譏笑這種談話節目上癮症只是在放縱人類對八卦消息的永恆貪欲、迎合人們「下流的好奇心」而已，這種說法不僅有辱人格，而且還是錯誤的、誤導的。在一個充斥著手段與工具、目的卻惡名昭彰地不清不楚的世界，從談話中得到的教訓回應了一種真實的需求，並具有無可否認的實用價值。因為我已經知道一切都取決

於我，而且只取決於我，我必須盡力過好自己的生活（並且持續這樣做）；因為我也知道無論這個任務可能需要什麼樣的資源，我只能透過自己的技巧、勇氣與魄力來尋找獲得，因此知道面臨著同樣挑戰的其他人是如何面對的就至關重要了。他們也許無意中發現了什麼出奇制勝的策略，是我沒想過的；他們也許探索過哪些部分的「內心世界」是我不覺得有必要花心思去探索，或者是挖掘得不夠深、因而錯過的。

　　雖然這並不是唯一的好處。正如之前提過的，指出問題是什麼本身就是個艱巨的任務，但若是沒有將不舒服或不幸福的感覺安上一個名字，那就更不會有治癒的希望了。然而，儘管受苦是個人的私事，卻不適合用「私密語言（private language）」來表達。無論苦難的名字為何，包括最私密、個人的感受在內，只有當所選擇的名字具有公開流通的價值時，只有當它們屬於某種人際間共通、公共的語言，並且可以被使用那個語言交流的人們所理解時，它的命名才是恰當的。談話節目是以一種尚未誕生但即將誕生的語言所講授的公開課程。它們提供了也許可以用來「給問題命名」的話語──以一種公眾能夠清楚辨認的方式──表達那些迄今無可言喻、若沒這些話語就將永遠無可言喻的問題。

　　這件事情本身就為它贏得了極大的重要性──然而它還有其他的收穫。談話節目中的言談指向的是那些被認為是私密的、因此不適合在公開場合談論的經驗，但如今卻被公開地說了出來──而且得到眾人的許可、引起人們的興味並贏得喝采。同樣地，談話節目

69

正當化了對私人事務的公開論述。它們讓不可說的成為可說的，讓羞恥的成為體面的，並將骯髒的祕密變成了人們引以為榮的事。在相當程度上，它們是驅魔儀式——而且還是非常有效的驅魔儀式。多虧了談話節目，從現在起我可以談論那些我過去以為（這是錯誤的，正如我現在所明白的）是可恥、令人丟臉，因此注定要被當成祕密、只能默默承受的事情。由於我的告白不再是祕密了，我所獲得的比解脫後的如釋重負更多：我不再需要覺得羞於啟齒，深恐自己的輕率行為會引起他人不悅而受譴責或被人排擠。畢竟，這些都是人們可以在數百萬觀眾面前侃侃而談，而不會良心不安的事啊。他們的私人困擾，以及我那些跟他們類似的困擾，都是**適合公共討論的話題**。這些私人困擾並不是實際上成為了**公共議題**；它們進入公共討論正是因為它們做為**私人議題**的能力，而且無論你花多少時間來討論它們，都無法改變它們的本質。相反地，它們被重新確認為私人議題，並且由於它們的公開曝光，當其再次浮現時，它們的隱私性也被強化了。畢竟，每個談話者都同意：正如這些事情是在私下被體驗、經歷到的一樣，它們也必須被私下地面對及處理。

許多頗具影響力的思想家（哈伯馬斯是其中最突出的一位）都曾警告「私人領域」受「公共領域」入侵、征服及殖民的可能性。如果說他們所回想起的是那個令人記憶猶新的、激起歐威爾或赫胥黎式反烏托邦靈感的時代，會傳達出那樣的恐懼也許是可以理解的。然而，這種預感似乎來自於他們透過了錯誤的鏡片來觀看發生在我們眼前的進程。事實上，和這些警告相反的趨勢似乎正在發生：公共領域受那些過去被歸類為私人、因此不適合公開討論的議題所

殖民。

　　正在發生的事情，並只不是對公私之間眾所週知的浮動界線展開的另一場重新協商而已。事情的關鍵似乎是對公共領域的重新定義，對公共領域做為私人戲劇被搬上舞台、公開展示及觀看的場景的重新定義。目前，由媒體所促成並被社會上所有人或幾乎所有人廣為接受的「公共興趣（public interest）」，其定義是指公開搬演這類戲劇的責任以及公眾觀看這些演出的權利。透過之前的論證，讓人對這樣的發展並不感到驚奇、甚至覺得是「自然的」社會條件應該是很明顯的；但是這個發展的後果還遠遠沒有被充分探討過。這些後果甚至比一般理解或接受的更為深遠。

　　影響可說最為重大的後果是「我們所知的政治」，也就是大寫政治的消亡，大寫政治是被賦予了將私人困擾轉譯為公共議題（以及與此相反）任務的政治活動。這樣的努力如今正慢慢停止下來。私人困擾不會因為被公開表達就變成公共議題，即便是在公眾的注視下，它們仍是私人的；然而，透過被搬上公開舞台而似乎達到的那些成果，卻將所有其他「非私人的」問題逐出了公共議程。通常且更常被看成是「公共議題」的，是那些**公眾人物的私人困擾**。民主政治歷久不衰的問題——公眾人物履行對他們國民／選民福祉之責任的方式究竟是有用或是有害呢？——已被人們拋諸腦後；和它們一起被遺忘的，還有良善社會中的公共利益、公共正義，或者對個體福祉的集體責任。

　　在受到一連串「公共醜聞」（也就是對公眾人物私生活道德糜

爛事實的公開揭露）的打擊之後，英國首相布萊爾（Tony Blair）
（根據《衛報》一九九九年一月十一日報導所述）抱怨「政治降
格成為八卦專欄」並呼籲閱聽人正視此一選擇──我們要不是讓醜
聞、八卦和雞毛蒜皮的小事占據新聞議程，就是讓它被真正重要的
事情占據。」[12] 這些話只會引起困惑，因為它們是出自這樣的一個
政治人物之口：一個每天諮詢「焦點團體」，只希望能從中定期知
道草根基層的感受以及選民**輿論**中「真正重要的事情」的政治人物；
而針對在他選民的生活**境況**中真正重要的事情，他採取的處理手法
本身就是他所哀嘆的、造成「政治降格為八卦專欄」的那種生活的
一個重要因素。

　　我們討論到的那些生活境況促使人們不分男女皆尋求榜樣人
物，而不是領導者。它們促使人們對生活在鎂光燈下的人──所有
人以及他們之中的任何一位──產生期待，期待他們展示自己是如
何完成「重要的事」的。畢竟他們每天都被提醒，如果他們的生活
出了錯，也是因為他們自己犯的錯；是他們的錯，因此應該用他們
自己的方法、透過他們自己的努力來修正這些錯誤。因此，如果他
們認為那些假裝自己「知道內情」的人的主要（也許也是唯一）用
途，就是向他們展示自己是如何運用自己的方法做出自己的努力，
也就一點也不奇怪了。他們一再被這些「熟知內情的人」耳提面命，
這個工作只能由他們自己來做，沒有其他人會做；每個人都要單獨
完成這個工作。因此，如果對許多男女來說，政治人物（或其他名
流）私下做的事才會吸引他們的注意力並讓他們感興趣，這又有什
麼好困惑不解的呢？當美國前總統柯林頓（Bill Clinton）做了以下

的事情時，沒有一個「有權有勢的人」，更別說是受到冒犯的「民意（public opinion）」對他提出彈劾：他廢除了被列為「聯邦議題」的福利，並因此實際上取消集體承諾與責任，而這些集體承諾與責任的目的是為了避免個人成為反覆無常的命運玩弄的對象，畢竟命運惡名昭彰的壞習慣就是對個人加以打擊。

在占據各媒體顯要位置的名流們華麗多彩的隊伍當中，男性或女性政治人物並不享有特權。「知名度」到底怎麼來的不太重要，雖然根據布爾斯汀的說法，這正是名流之所以為名流的原因。光是占據鎂光燈下的一個位置本身就足以成為一種存在樣態了，電影明星、足球明星或政府要員的地位是一樣的。其中一項對這所有人的要求是他們被期待——「負有公共責任」——要為滿足公眾需求而告白，將自己的私人生活公開展演，並且如果有別人代他們這麼做了，也不准抱怨。被揭露後，這樣的私生活也有可能被證明毫無啟發性或是乏味至極：不是所有的私人祕密都埋藏了其他人會覺得有用的教訓。然而，無論失望過多少次，都無法改變人們的告白習慣或消除人們對告白的胃口：畢竟——且讓我重申一次——個體從個體的角度定義其個體困擾、並嘗試運用個體的技巧與資源來解決這些困擾的方式，正是僅存的「公共議題」，也是「公共興趣」的唯一對象。只要這種情況持續下去，那些被訓練在尋求啟蒙與指引時只能依靠自身判斷與努力的觀眾與聽眾們，就會繼續抱持著熱情與希望打探其他人的私生活，一如他們也可能對空想家和傳教士的教訓、訓誡和布道抱持著同樣的熱情與希望；如果他們相信只有透過「集思廣益」、「團結一致」及「齊步走」才能減輕或消除個人苦

難的話。

從強迫症（compulsion）到成癮症（addition）

　　尋求榜樣、建議及指引是一種成癮症：你做得越多，你就越需要這樣做；當你拿不到熱門新貨時，你就會更不快樂。做為平息飢渴的手段，所有的成癮症都是自我毀滅的，它們摧毀了獲得任何滿足的可能性。

　　榜樣和處方只要還沒被測試過，就能保持吸引力。但這些榜樣和處方卻幾乎不曾履行自己的承諾——實際上，每一個在達到它誓言要帶來的滿足前就停止了。即便它們之中有任何一個可按照被期望的方式運作，滿足感也無法持久，因為在消費者的世界裡可能性是無窮無盡的，市面上永遠有源源不絕的誘人標的物。美好生活的處方以及為它提供服務的精巧裝置上面，總是貼著最佳使用期限的標籤紙，但它們之中的大多數在使用期限前就已派不上用場了；在市面上出現的「更新、更好」產品的競爭下，它們相形見絀，失去了價值與魅力。在消費者競賽中，終點線的移動速度總是比跑得最快的跑者還快；而大多數被迫站上賽道的跑者都是肌肉鬆垮、肺活量太小的人，根本跑不快。也因此，在一年一度的倫敦馬拉松賽中，人們可以欽佩並讚美贏得比賽的那些人，但真正重要的是堅持完成整場比賽。至少倫敦馬拉松賽還有個終點，但另外那一場比賽——終點是實現「免於煩惱的生活」此一難以捉摸、希望日漸渺茫的承諾——一旦開始就沒有終止的一天：我已經出發了，但我也許**不會**

完成比賽。

也因此，正是這一持續不斷的奔跑、這一堅持比賽令人心滿意足的覺知，使人們真正成癮——而不是那些等著跨越終點線的少數人領取的任何特殊獎品。沒有一個獎品帶來的滿足感足以令其他獎品完全失去魅力；有這麼多其他獎品正召喚、誘惑著人們，只因為它們（至今為止，且總是如此、永遠而無望地）未被嘗試過。欲望成了欲望自身的目標，唯一而無可非議、不容質疑的目標。所有其他目標扮演的角色則是（它們被追求只為了在下一輪比賽被拋棄，並在之後的比賽被完全遺忘）讓跑者持續奔跑——按照「領跑者」設定的模式跑下去；領跑者是賽事經理們雇用的跑者，他們的工作是以最快速度跑幾圈，達成讓其他跑者以打破紀錄的速度奔跑的任務後就退出比賽。或者就像是火箭助推器的角色，一旦它們讓太空船達到了所需的速度，就會被射向太空並自行解體。在一個目標的範圍寬得令人不自在、總是比可獲得的手段和工具還寬的世界，人們需要小心翼翼費盡心思的就是手段的數量和有效性了。堅持比賽是最重要的手段，實際上它是手段之後的手段（meta-means）：一個讓人對其他手段保持信心的手段，讓人對其他手段產生需求的手段。

消費者社會中的每個成員（在消費者社會中一切都是選擇，除了選擇的強迫症外——這種強迫症擴大為成癮症，因此不再被人認為是強迫症）都在參加的這場特殊比賽，其原型就是消費活動。只要我們還在到處購物，我們就在繼續這場比賽，而且我們不只是

在商店、超市、百貨公司、或喬治‧雷澤（George Ritzer）所謂的「消費殿堂（Temples of Consumption）」購物而已。如果「購物」意味著瀏覽各式各樣的可能性，意味著檢視、觸摸、感覺、把玩展示物品，意味著將它們的價格與自己皮夾裡的錢或信用卡的信用餘額進行比較，意味著將其中一些貨品放進購物車，其他則放回貨架——那麼我們在商場外進行的購物就像在商場內一樣頻繁；我們在街上購物、也在家購物，我們工作時購物、休閒時也購物，我們醒著、做夢，都在購物。無論我們做什麼，或是賦予我們所從事的活動什麼名字，它都是一種購物行為，一種具有購物形貌的活動。我們用來撰寫「生命政策（life policy）」的符號即源自購物的語用學（pragmatics）。

購物不只是跟購買衣服、鞋子、車子或家具有關而已。對於更新、更好的榜樣及生活處方的貪得無饜，也是購物行為的一種；且無疑地，是最重要的一種。這個看法得自一對教訓，那就是我們的幸福有賴我們的個人能耐（personal competence），但我們（正如麥可‧帕倫提〔Michael Parenti〕指出的[13]）個人是沒有能耐的，或者我們達不到若更努力些我們就應該有、且可以有的能耐。有太多的領域需要我們變得更有能耐，每個領域都要求我們「貨比三家（shopping around）」。我們「採購」謀生必備的技能，以及說服未來雇主我們確實掌握這些技能的方法；我們選購可以展現良好形象的衣著，以及讓其他人相信我們人如衣裝的方法；我們採購讓我們結交想結交的新朋友的方法，以及讓我們擺脫不想要的故友的方法；我們採購吸引注意力的方法，以及躲避監視的方法；我們採

購從愛中壓榨出最多滿足感的方法，以及避免變得「依賴」愛我及我所愛伴侶的方法；我們採購贏得心上人愛情的方法，以及一旦濃情已逝、親密關係不再令人感覺良好時，結束這段結合的最小成本方法；我們採購應付不測的最佳儲蓄妙方，以及在我們賺到錢之前把錢花掉的最便利辦法；我們採購可以讓該做的事更快完成的資源，以及用來填滿因而空出的時間的事；我們採購最令人垂涎三尺的食物，以及解決吃下這些食物的後果的最有效節食方法；我們採購最有力的高傳真音響，以及最有效的頭痛藥。這串購物清單沒有終點。然而，無論購物清單有多長，不要購物的方法卻不在這上面。而在我們這個顯然有著無限目標的世界裡，最需要的能耐就是身為一個技巧高超、孜孜不倦的購物者的能耐。

然而，今天的消費主義已經不再跟滿足需要有關，甚至不再跟滿足更崇高、超然（有些人會說〔雖然不盡正確〕是「人為的」、「造作的」、「派生的」）的身分認同及自我肯定的需要有關，而只跟「充分性（adequacy）」程度有關。根據人們的說法，消費活動的**精神動力**（spiritus movens）不再是一組可以測量的清晰需要，而是**欲望**——相較於需要，欲望反覆易變、短瞬即逝且更為捉摸不定，本質上是更缺乏參照性的實體；它是一種自我生成、自我驅動的動機，不需要其他的正當理由和原因。撇開欲望做為連續的且始終是短暫存在的物化（reification）不談，欲望本身就是欲望的持續對象；因此，無論其他（物質或精神的）標誌其過往軌跡的對象有多少，欲望必然是無法滿足的。

75

然而，相較於更頑強、變動更緩慢的需要，無論欲望有何顯而易見的優勢，它都會在準備購物的消費者身上施加更多的限制，對被認為提供更令人滿意或確實可以接受的消費品的供應商限制則較少。畢竟激起欲望、撩起所需熱度並將其導到正確方向，可是需要時間、努力，以及相當花費的。受欲望引導的消費者必須被不斷重新「生產」，並且代價高昂。的確，消費者的生產本身就吞噬了總生產成本中難以忍受的一大塊份額，而競爭往往更進一步地擴大它，而不是減少。

　　然而（對消費性商品的生產者和商人而言，幸運的是）現今形式的消費主義並不是（如同哈維‧福格森〔Harvie Ferguson〕所指出的）「立基在欲望的管制（刺激）上，而是立基在一廂情願的幻想的解放上」。對於欲望的這個觀念，福格森的看法是：

> 將消費與自我表達，以及品味及區別的觀念聯繫在一起。個體透過自己的所有物來表達他或她自身。但對致力於持續生產擴張的先進資本主義社會而言，這是一個十分具限制力的心理學框架，最終讓位給一種極為不同的精神「經濟」（psychic "economy"）。願望取代了欲望，成為消費的驅動力量。[14]

　　消費主義的歷史述說的故事，是打破並拋棄限制幻想自由飛翔的連續性「堅固」障礙，並將「享樂原則」削減到「現實原則」所規定的大小。「需要」曾被十九世紀經濟學者認為是「堅固性」

——毫無彈性、永遠受限、有限的堅固性——的縮影，但需要已被拋棄，欲望則暫時取而代之。比起需要，欲望的「流動性」和可擴張性都大得多，因為它與某種善變而具有可塑性的夢想有著半非法的姦情，一種等待被表達的「內在自我」的真實性的夢想。現在，輪到欲望成為被拋棄的對象了。欲望已經活得比它還具有用處的時間更久了：它已經將消費成癮帶到了如今狀態，再也不能發揮帶頭定速的作用了。現在需要的是一個更有力、更重要的是有更多功能[76]的刺激物，才能讓消費需求維持在消費供應的水準。而「願望」，就是最為需要的替代物了：它完成了對享樂原則的解放，將「現實原則」障礙的最後殘餘清除殆盡——自然型態為氣態的物質終於從容器中被釋放。且讓我們再次引用福格森的話：

> 欲望的助長以比較、虛榮、嫉妒和自我稱許的「需要」為基礎，然而，在願望的直覺性底下則空無一物。購買是隨性、無預期，且自發的行為。而願望的表達與滿足都具有某種夢想色彩，正如所有的願望一樣，它們也是不真誠而孩子氣的。[15]

消費者的身體

正如我在《碎片化生活》（*Life in Fragments*，1996）中曾論證的，後現代社會讓它的成員發揮的，主要是他們身為消費者的能力，而非生產者的能力。這是個十分重大的差異。

圍繞著生產者角色而組織起來的生活，往往會受規範性管制。一個人要維持生命並有能力從事任何生產者角色要求的工作，所需要的東西是有底限的，而當他期待著社會對他的抱負的稱許認可——也就是說不用擔心其他人不滿、斥責，或被要求和其他人保持一致——時，他也許夢想、產生欲望並起而追求的事物也是有上限的。任何超出那個上限的事物都是奢侈，而對奢侈的欲望則是一種罪（sin）。因此，人們主要的關切是**一致性**（conformity），也就是在上限與下限之間找到一個安全的位置——消費水準「不落人後（with the Joneses）」（或是和別人一樣差，視情形而定）。

　　另一方面，圍繞著消費者角色而組織起來的生活，就不能有任何的規範了：這種生活受誘惑、不斷上升的欲望以及反覆無常的願望所左右，而不再受規範性規則的指導。沒有哪個了不起的「隔壁鄰居（the Joneses）」可以為你的成功生活提供一個參照點；消費者社會是一個普遍比較的社會——天空才是唯一的限制。「奢侈」的觀念並無太大意義，因為重點是讓今天的奢侈品成為明天的必需品，並讓「今天」與「明天」的距離縮短到最小——「讓渴望不需要等待」。正如將欲望轉變為需要並將其他欲望貶低為不正當的「虛假需要」並無規範可循，測量「一致性」標準的基準點也不存在。人們主要的關注是在於**充分性**，也就是關注「永遠準備就緒」的狀態、關注當機會來臨時有能力把握它，有能力根據新的、前所未聞、出人意料的誘惑物而生出新的欲望，能夠比過去更「盡情享受（get in）」，而不是讓既定的需要來判定新的身心體驗（new sensation）是多餘的，或是限制吸收及經驗它們的能力。

如果生產者社會是將健康設定為其成員該符合的標準，那麼消費者社會就是在其成員面前揮舞著適能（fitness）的理想大旗了。健康和適能這兩個詞語常被認為是相連的，也常被做為同義詞使用；畢竟它們指的都是對身體的保健、一個人希望身體達到的狀態，以及身體的主人為了達成那個願望所採取的養生之道（regime）。然而，將它們視為同義詞是個錯誤：不是所有追求適能的養生之道都「對人的健康有好處」，以及不是所有幫助人維持健康的事物都必然讓人感到安適（make one fit）——但不只是因為這個人們耳熟能詳的原因。健康與適能屬於兩種相當不同的論述，所要求的關注也極為不同。

　　健康，正如生產者社會中所有其他規範性概念，它在「正常（norm）」、「異常（abnormality）」之間劃下了一道界線並捍衛著那條線。「健康」是指人類的身體與精神處於適當而可取的狀態——一種（至少在原則上）多少能夠準確描繪的狀態，且一旦被準確描繪出來，就能精確測量。它指涉一種身體與精神上的狀態，這種狀態讓由社會規劃及指派的角色的需求可以被滿足——而那些需求往往是持續、穩定的需求。「健康」在多數情況下就意味著「可僱用」，也就是可在廠房中進行適當的作業，及「可堪承受」那份工作對受雇者身心例行施加的沉重負擔。

　　相反地，所謂「適能」的狀態，則完全不是「固態的」；它本質上不受拘束、也無法被精確限定。雖然它常被拿來當作「今天覺得怎麼樣？」這個問題的答案（如果我「感到安適」，那麼我也許

就會回答「好極了」），但真正屬於它的問題，永遠是在未來：「感到安適」意味著擁有一個富彈性、吸收力及適應力的身體，隨時準備去經歷那些尚未嘗試過、也不可能事先準確預估的身心體驗。如果健康是某種「不多也不少」的狀態，那麼適能則永遠逗留在「多」的這一邊，維持開放狀態；也就是說，它指的不是任何特定的體能標準，而是身體（最好是無限）的擴張潛能。「適能」意味著身體準備好去體驗不尋常的、非例行的、非凡的事物——最重要的是體驗嶄新的、令人驚奇的事物。人們幾乎可以這樣說：如果健康是「努力維持正常」，那麼適能就是打破所有規範，將所有已經達到的標準拋在後方。

然而，要定下某種人際間的規範標準無論如何都是種苛求，因為個體間的適能程度是無法進行客觀比較的。適能與健康不同的地方在於，前者與**主觀經驗**（就被體驗及感受到的經驗的意義而言——它不是可以從外部觀察的一種狀態或事件，無法被視覺化並彼此交流）有關。正如所有的主觀狀態，眾所周知的是，「適能」的經驗難以用符合人際交流的方式來明確表達，更別說是在人與人之間進行比較了。滿足及愉悅都是無法被抽象詞語捕捉的感覺：它們首先必須被「主觀地經驗到」，也就是人要經歷過，才能領會它們。你永遠無法肯定你的身心體驗是否和下一個人經歷過的一樣深刻、刺激，或確實一樣令人愉快。對適能的追求，就像是在追逐某個獵物，在追逐到之前你都無法描述它；然而，人們沒有辦法知道是否確實已經追逐到那個獵物，卻有一切理由可以懷疑自己並沒有追逐到它。圍繞著對適能的追求而組織起來的生活允諾了許多獲得勝利

的小規模衝突，但從未保證最後的凱旋。

因此，不像身體的保健，對適能的追求並沒有一個自然的終點。這是一段永無休止的努力過程，所謂目標可能只是為了目前的階段而設──達到所設目標的滿足感也只是暫時的。在窮盡一生對適能的追求中，沒有休息的時間；對迄今為止的成功所進行的一切慶祝活動，也不過是展開下一輪艱辛工作之前的短暫喘息。適能追求者可以肯定的一件事情是，他們的體態還不夠良好，還不夠，他們必須繼續努力下去。對適能的追求因此是一種永恆的自我監督、自我譴責以及自我貶損狀態，因此也是一種持續的焦慮狀態。

至於健康，則受它的標準（可量化及加以測量的標準，像是體溫或血壓）所限制，並在「正常」與「異常」之間有一條清晰的界線來武裝它，原則上應該可以擺脫這種永不知足的焦慮。同樣地，在原則上，下面這些事也應該是很清楚的：為了達到並維持健康的狀態，一個人要做什麼；在什麼條件下，一個人可以宣稱某人的「健康狀態良好」；在哪個治療的點上，一個人可被允許自己決定健康狀態已經復原，不需要再做些什麼了。是的──原則上應該清楚的……

然而事實上，所有的規範狀態，包括健康的常態在內，在「液態」現代性的勢力範圍下，在一個具有無限、不確定的可能性的社會裡，都已經被嚴重動搖並變得脆弱易碎了。昨天還被視為正常、因此令人滿足的事物，今天就可能被發現有令人憂慮的一面，甚至是病態而需治療的了。首先，身體的恆新狀態成了醫療介入的正當

79

理由——而市面上的醫學療法也同樣日新月異。其次，曾被清楚限定的「疾病（disease）」觀念，也變得越來越模糊不清了。疾病不再被認為是種例外的一次性事件，有起點也有終點；如今則被視為永遠與健康相伴而行，是它的「另一面」，也是始終存在的威脅。也就是說，疾病現在要求人們永不停下警戒之心，日夜對抗並擊退它，日復一日。保健身體成了對抗疾病的持久戰役。於是最終，「健康養生之道」的意義也不再靜止不變了。「健康飲食」的概念變得太快，快過了這些接連或同時被推薦的飲食方法中的任何一個要自然發展所需的時間。曾被認為有益健康或者無害的營養物，如今在它的益處尚未完全發揮影響力之前，就被宣布對健康有著長期危害。聚焦在某種危險上的療法及預防之道，被發現是其他方面的病原；有越來越大比例的醫療介入是用在醫源性疾病上——由過去的療程所引發的疾病。幾乎每一種療法都散播著疾病，而為了治療過去的冒險行為所帶來的後果，又需要更多的療法。

總的來說，和身體保健的本質相反，它和對適能的追求變得驚人地類似：持續不斷、不可能得到充分滿足，也不確定現在的方向是否恰當，並在努力的過程中產生大量的焦慮。

儘管身體保健變得越來越像是對適能的追求，後者卻試著要模仿（通常是徒勞無功）曾經一度是身體保健自信基礎的事物，也就是健康標準的可測量性，以及隨之而來的治療進展的可測量性。這個抱負說明了一些事，例如在市面上許多「適能養生之道」中減重大受歡迎的原因：逐漸消失的腰圍和體重，是人們在適能中可實際

測量、並被某程度精確定義的少數明顯收穫——正如健康診斷中的體溫一樣。當然了，這種相似性是種幻覺：只需要想像一個刻度上沒有底線的溫度計，或是去想像降得越多越好的體溫就好。

隨著最近流行的「適能」模式而來的，是身體保健（包括自我護理）的限制被取消了，因此正如伊凡・伊里奇（Ivan Illich）最近指出的，「對健康的追求讓它本身成了盛行的致病因素」。診斷不再以客體為其對象：在日益增加的病例中，診斷的真正對象是機率（probability）的開展；接受診斷的患者被發現已經有某種狀況，而對於該狀況可能產生結果的估計就是機率的開展。

健康越來越被等同為風險的最佳化。無論如何，這就是被訓練要為自己適能而工作的消費社會居民期盼他們的醫生要做的事——也是他們對於無法達成這個要求的醫生產生憤怒和敵意的來源。一個先前發生的案例是，有位德國圖賓根市的醫生，因為告訴產婦她生出畸型兒的機率「不太大」而非引用機率統計數字，結果遭到了定罪。[16]

購物做為一種驅魔儀式

人們可能會猜測，那些執著於無法達到的適能頂點，以及耽溺於定義越發模糊、越發「像適能的」健康的「身體擁有者」，他們的恐懼也許會導致警戒和慎重、節制及苦行——這些態度完全和消費社會的邏輯背道而馳，並有引發災難的潛在可能。然而，這會

是個錯誤的結論。要驅除「心魔」，就得有積極的態度並採取許多行動，而不是退縮或靜止不動。正如消費社會中採取的幾乎所有行動，這樣的行動也是代價高昂：它所要求的許多特殊裝備和工具，只有消費市場才能提供。「我的身體是座受到圍攻的堡壘」，這種態度並不會導致禁慾主義、節制或讓人放棄感官享受；如果它有任何意義，也只會是消費得更多——然而是去消費做為販售商品的特殊「健康」食品。在人們為了避免它帶來的破壞性副作用而拒絕消費、並使它最終退出市場之前，最受歡迎的減重藥物叫做仙尼林（Xenilin），它的廣告詞是「吃得越多，瘦得越多」。根據貝瑞·格拉斯納（Barry Glassner）的計算，一九八七年這一年，對身體十分在乎（body-conscious）的美國人在減重食品上就花了七百四十億美元，並有五十億美元在健康俱樂部、二十七億美元在各種維他命、七點三八億元在運動器材。[17]

　　簡言之，要「貨比三家」的理由實在太多了。窄化為單一原因的對購物狂的任何簡化說明，恐怕會遺漏了真正的重點。一般都將強迫性購物詮釋為對後現代價值革命的體現，傾向將購物成癮呈現為潛伏已久的物質主義和享樂主義本能的過度展現，或者是「商業陰謀」的產物，是人為地（工於心計地）煽動人群以追求享樂為首要目標，這些解釋充其量只掌握了部分的真實。另一部分的真實是，從強迫症轉變而成的購物成癮，是對使人焦慮異常的強烈不確定性展開的一場艱苦鬥爭，也是對令人腦筋遲鈍的惱人不安全感的一場艱苦鬥爭。

正如 T・H・馬歇爾（T. H. Marshall）在另一個場合所做的評語，當許多人同時往同一個方向奔跑時，有兩個問題必須要問：**他們在追逐什麼**，以及他們**在逃離什麼**。消費者也許在追逐享樂的——觸覺、視覺或嗅覺的——身心體驗，或者是追求喜歡的事物所帶來的愉快感受，那是展示在超市貨架或百貨公司衣架上那些五彩繽紛、閃閃發亮的事物所允諾帶來的；或者他們在追求更深層、甚至更令人感到慰藉的體驗，那是諮商專家療程所承諾的。然而，他們也正在試著逃離被稱為不安全感的痛苦感受。他們希望，——就一次也好——自己能夠不再被犯錯、疏忽或草率行事的恐懼所包圍。他們希望——當然了，就一次也好——自己能夠深信不疑，感覺到信心、自信與可信任；而當他們四處購物時，他們從物品中找到了極好的特質：這些物品能（至少是暫時地）帶來確定性的承諾。

無論強迫性／成癮性購物還意味著什麼，它都是一種在日間進行的驅魔儀式，作用是驅散那些在夜間糾纏人們不放的不確定性、不安感的可怕幽靈。它也確實是一種日常儀式：驅魔儀式必須日復一日重複進行，因為超市貨架上展示的物品幾乎沒有一樣不被打上「最佳有效」期限；而商店裡販賣的那種確定性，對根除那種首先促使購物者上門購物的不安全感作用也有限。然而，最重要的、讓遊戲能持續下去的——這遊戲明顯缺乏決定性的結果及未來展望——是這些驅魔儀式的驚人特質：它們之所以有效、令人滿意，與其說是因為趕跑了鬼魂（它們極少成功），不如說是因為驅魔儀式被執行的這個事實。只要驅魔儀式的藝術仍然鮮活存在，幽靈就不能宣稱是它們是無法被戰勝的。而在一個由個體化的消費者所組成

的社會中，需要去做的每一件事，都是以自己動手做的方法來完成。除了購物之外，還有什麼更能符合自己動手進行驅魔儀式的前提條件呢？

自由購物——表面上看起來是

卡繆（Albert Camus）曾指出，我們這個時代的人，經常為了不能完整擁有整個世界而受苦：

> 除了心願實現的那些耀眼時刻之外，所有的現實對他們而言都是不完整的。他們的行動以其他行動的形式逃離了他們，又在意想不到的偽裝下回來評斷他們，然後像坦塔羅斯[譯1]渴欲一飲的水般，從某個尚未被發現的孔洞中消失無蹤。

這是我們每一個人都能從回顧中得到的頓悟：當以回顧的眼光審查自身時，這就是我們從自己人生經歷到的、有關我們所居住的這個世界的教訓。然而當我們環顧四周時，看到的景象卻不是這樣：就我們所認識的其他人、尤其是那些我們以為深入認識的人來

譯註 1：Tantalus，宙斯之子，因噬子宴請眾神而觸怒眾神權威，被宙斯罰立於冥河之畔永受飢餓之苦。渴欲飲冥河水時，河水即下降；飢欲餐果樹之實時，樹枝即上升。

說——「從遠處來看，『他們的』存在似乎具有某種他們在現實上無法擁有、但對觀者而言似乎又十分明顯的一致性和統一性。」當然了，這是一種視覺的錯覺。距離（也就是指我們在知識上的貧乏）模糊了一切的細節，抹去了所有無法被納入某種**動態整體**（Gestalt）的事物。無論是不是幻覺，我們往往將其他人的生活當成藝術品來看待。也由於這樣的看待方式，我們力圖要做到和他們一樣：「每個人都試著要把自己的生活變成一個藝術品。」[18]

我們希望用易碎的生活材料打造出的那個藝術品，被稱為「身分認同（identity）」。無論何時，當我們談到身分認同時，在我們的想法背後總是存在著某個和諧、邏輯、一致性的模糊形象，也就是所有那些我們的經驗之流——令我們陷入永恆絕望的——看似嚴重而可恨地缺乏的事物。尋找身分認同就是去阻斷或減緩這道經驗之流持續不斷的鬥爭，就是將流體加以固化、賦無形之物以有形的持續不斷的鬥爭。我們的鬥爭是要去否認、或至少遮掩在形式這層薄薄的包裝紙下可畏的流動性；我們試著將目光從我們無法看穿或理解領會的事物上轉移開來。然而，我們遠遠做不到減緩，更別說是阻止經驗之流；身分認同更像是火山熔岩上面一再固化的表殼部位，在它有時間冷卻並固定下來前就再次熔化了。因此必須一次又一次地嘗試；且這樣的嘗試只能透過孤注一擲地牢牢緊抓住那些堅固、有形、因而可望持續的事物，無論它們是否適合或彼此相屬，也無論它們是否讓步，而期望一旦被放在一起它們就能彼此相處下去。用德勒茲（Deleuze）和瓜達里（Guattari）的話來說，『欲望始終如一地將連續之流與本質為支離破碎的局部客體（partial object）結合在一起。」[19]

　　只有從外部被看見時，剎那間，身分認同才彷彿是固定而堅實的。從個人自身傳記經驗的內部加以凝視時，無論所見的認同有怎樣的堅固性，它們都顯得脆弱易碎，在暴露出它的流動性的剪力，以及威脅要將身分認同取得的任何形式撕成碎片、席捲而去的橫流下，不斷被撕裂。

　　經驗的、經歷過的身分認同，只有用幻想、或許是白日夢的接著劑才能黏合。然而，考慮到傳記經驗提供的頑強證據，任何更強的黏膠——某種比容易分解消滅的幻想更具固定效果的物質——似乎都正如白日夢消失的前景般令人厭惡。這也是為何時尚如此符合要求的原因，正如艾弗瑞・賽隆（Efrat Tseëlon）所觀察到的：時尚正是那種既不更弱、也不更強的東西，比幻想更好。它提供了「探索極限的方法，不必承諾發起行動，也……不必受結果的折磨。」「在童話故事中」，賽隆提醒我們，「夢幻的穿著打扮才是帶出公主真實身分認同的關鍵，正如神仙教母為灰姑娘準備參加舞會的盛裝時了然於心的。」[20]

　　由於所有、或幾乎所有身分認同都有內在固有的善變不定的性質，在身分認同的超市裡「貨比三家」的能力，亦即選擇個人身分認同、以及想擁有這份身分認同多久都行的真實或推定消費自由度，就成為滿足身分認同幻想的皇家大道了。一旦擁有那種能力，一個人就可以隨心所欲地製造或消滅身分認同了。或看起來是如此。

在一個消費社會，消費依賴——對購物的**普遍**依賴——是所有個體自由的**必要條件**；最重要的是，它是與眾不同的自由、「擁有身分認同」的自由的必要條件。在難得流露出傲慢的真誠那一瞬間（雖然同時也對著知道這遊戲是怎麼回事以及怎麼玩的世故客戶眨了眨眼睛），某個電視商業廣告展示了一群髮型和髮色各自不同的女性，同時字幕上打出了：「全都獨一無二、全都個性獨具、全都選擇 X」（X 是廣告的護髮劑品牌）。大量生產的用具，是個體多樣性的工具。身分認同——「獨一無二」、「個性獨具」——只有透過每個人所購買的物質才能被雕刻出來，也只有透過購物才能被取得。人們透過投降而得到獨立性。當電影《伊莉莎白》（*Elizabeth*）中的英國女王決定「改變她的個性」、成為「她父親的女兒」，以迫使臣子們聽從她的指揮時，她的做法是改變髮型、將她的臉塗上厚厚一層手工藝師製作的胭脂，並配戴工匠製作的珠寶首飾。

以消費者選擇為基礎的自由，尤其是消費者透過使用大量生產及商品化的商品而塑造自我認同的自由，到底在多大程度上是真實的或推論的，這是一個爭議未決的著名問題。這樣的自由無法在沒有市場供給的配備及物質的情況下存在。但考慮到這點，快樂購買者的幻想與試驗範圍又有多廣呢？

可以肯定的是，他們的依賴性並只不限於購買行為。例如，記住了，大眾媒體對通俗——集體且個體的——想像所施展的可畏力量。電視螢幕上無所不在、強大、「比真實更真實的」影像制定了

真實及其評價標準，同時也制定了讓「生活著的」那個真實更令人稱心如意的激勵標準。可取的生活往往是「電視上看見的」生活。螢幕上的生活讓真實生活的魅力相形失色並因此被剝奪，也就是說，看起來不真實的是那個生活著的生活，而只要它沒有機會被重新塑造為可放上螢幕的形象，它就會繼續看起來、感覺起來不真實（為了讓自己的生活更加完整，人們首先得將它「用攝影機拍下來（camcord）」；當然了，就必須使用錄影帶——令人欣慰的是，它是一個可以消除內容的東西，永遠都準備好抹去舊的錄影內容並錄下新的）。正如克里斯多夫·拉許（Christopher Lasch）所言：「現代生活是如此徹底地以電子影像為媒介，以至於我們不得不在回應他人時，彷彿是將他們的行動——以及我們自己的——錄下來並同時傳輸給某群看不見的觀眾，或儲存起來以便日後詳加審查一般。」[21]

在後來出版的一本書[22]中，拉許提醒他的讀者「身分認同的舊有意義同時指向人與物。但在現代社會，人與物兩者皆已失去它們的堅固性、確定性及持續性。」拉許所要表達的是，在普遍的「瓦解堅固不變的事物」中，採取進取角色的是物；而且，由於物是身分認同的象徵性裝飾，以及固定身分認同的工具，因此人們很快就會有樣學樣。在提到艾瑪·羅斯查爾德（Emma Rothschild）對汽車產業的著名研究時，拉許指出：

> 艾弗列德·斯隆（Alfred Sloan）的行銷創新——每年變換車型、持續升級產品，並努力將汽車與社會地位連結在一

起，精心培養對於改變的無邊欲望——構成了福特生產創新的必然對應物……兩者皆傾向打壓進取心及獨立思考，讓個體不信任自身的判斷，甚至在品味一事上也是如此。他自己那些粗野的偏好——看來是如此——也許已落後現今的時尚，也需要定期升級了。

斯隆是後來成為了普遍潮流的事物的先驅。今天的商品生產，整體而言已經用「設計為立即報廢的拋棄式產品」「取代了耐用物件的世界」。傑瑞米·希布魯克（Jeremy Seabrook）敏銳地描述了這種取代的結果：

> 與其說資本主義將商品交付給人們，不如說人們越來越被交付給商品；也就是說，人們的性格及感性已被重新製作、再次形塑，通過這樣的方法他們可以被約略分類……與商品、經驗及身心體驗〔歸為一類〕……。這些事物的銷售單獨賦予了我們的生活形狀與意義。[23]

在這個世界，刻意不穩定化的物品是必然不穩定的身分認同的原始建材，因此人們必須持續保持警覺；但最重要的是，他需要捍衛自己的彈性及重新適應的速度，以便能夠快速跟上「外部（out there）」世界的變化模式。正如湯瑪斯·馬瑟森（Thomas Mathiesen）最近觀察到的，邊沁和傅柯強而有力的全景監獄隱喻已不再能掌握權力運作的方式了。因此他指出，我們已經從全景監獄社會走向了單景監獄（Synoticon）社會，也就是說局面已經逆轉，現在是多數人監視少數人的時代。[24] 奇觀（spectacle）取代了

監視的位置，卻沒有失去它們前輩所擁有的任何規訓力量。今天，對標準的服從（容我補充一句：對高度彈性標準的柔軟、可精密調整的服從）往往是透過誘惑與勾引來達成，而不是透過強制——它是以偽裝成自由意志的姿態出現，而不是將自己展現為某種外在的力量。

這些真相（truth）需要被一再地重新述說，因為「浪漫的自我概念」，也就是猜測在所有外在、膚淺的表象下存在著一種深刻而內在的本質，這種概念的遺體今天在兩股努力——保羅·阿特金森（Paul Atkinson）和大衛·席佛曼（David Silverman）恰當地稱為「訪談社會（interview society）」（「普遍依賴面對面訪談來揭露訪談對象個人、隱私的自我」），以及今天的大部分社會研究（它們的目標是認真對待「自我的主觀真相」，方法則是透過先誘發個人敘事再對其加以解剖，懷著能在這些敘事中找到內在真相的希望）的努力——的聯手之下，已經有人為的死灰復燃跡象。對於這種實踐，阿特金森和席佛曼是反對的：

> 我們在社會科學中不是透過搜集敘事而揭露自我，而是透過傳記性回溯工作的敘事來創造自我本性（selfhood）⋯⋯
>
> 揭露的欲望（desire for revelation）以及欲望的揭露（revelation of desire）都提供了真實性（authenticity）的表象，即便正是這個真實性的可能性會成為問題。[25]

成為問題的那個可能性，確實是高度可質疑的。無數的研究顯

示，個人敘事只是由公眾媒體所創造、用來「再現主觀真相」的公眾辭令的預演。但是，聲稱的真實自我的不真實性，卻被真誠的奇觀徹底掩蓋了；就像談話節目中表現得最為突出的深度訪談及公開告白的公眾儀式，儘管它們絕不是唯一的例子。很明顯地，這些奇觀的目的是抒發奮力要被揭露出的「內在自我」的活躍活動；事實上，它們是情感教育的消費社會版本的工具；它們展示著情感狀態的故事以及這些情感狀態的表達——「徹底的個人身分認同」透過這些表達被編造而成——並為其蓋上公眾接受性的戳記。

正如福格森近來以他無與倫比的方式指出的：

87

在後現代世界，所有的區別都變得流動起來，界線消融了，一切都能夠表現得正如它的對立物一般；嘲諷成了表達事情可以有點不同、儘管絕不是根本上或徹底不同的永恆意義。

在這樣的一個世界裡，關注身分認同往往會獲得一種全新的光芒：

「嘲諷年代」過去了，「魅惑年代（age of glamour）」取而代之，外表被神聖化為唯一的真實……

現代性於是走過「真實的」自我本性的時代，來到「嘲諷的」自我本性的時代，再走向某種也許可稱為「聯想的（associative）」自我本性的當代文化——一種對內在靈魂與社會關係的外在形式之間紐帶的持續「鬆綁」……於是，身分認同也持續陷入擺盪當中……[26]

這正是當放在文化分析的顯微鏡下時人們所看到的當前境況。公開生產出來的不真實性圖像也許是真的；支持其真相的論述也的確令人難以招架。但決定「真誠性奇觀」影響的，並不是那幅圖像的真相。真正重要的，是人為的身分認同建立及重建的必要性覺得如何，以及人們的「內在」如何感知它、如何「完整地經歷過」它。無論在分析家眼中是真實還是推定的，身分認同的鬆弛、「聯想的」狀態；「貨比三家」的機會；揀選和拋棄一個人的「真實自我」；「向前推進中」，在今天的消費社會都意味著自由。如今，消費選擇光憑自身就是種價值；選擇的活動比什麼被選擇了還重要，情況是會被讚揚或責難、是可享受還是被討厭的，全都取決於展示出的選擇範圍。

　　然而，一個選擇者的生活永遠不是單純的祝福，即便（確切說是因為）選擇的範圍很寬，而可能的新體驗似乎無窮無盡。那是種充滿風險的生活；也就是說，不確定性永遠是自由選擇的美味糕點上徘徊不去的一隻齷齪蒼蠅。此外（這是一個重要的補充），購物成癮的喜樂與哀愁之間的平衡並非只取決於展示出的選擇範圍。不是所有展示出的選擇都符合實際；且符合實際的選擇比例並不會隨選擇項目的數量而增減，而是與選擇者手邊可運用的資源數量有關。

88　　當資源豐沛時，人們永遠可以希望——無論對錯——「掌控駕馭」事物或「領先」它們，希望能趕上快速移動的目標；接著，人們也許會傾向低估風險和不安全性，理所當然認為大量的選擇可

綽綽有餘地彌補生活在黑暗中的不安，抵銷永遠無法確定何時何處才是奮鬥的終點以及是否真有個終點的不安。奔跑本身是令人愉快的，且無論再怎麼疲憊，跑道始終是個比終點線更令人享受的地方。古諺有云：「充滿希望的旅途好過抵達」，說的正是這種情形。抵達，所有選擇的確定終點，似乎就單調無聊得多；相較於刪除了今天選擇的明天選擇的前景，更是可怕多了。只有欲望本身是可欲的——它幾乎從不曾滿足過。

人們預期奔馳的熱情，將與肌肉的力量一同萎縮——隨著資源數量減少、選擇一個真心想要的選項的機會日益渺茫，對風險與冒險的熱愛也會逐漸消退。然而，這樣的預期必然會被駁斥，因為跑者很多且各不相同，但跑道卻只有一條。正如希布魯克所指出的：

> 窮人並沒有居住在一個有別於富人的不同文化之中。他們
> 必須活在相同的世界裡，一個按照有錢人的利益而設計出
> 來的世界。他們的貧困因經濟成長而更加惡化，就像貧困
> 也因經濟蕭條與零成長而加劇一樣。[27]

在一個由購物／監視成癮者組成的單景監獄的社會，窮人無法移開他們的目光；他們的目光沒有可以轉移的地方。螢幕上的自由越大、購物商場的陳列商品越有誘惑力，他們對貧困現實的感受就越深刻，想親自體驗哪怕是片刻選擇的極樂之境的欲望就越是無法抗拒。富人擁有的選擇看來越多，對所有人而言毫無選擇的生活就越是難以忍受。

我們彼此分裂，我們購物

弔詭，但絕不意外的是，被購物成癮社會提升到最高階價值的那種自由，也就是尤其被轉變成大量消費選擇、以及將任何生活抉擇都當作消費選擇的那種自由，其對不情願的旁觀者帶來的毀滅性影響，比對那些它明顯針對的人帶來的毀滅性影響要大得多。握有資源的菁英階層、精通選擇之道的人，他們的生活風格在其電子化過程中出現了決定性轉變。它一點一滴地往下滲入（trickle down）社會階層，通過電子式單景監獄渠道以及逐漸縮減的資源數量的過濾，就像一幅諷刺畫或怪物般的突變體。這種「點滴滲入」的最終產物原先許諾帶來的愉悅，大多數都被剝奪了，反而還暴露出它的破壞性潛能。

將整個生活當成一場延長的瘋狂購物，這種自由意味著把這個世界當成一個消費商品氾濫的貨倉。由於充滿誘惑力的選項十分豐富，任何商品製造愉悅感的潛能往往會被迅速消耗完畢。幸運的是，對握有**豐富資源**的消費者而言，他們的豐富資源保證他們可以免於商品化所帶來的這種令人不快的結果。他們可以輕易拋棄不再想要的所有物，就像取得那些他們曾經想要的物品一樣容易。欲望的迅速老去及其內建的退化，以及它們轉瞬即逝的滿足，這些都不會影響到他們。

資源豐富意味著挑選和選擇的自由，但是——也許最重要的是——也意味著免於承受錯誤選擇的後果，因此可免於承受這種選

擇的生活中最令人難以下嚥的特質。舉例而言，「塑料性（plastic sex）」、「匯流愛（confluent love）」以及「純粹親密關係（pure relationship）」，這些人類伴侶關係的商品化或消費化面向，被紀登斯描繪為解放的工具，也是才剛到來的新幸福的保證——新的、規模前所未有的個體自主性及選擇自由。無論這到底是不是真的，對這些有錢又有力的善變菁英而言，只有真的才是具有爭議的。即便是他們，也只有在僅關注更強、更有資源的伴侶關係成員的情況下，才能支持紀登斯全心全意的論斷；而伴侶關係必然包括了較弱的、沒被大方給予自由追隨他們的欲望所需資源的人（更別說是孩子了——這些不自願者，儘管是伴侶關係的持久結果，但他們極少將婚姻關係的破裂看成是自身自由的體現）。變換身分認同也許是件私事，但它始終涉及了切斷某些連結，以及解除某些責任義務；而承受的那一方卻極少被徵詢，更別說被給予行使自由選擇的機會了。

90

然而，即便人們考慮到「純粹親密關係」的這類「次級影響」，也仍會主張在那些地位高、有權力的人的案例中，慣例的離婚協議和對孩童提供經濟給養某方面還是能減輕不斷更新的伴侶關係固有的不安全感，並主張無論還留下了怎樣的不安全感，為了換取「停損」的權利並避免必須為了曾犯過的罪（sin）或錯誤而永遠悔恨，這都不是個過分的代價。但是人們幾乎不懷疑，當這種新型的伴侶關係帶著它婚約的脆弱性，以及除了「相互滿足」功能外其他皆備的「結合」的純粹性，一點一滴地滲入窮人和無權無勢者之中時，便會釀成許多慘劇與人性的受苦，並讓越來越多的人過著破碎、無

愛亦無望的生活。

　　總而言之：以認同的移動力及彈性為特徵的「貨比三家」式
生活，與其說是**解放**的工具，不如說是**自由的重分配**工具。它們因
此不是單純的祝福——它們誘人、令人渴望，也令人排斥、恐懼，
它們激起了最矛盾的情感。它們是高度矛盾的價值，往往產生不一
致、且幾乎是神經質的反應。正如伊夫·米修（Yves Michaud）這
位巴黎大學的哲學家所指出的，「伴隨著過多的機會，毀滅、碎片
化及脫離連結的情況也增加了。」　自我認同的任務帶來了具嚴重
破壞力的副作用。它變成衝突的焦點，並啟動互不相容的內驅力。
由於這個所有人共同的任務必須由每一個人在極端不同的條件下執
行，因此它分裂了人類的處境，並激起割喉式的競爭，而不是提供
一個傾向產生合作及團結的統一人類境況。

時
間
／
空
間

喬治・哈佐頓（George Hazeldon），這位落腳在南非的英國
建築師，有一個夢：他夢想一座與眾不同的城市，不像一般城市那
樣充滿著從黑暗角落中緩緩冒出、從破舊狹窄的街道躡手躡腳地爬
出、從惡名昭彰的粗野城區悄悄走出的一臉不祥的陌生人。哈佐
頓所夢想的城市更像是一個更新過的高科技版本的中世紀城鎮，
倚靠著厚實城牆、砲塔、護城河與吊橋的屏障，安全地將這個世
界的風險與危險隔絕在外。一個為希望管理及監視他們同在生活
（togetherness）的人們所量身打造的城市。正如他自己所說，是
某種和法國聖米歇爾山無甚不同的東西：它既是一個修道院，也是
個密不透風、防衛嚴密的要塞。

正如任何看過哈佐頓藍圖的人都會同意的，該城的「修道院」
部分是由他們的製圖師按照哈伯雷的特雷姆修道院（Rabelais's
Théléme）所仿作，是一個充滿強制的歡樂與娛樂消遣的城市，而
非專以彼世為念、自我犧牲的虔誠禱告與齋戒禁慾而打造的隱居之

地；在那裡，快樂是唯一的戒律。至於「要塞」部分，為了換點花樣，可就相當真實了。希瑞提吉花園城（Heritage Park），這個哈佐頓將在離南非開普敦不遠的一塊五百英畝空地上從無到有打造起來的城市，將因它有別於其他城鎮的自我圈地而獨樹一格：高壓電圍籬、入口道路的電子監視器、沿路豎起的柵欄，以及全副武裝的守衛。

　　如果你買得起希瑞提吉花園城裡的房子，你的一生將有大部分時間可以遠離狂暴不安、不宜人居、令人心生畏懼的風險與危險，就像這座城鎮大門外側的那片荒野。完美的、令人完全滿意的優雅生活所需的一切，這座城市都能提供：希瑞提吉花園城有自己的商店、教堂、餐廳、劇院、遊樂場、森林、中央公園、滿是鮭魚的湖泊、慢跑步道、運動場及網球場——還留下了足夠空間可以因應未來隨著體面生活的時尚轉變而可能需要的設施。談及希里提吉花園城相較於今天大多數人們所居住城市的優勢時，哈佐頓相當直言不諱：

> 今天的第一個問題是安全感。無論喜不喜歡，這就是差別所在……我在倫敦長大成人，那時我們有一個社群。你不會去做錯事，因為每個人都認識你，他們會告訴你爸媽……我們想在那裡重新打造一個那樣的地方，一個讓人用不著擔憂的社群。[1]

　　希里提吉花園城就是那樣的一個地方：只要在希里提吉花園城裡支付一棟房子的價錢，你就可以買到進入一個**社群**（community）的門票。這些日子以來，社群成了良好社會的舊日烏托邦的最後遺

跡；它代表了某種與好鄰居遵守更好的共同生活守則、共享更美好生活的夢想所僅存的一切。因為，這種和諧的烏托邦夢想已經被（務實地）縮小成周邊鄰里的大小了。難怪「社群」是一個很好的賣點。也難怪在哈佐頓這位地產開發商的計畫書裡，社群成為除了其他城鎮也能提供的好餐館和如畫般的慢跑步道外，一個不可或缺、其他地方找不到的附加選項。

然而，請注意那種賦予意義感的公社性同在生活的意義為何。哈佐頓倫敦童年回憶中的那種社群、他想在南非這塊處女地上重建的那種社群，首先也是最重要的（如果不是唯一的）的特點是，那是個被嚴密監視的地方；在那裡，一些做其他人可能不喜歡的事情並因此被厭惡的人將立刻受到懲罰及導回正軌——而「不屬於這裡」的遊手好閒者、流氓或其他入侵者則要不是被拒絕進入，就是被圍捕後驅逐出境。在哈佐頓溫情回憶中的那個過去與它的更新版複製品之間存在的一個差異是，哈佐頓童年記憶中的社群和諧，是社群成員透過運用自己的眼睛、舌頭和手，實事求是且幾乎不加思索地達成的。但在希瑞提吉花園城裡，這些事被委託給隱藏的電視攝影機和數十位受雇的荷槍實彈守衛，他們的任務是檢查安全門的進出以及低調（或高調，如果有必要的話）地巡邏街道。

一群澳洲維多利亞法醫精神健康研究所（Victoria Institute of Forensic Mental Health）的精神科醫師最近警告，「有越來越多人錯誤地宣稱自己是跟蹤狂的受害者，他們正把可信度和公家經費消耗殆盡。」正如這群作者提出的報告表示的，這些錢「應該花在真

93

正的受害者身上」。[2]一些接受調查的「偽受害者」被診斷出罹患了「嚴重的精神疾病」，「他們妄想每個人都在密謀陷害他們，並以為他們被人祕密跟蹤。」

我們也許可以對精神科醫師的觀察報告下個評論：相信其他人密謀陷害自己，這絕不是什麼新鮮事；確實，在任何時代、世界上的任何角落，都有些特定人士受這種想像的折磨。在任何時候、任何地方，都不會缺少想為自己的不幸、令人羞愧的失敗及生活挫折找個說法，於是把矛頭指向某個人的險惡用心和惡毒陰謀。真正新鮮的是：如今承擔責難的是那些**跟蹤狂**（以及其他鬼鬼祟祟、遊手好閒的人，也就是那些來自外面、不屬於他們所經過之地的人），他們成了撒旦、夢魘、惡靈、妖怪、邪眼、淘氣的地精、巫婆，或是躲在床下的惡棍。如果「偽受害者」「耗盡了公共信用」，那也是因為「跟蹤狂」已成了某種恐懼的常見普遍代稱，這種對周遭環境的恐懼糾纏著我們當代人的生活；因此跟蹤狂的無所不在已經成了可信的現象，而對被跟蹤的恐懼則是許多人共同的經驗。再者，如果那些**不實地**聲稱自己受到跟蹤狂威脅的人可以「耗盡公家經費」，那也是因為公家經費早已有一部分逐年增加的預算用來追捕那些跟蹤狂、鬼鬼祟祟的人，以及現代所恐懼的其他新對象，亦即**流民**（mobile vulgus）——處於移動狀態的賤民，他們三三兩兩、成群結隊地湧入那些只有合適的人才有權利進入的地方。此外耗盡經費也是因為，保護需要保護的人民、對抗那些令他們神經兮兮心驚膽顫的恐懼與危險、保衛跟蹤狂出現的街道，這些作為就如過去幫鬧鬼的房子驅魔一樣，已經被認可為是值得去做的目標和適當的

方式。

　　莎朗‧祖金（Sharon Zukin）引用麥可‧戴維斯（Mike
Davis）《水晶之城》（City of Quartz，1990）中的文字來形容洛
杉磯公共空間的新風貌，居民和他們所選出或指定的管理人出自安
全顧慮，使得這些公共空間被重新塑造：「直升機在貧民區上空嗡
嗡作響，警察對被他們指為幫派份子的青少年無端找碴，屋主們購
入武裝防衛系統，只要他們負擔得起……或者是有膽使用。」祖金
說，整個一九六○年代和一九七○年代初是「都市恐懼制度化的分
水嶺」。

> 選民和菁英──在美國廣泛理解上的中產階級──本來可
> 以選擇贊成透過政府政策掃除貧窮、管理族群競爭，並將
> 每個人都納入普遍的公共制度。然而他們卻選擇了購買保
> 護，這刺激了私人保全產業的成長。

　　祖金在「日常恐懼的政治（the politics of everyday fear）」中
發現了對她所謂「公共文化」所構成的最具體的危險。那就是令人
毛骨悚然、魂飛魄散的「不安全街道」的幽靈，它們令人群遠離公
共空間，使他們放棄尋求分享公共生活所需的藝術與技巧。

> 建立更多的監獄及判處死刑，以對犯罪「拿出鐵腕」，是
> 恐懼政治裡太過常見的答案。「把所有人都關起來，」我
> 曾在巴士上聽見一個男人這麼說，一下子就把解決方法簡
> 化到最荒謬的極端。另一個答案則是公共空間的私有化和

軍事化，也就是讓街道、公園，甚至是商鋪更安全，但是更不自由……[3]

社群透過它受嚴密監視的邊界而界定，而不是它的內涵；「社群的保衛」被解釋為雇用武裝看門人來控制人群進入；跟蹤狂和遊手好閒的人被升格為頭號公敵；公共區域則降級為特定人士才能進出的「可防守的」飛地；隔離取代了共同生活的協商，共同生活因殘餘差異的犯罪化而集中——以上這些，就是當今都市生活演進的主要面向。

當陌生人遇見陌生人

在桑內特的經典定義中，城市是「陌生人可能在此相遇的人類聚居地」。[4] 容我補充說明，這意味著陌生人可能以陌生人的身分相遇，也可能在一個結束得宛如開始般突然的偶遇中，以陌生人的身分現身。陌生人以一種適合於陌生人的方式會面；陌生人的會面不同於親朋好友相聚——也就是說，相較之下，它是一種**誤遇**（mis-meeting）。在陌生人的相遇中，他們不會從上次見面停下來的地方開始聊起，不會相互更新這兩次相遇間發生的悲歡喜樂，彼此也沒有共同的回憶：在現在的邂逅過程裡，沒有什麼好舊事重提，也沒有什麼會被錯過。陌生人的相遇是**沒有過去的事件**，也往往是**沒有未來的事件**（人們預期、也希望這是個不會有未來的事件）；一個幾乎可以確定「**沒有繼續**」的故事、一個一次性的機會，

在事件的發生地及持續的過程中就已被充分完成，不會有延遲、也不會將未竟之事留待另一次相遇。正如蜘蛛的整個世界都被封閉在由它自己腹中吐出的絲線所編織而成的網中，相遇的陌生人可以倚靠的唯一支撐，必然是由他們的外表與談吐舉止所編成的稀疏、不牢靠紗線。陌生人在會面過程中沒有試誤的空間、無法從錯誤中學習，更沒有希望得到下一次嘗試機會。

結果就是，都市生活要求人們發展出一種相當特別而複雜世故的技巧，這一整套被桑內特列在「公民禮儀（civility）」標題下的技巧就是：

> 使人們不會彼此傷害、又讓他們可以享受彼此陪伴的活動。戴面具是公民禮儀的本質。面具讓人們可以進行純粹的社交活動（sociability），使這些活動與戴面具者的權力、抑鬱不快及私人感受狀況分離開來。公民禮儀的目的是讓其他人不會因為自己而感到負擔。[5]

當然了，人們是抱持著禮尚往來的心態在努力實現這個目的。只有當人們也預期其他人會展現出同樣自我克制的寬宏大量時，不干涉他人事務好讓其他人不會感到承受太大的負擔，才會是合理的。公民禮儀就如語言一樣，不可能是「私人的」。在它成為以個體方式習得並私下運用的藝術之前，公民禮儀必須首先成為社會環境的一項特色。如果都市居民要學會公民禮儀的困難技巧，那麼都市環境就必須先是「公民的（civil）」。

　　然而，都市環境必須是公民的，這句話是什麼意思？而一個適合公共禮儀的個體實踐的地方，又意味著什麼？首先最重要的是，它意味著讓人們可以戴上**公共人格面具**（public personae）一起分享的空間，也就是說人們在這空間中不會被催促、逼迫或哄騙脫下他們的面具，以便讓他們「順性而為」、「表達自我」、告白內心感受並公開說出他們最私密的想法、夢想與憂慮。但是它也意味著一個將自己以這樣的姿態展現在市民面前的城市：它是一種共善（common good）（而共善無法被化約為個體目標的加總）；它是一種共同的任務（不會因為眾多個體的追求而削弱）；它是一種擁有自己詞彙與邏輯、自己議程的生活形式（而這些詞彙、邏輯、議程會比個體關注及渴求事物的最完整清單還長、還豐富，而且必然始終如此）。於是，「戴上公共面具」才會是一種涉入與參與（而非不作承諾）的行為，以及所謂「真實自我」的撤退，亦即不再交往和彼此交流、並展現出希望獨善其身且獨來獨往之姿態。

　　當代城市裡存在著大量被看成是「公共空間」的地方。這些空間有許多的種類與大小，但大多數都可劃入兩個寬泛的類別內。而這兩個類別都與**公民**空間的理想模式在兩個相對但互補的方向上出現分歧。

　　在塞納河右岸有個叫做「戍衛（La Défense）」的巨大廣場，是由法國前總統密特朗（François Mitterrand）構思、委託及興建（做為他總統任期的永久紀念建築，它的壯麗雄偉與他任期內展現出的軟弱與失敗刻意地切斷關聯），這個廣場體現了雖然屬於公

共、但卻一點也不「公民」的兩類都市空間中第一類的特質。造訪成衛廣場的人最先注意並印象深刻的，就是這個廣場拒人於千里之外：視線所及的每樣事物都在令人產生敬畏感的同時覺得無法久待。環繞著這個巨大空曠廣場的造型奇異建築，目的是**讓人觀賞**而不是**進入裡面**。它們從上到下被反光玻璃包覆，似乎既沒有窗戶，也沒有對著廣場敞開的入口大門；十分高明的是，這些建築還設法背對它們所面對的廣場。在人們眼裡，這些建築既傲慢專橫又冷淡無情——**因**冷淡無情而傲慢專橫——這兩個特質彼此互補，也彼此增強。這些與世隔絕的堡壘／修道院既在這個廣場，又不屬於這裡——它們促使每個迷失在廣場平板單調的廣闊中的人們追隨它們的示範，並產生同樣的感覺。再沒有任何事物可減輕、更別說破壞成衛廣場千篇一律、單調乏味的空洞性了。那裡沒有可以休息的長椅，沒有大樹讓人躲避驕陽並乘涼（在這廣闊區域較遠的一端，確實有一排呈幾何排列的長椅；他們座落在高於廣場平面數英尺的一個舞台般的平台上，它的舞台性質會讓坐下和休息的行為變成所有其他人〔不像坐在那裡的人，他們是有事要做才會在那裡〕觀賞的奇觀）。一次又一次地，隨著地鐵時間表的單調規律性，那些其他人——像螞蟻般排成一行行縱隊、行色匆匆的行人——從地底下冒出，他們的隊伍在石子路面的人行道上伸展開來（這人行道分隔了地鐵站出口和環繞〔包圍〕廣場的其中一座閃閃發光的怪獸建築），然後迅速在人們的視線中消失。接著廣場又再次回歸空曠——直到下一班地鐵抵達。

屬於公共但並不「公民的」空間的第二種類型是以服務消費者

為目標，或者更確切地說，是以讓城市居民質變為消費者為目標。用麗莎‧烏西塔羅（Liisa Uusitalo）的話來說，就是「消費者常常可以共享消費的物理空間，如音樂廳或展覽館、旅遊勝地、運動場館、購物中心和咖啡館，而不會有任何實際的社會互動。」[6]這類空間鼓勵行動（action），但不是互動（inter-action）。與其他從事類似活動的行動者共享物理空間，這件事增加了行動的重要性，它在行動上蓋上了「許多人同意」的戳記，因此證實了它的意義，它在毋須爭論的情況下就被正當化了。然而，任何行動者之間的互動都會讓他們遠離他們個別參與的那個行動，因此對每個人而言，行動都是負債，而不是資產。在將每個人的身心注意力從手邊任務轉移開的同時，它並未讓購物的愉悅感有任何增加。

這個任務是消費，而消費是種純粹、無可救藥的個體性消遣，是一連串只能以主觀方式被體驗──活過──的感官驚艷。塞滿雷澤所謂「消費殿堂」的人群只是人的聚集（gathering），而不是集會（congregation）；是群聚（cluster），而不是隊伍（squad）；是集合（aggregate），而不是總體（totality）。無論人群有多擁擠，在集體消費的地方並不存在任何「集體的」事物。用阿圖塞（Louis Pierre Althusser）的名言來形容，無論是誰進入這樣的地方，都將以個體的身分受到「質詢」；他會被要求擱置或扯斷連結、放棄忠誠，或將它們徹底銷毀。

然而，在人群聚集處免不了會發生的偶遇，卻妨礙了這個目標。偶遇必須是短暫、淺薄的，也就是說不會比行動者希望的持續

得更久更深刻。這個地方受到嚴密的保護，以避免受到可能打破這道規則的人侵犯：他們是各式各樣的闖入者、多管閒事的人、掃興的人，以及會干擾消費者或購物者完美無缺的孤立性的其他好事者。受到嚴密監督及適當監視和保護的消費殿堂是一個有秩序的孤島，那裡沒有乞丐、遊手好閒者、跟蹤狂、鬼鬼祟祟的人——或至少人們期待並假定是如此。人們湧進這些消費殿堂，不是要去說話和進行社會互動的。無論他們希望享受（或願意忍受）怎樣的陪伴，他們都自己隨身攜帶了，正如蝸牛背著自己的窩一樣。

嘔吐之地、吞噬之地、無有之地、虛空之地

無論發生什麼事，購物殿堂內都很少或根本不會影響「大門外」日常生活的節奏與行進。身處購物中心，感覺就像「置身於他處」。[7]和巴赫金（Bakhtin）的嘉年華不同，前往購物處的旅程意味著「被運送（到他處）」的經驗：購物旅程主要是空間的旅行，而時間的旅行僅是次要的。

嘉年華，是被改變了的同一個城市。更確切地說，它是一段插入的時間；在這段時間裡，城市在回到例行的日常性（quotidianity）之前被改變了。在這段被嚴格界定的持續的時間、一段循環往復的時間，嘉年華揭露了日常現實的「另一面」，一個恆常存在於伸手可及之處，卻常態性地從人們的視線中被隱藏，禁止人們接觸的另一面。然而，對發現的記憶以及對還有其他尚未實現的看見機會的心理預期，並不允許這「還存在著另一面」的意識被完全壓制住。

前往購物殿堂的旅程就完全是另一回事了。到購物殿堂進行購物就像是被運送到另一個世界，而不是只目睹一個熟悉的世界出現奇蹟般的質變而已。購物殿堂（和過去「街角的雜貨店」截然不同）也許在城市裡（如果不是以一種象徵性的方式矗立在城市的界線外、遠離高速公路的話），但它並不是城市的一部分；它不是暫時變得神奇的尋常世界，而是就「完全是另一個」世界。讓它像是「另一個」世界的不是對支配日常性的規則的顛覆、拒絕或擱置，正如在嘉年華中的情形，而是一種存在模式的展示；這種模式不是被日常性預先排除，就是它試圖達成但力有未逮的——也是很少有人希望在日常居住之處經驗到的存在模式。

雷澤的「殿堂」隱喻是恰如其分的；購物／消費空間確實是朝聖者的聖殿——這絕不是意味著此處能接納嘉年華狂歡者在他們的地方教區每年都舉行的安魂彌撒。嘉年華顯示了，現實並不像它看上去的那樣冷酷無情，以及城市是可能被轉變的；但購物殿堂除了日常現實單調的堅硬頑固及不可滲透之外，並未揭露它的其他本質。購物殿堂就像是傅柯的「瘋人船」，「是一個漂流的所在，一個沒有地方的地方；它獨立自存；它自我封閉，也同時向大海的無限性敞開自我」；[8]多虧駛離了故鄉的港灣並保持著一段距離，它才能夠「獻身於無限性」。

與人們居住或每天穿越的所有地方都不同，那個自我封閉的「沒有地方的地方」也是個**純淨化**的空間。不是因為它已將多樣性和差異清除乾淨；多樣性與差異所帶來的污染、混亂仍持續威脅著

其他地方，並讓那些使用空間的人無法得到乾淨及透明性。相反地，購物／消費空間那磁鐵般的吸引力有一大部分是來自於它們所提供的各種多采多姿、千變萬化的感官驚艷。但和外部差異不同，它內部的差異被抑制並淨化過，保證不會有任何危險成分——因此也是沒有威脅性的。人們可以在沒有恐懼的情況下享受這些地方：一旦從冒險中排除了風險，剩下的就是純淨無雜、未被污染的樂趣了。購物／消費的地方提供了任何外面的「真正現實」都無法提供的事物，那就是自由與安全之間幾近完美的平衡。

　　此外，在他們的聖殿中，購物者／消費者也可能會發現那些他們在外面狂熱追求卻徒勞無功的東西，那就是令人欣慰的歸屬感——屬於某個社群一份子的安心感。正如桑內特所指出的，差異的缺席、「我們都是一樣的」感覺、「因為我們一體同心所以沒有進行協商的必要」的假設，正是「社群」概念最深刻的意義及其吸引力的終極原因。人們都知道，這樣的吸引力是隨著生活環境的多元性和眾聲齊鳴而成比例增加的。我們也許會說，「社群」是通往「同在生活」的捷徑，是通往一種「真實生活」中鮮少出現的「同在生活」的捷徑：某種完全是同類的同在生活、屬於「我們這些一樣的人」的同在生活；由於這個理由，這種同在生活也是未被問題化的，它不要求人做出任何的努力或保持警覺，它是種真正的命定；這種同在生活不是一項任務，而是一種「給定的東西」，而且在人們開始做出任何想要**讓它成為**給定的努力之前，就**早已給定**了。用桑內特的話來說：

社群團結的形象被打造出來，以便人們可以避免跟彼此打交道……。出於自願，如果你喜歡也可以說它是個謊言——社群團結的神話讓這些懦弱的現代人有彼此逃避的機會……社群的這種形象將那些對於「我們」是誰這個問題可能表達出的差異的感覺、更別說是衝突的事物，全都滌除乾淨了。如此，社群團結的神話成了一種淨化儀式。[9]

潛在的麻煩在於，「共同認同的感覺……是一種經驗的仿造品。」若如此，那麼無論是誰設計、也無論是誰監督並運作這些消費殿堂，他們都是貨真價實的仿造大師或騙取信任的狡猾份子。在他們手中，印象就是一切：不需再問進一步的問題，而且問了也不會得到回答。

在殿堂裡，形象成了真實。塞滿購物中心走廊的群眾，極盡想像所能地接近想像出來的「社群」理想：那種社群理想是不知道差異的（更確切地說，是算得上是差異的差異，因為差異是要交鋒、要面對他人的他者性、要協商、要對**暫行協議／生活方式**〔modus vivendi〕進行澄清並達成協議的）。因為這個原因，這種社群不要求彼此商量、沒有交易，也不需要努力去同理、理解及妥協。每個身在牆內的人都可以安全地假定，他可能偶遇或擦肩而過的其他所有人，都懷著跟他一樣的目的、受到同樣的事物誘惑而來到這裡（因此承認了那些事物是誘人的），也都受到同樣的動機驅動及引導。「在裡面」這件事創造出一個由信眾組成的真正社群，他們因同樣的目的與手段、珍視的價值以及遵循的行為邏輯而成為一體。

總的來說，「消費空間」之旅就是一趟前往人們想念得發狂的「社群」的旅行，它就像購物經驗自身一樣，如今也是永遠地「在他方」了。在這趟旅行持續幾分鐘或幾小時內，人們可以揉揉那些「像他（或她）一樣的」其他人、教友、上同座教堂的同伴的肩膀；這些他者的他者性，至少在這個地方、在此時此地，是被安全地隱藏在視線看不見的地方，並暫時拋到腦後不予考慮的。從任何方面來看，那個地方都是純淨的，只有進行宗教崇拜的地方和想像中（或假設中）的社群才可能達到這樣的純淨。

李維史陀（Claude Lévi-Strauss），我們時代最偉大的文化人類學家，曾在《憂鬱的熱帶》（*Tristes tropiques*）這本書中指出，人類史上每當出現處理他者的他者性的需要時，就只會運用兩種策略：一種是**吐人**（anthropoemic）策略，另一種則是**吞人**（anthropophagic）策略。

第一種策略是將那些被視為是無可救藥的陌生人、怪人的他者「嘔吐」出去：禁止與他們進行身體接觸、對話、社會交往及所有通商（commercium）、共餐（commensality）或通婚（connubium）。一如既往，現在這種「嘔吐」策略的極端是監禁、流放或謀殺。而升級或「文雅」的「嘔吐」策略形式則是空間的隔離、都市貧民窟、選擇性地讓某些人進入空間或阻止某些人使用空間。

第二種策略則是對於異物的所謂「去異化（disalienation）」，也就是「攝入」或「吞食」異質的身體及精神；這樣一來，透過「新

陳代謝作用」，他們就可以被等同於「攝食」的那個身體，而不再有別於他。這個策略採取了同樣範圍寬廣的形式：從同類相食到強制同化——文化十字軍東征、對在地習俗、曆法、教派、方言及其他「偏見」和「迷信」發動持久戰爭。如果第一種策略的目標是放逐或消滅**他者**，那第二種策略的目標則是暫時中止或永久滅絕他們的**他者性**。

李維史陀的策略二分法和當代「公共的但非公民的」空間的兩種分類之間有著驚人的共鳴，雖然並非完全出乎意料。巴黎成衛廣場（以及眾多不同的「禁止空間〔interdictory space〕」，根據史蒂芬・富樂斯提〔Steven Flusty〕的說法，它們占據了現今都市規劃者的創新規劃中最顯著的位置）[10] 是一種「嘔吐（emic）」策略在建築上的表現，而「消費空間」則是「吞食（phagic）」策略的運用。兩者都（以自己的方式）回應了同樣的挑戰，也就是應對遇見陌生人的可能性之任務，這個任務是都市生活的構成特徵。如果欠缺公民禮儀的習慣，或是尚未發展成熟、尚未形成根深蒂固的習慣，應對與陌生人相遇的可能性就會是個問題，因此需要尋求「助力」。這兩種「公共的但非公民的」都市空間即是因公民禮儀技巧的嚴重缺乏而派生出來；在處理缺乏公民禮儀所帶來的具潛在破壞力的後果時，它們不是去增進研究並掌握此一欠缺的技巧，而是讓對這種技巧的掌握在都市生活藝術的實踐中變得無關緊要，甚至沒有必要。

對於至今描寫的這兩種回應，我有必要再補充日益常見的第三

種回應方式。這是由跟隨著馬克 · 奧捷（Mark Augé）的喬治 · 班考（George Benko）所稱的無有之地（non-place）──或者另一種說法是跟隨著嘉侯的無有之城（nowhereville）概念──所代表的回應方式。[11]「無有之地」和我們對於明顯是公共實則非公民的場所的第一個分類有著部分相同的特質：它們都不鼓勵「定居」，要將這類空間開拓成殖民地或使它變成宜居處是完全不可能的。然而，它和戍衛廣場不同，戍衛廣場這樣的空間唯一的命運就是讓人經過並且盡快離開；它也不像主要功能是阻止人進入的「禁止之地」，意指人只能繞道而行而非穿越這個空間。無有之地同意，陌生人的長時間逗留甚至長期旅居，是不可避免的，因此它會盡其所能確保他們的在場「只是物理性的」，使他們的社會性在場幾乎無異於不在場（最好是完全無異於不在場）；它會將它們「路人」具有個人風格的主體性取消、拉齊或使其無效。無有之地的暫時居民可能各不相同，每種類型的人都有自己的習慣和期望；祕訣是讓這些不同之於他們的逗留期間都變得無關緊要。無論他們有什麼其他的不同，都必須遵守同樣的行為線索模式；以及，會引發統一行為模式的那種線索應該讓每個人都能輕易解讀，不論他們較習慣的語言或從事日常活動時所使用的語言為何。無論人們在無有之地必須做什麼事、無論他們在那裡完成了什麼事，每個人都該感到**賓至如歸**，雖然沒有人應該**表現得**好像真的在家裡一樣。無有之地是「一個毫無認同的象徵性表達、關係與歷史的地方：例子包括機場、高速公路、無個性特徵的旅館房間、公共運輸工具……在這個世界的歷史上，從不曾有過無有之地占據這麼多的空間。」

無有之地不要求人們嫻熟那些複雜世故、難以掌握的公民禮儀的藝術，因為它們將公共場所中的行為簡化為寥寥可數的簡易規則。也因為這種簡單性，它們並不是人們學習公民禮儀的地方。再者，由於這些日子以來它們「占據這麼多的空間」、由於它們殖民的公共空間範圍越來越大並按照自己的樣式重新形塑了這些空間，於是可以學習到公民禮儀藝術的場合也就越來越少、越來越稀有。

差異也許會被吐出、吞食、拒絕在外，每種可能發生的事情都有專門處理它們的地方。但差異也可以被隱形，或者更好的說法是可以避免被人們看見。這就是「虛空之地（empty space）」的成就。正如創造出這個名詞的傑西・凱西基維茲（Jerzy Kociatkiewicz）和莫尼卡・寇斯特拉（Monika Kostera）所指出的，虛空之地是：

> 沒有被賦予任何意義的地方。它們不需要用圍籬或障礙物的物理方式來切斷聯繫。它們不是被禁止的地方，而是虛空的空間，它們難以接近是因為它們是隱形的（invisibility）。

> 如果……意義建構是一種創造模式、理解、對意外之事進行補救及創造意義的行為，那麼我們對於虛空之地的經驗就不包括意義的建構。[12]

虛空之地最重要的是意義的虛空。不是因為它們虛空所以無意義，而是因為它們並不乘載任何意義，人們也不認為它們可以乘載意義，因此它們才被視為是虛空的（更準確地說，是不被看見的）。

在這種抗拒意義的地方，從來就不會出現協商差異的課題：那裡沒有可以協商的對象。虛空之地處理差異方式的激進程度，是其他那些以排斥或減輕陌生人的影響為目標的地方所望塵莫及的。

　　凱西基維茲和寇斯特拉列出的虛空之地是未被人類殖民的地方，是那些無論是設計師或管理那些漫不經心的使用者的人都不想要、或是不覺得有必要殖民的地方。我們或許可以說，它們是「被遺棄的」地方，在這些空間的結構化工作已然完成後，這些地方仍具有真正的重要性：它們幽靈般的存在必須歸功於結構的優美與世界（任何世界，也包括那些刻意設計出來的世界）的髒亂之間缺乏重疊之處；世界對於整齊清楚的分類的蔑視是眾所周知的。但是虛空之地的家族並不只限於建築藍圖的廢棄地和都市規劃者視野中被忽視的邊緣地帶。事實上，許多虛空之地不只是無可避免的廢棄地，還是另一個過程的必要成分：它們是許多不同使用者共享的空間規劃中不可或缺的要素。

　　在一次講學旅程中（我前往一個人口眾多、不規則延伸、充滿活力的南歐城市），一位年輕的講師到機場來接我，她的父母是當 地一對受過高等教育、富裕的專業人士。她向我道歉說，前往旅館的那段路很不好開，可能會花相當長的時間才能抵達，因為實在避不開引我們穿越市中心的那些繁忙道路，而那些路又時常發生嚴重的交通堵塞。她說的沒錯，我們花了將近兩小時才抵達旅館。我的導遊提議在我離開當天開車送我回機場。由於知道在那個城市開車是多麼地令人厭煩、筋疲力竭，我便拒絕了她的好意，並說我會搭

計程車。我也的確搭了計程車，結果這次這趟前往機場的車程只花了不到一分鐘。計程車司機一路上在破破爛爛、毫無生氣、彷彿被上帝遺棄的貧民窟彎曲小巷裡穿行，那裡充滿了舉止相當粗野、明顯遊手好閒的人們，以及衣衫襤褸、沒洗過澡的小孩。我的導遊十分確信沒有其他路可以避開市中心的繁忙交通，這不是託辭。她只是真誠地忠於她腦海中這座城市的地圖，這座她出生並成長於斯的城市。但那幅地圖並未記錄下計程車載我穿過的那些「粗鄙簡陋的街區」中不堪入目的街道。在導遊的心智地圖中原本應該標出那些街道的地方，就是貨真價實的虛空之地。

跟其他城市一樣，那座城市也有著眾多居民，每個人的腦海中都有著一幅城市地圖。每一幅地圖都有它的虛空之地，雖然虛空之地在不同地圖上會座落在不同位置。那些指引著各形各色的城市居民移動的地圖是不相重疊的，但對任何一幅「有意義」地圖而言，這個城市的某些區域必須因毫無意義以及——考慮到意義建構——毫無前景，而留白。這類地方的刪除可以讓其餘地方因為意義而顯得更為閃耀、突出。

地方的虛空性存在於觀者的眼中、城市行者的雙腳下或是車輪下。那些人們不會進去的地方，那些在其中人們會感到迷失與脆弱、驚奇與出乎意料、會因為所見到的人而覺得有些害怕的地方，都是空虛的。

別跟陌生人說話

　　公民禮儀的核心意義是──且讓我重申──一種能力，讓一個人與陌生人互動而不用他們的陌生性來指責他們、也不逼迫他們放棄它、或放棄讓他們首先成為陌生人的某些或全部特質。「公共的但非公民的」地方的主要特質──前面列出這些地方的所有四種類型──就是互動的多餘（the redundancy of interaction）。如果物理上的接近性──共用一個空間──無法完全避免，那也許可以剝奪掉這種接近性所包含的「同在生活」的挑戰、剝奪掉它對於有意義邂逅、對話及互動的持續邀請。如果無法避免遇見陌生人，一個人至少可以試著避免和他往來。讓陌生人像英國維多利亞時代的孩童一般，只會被看見而不會被聽見，或者如果聽見是避免不了的，那至少就不要認真聽吧。關鍵在於，無論他們說什麼，都讓它變得無關緊要；對於什麼是可以做的、什麼是要去做、是渴望去做的，都不會產生任何影響。

　　可以肯定的是，這些權宜之計都只是折衷手段而已，也就是說它們是次佳的解決方案，或是損害最小、最不可憎的邪惡。「公共的但非公民的地方」讓人們可不必和周遭的陌生人打交道，並避免進行充滿風險的交往、勞心費神的溝通、神經緊繃的討價還價以及令人惱火的妥協。然而，它們無法讓人避免遇見陌生人；相反地，它們假定遇見是免不了的事──它們正是因為這樣的假定而被設計出來並讓人運用的。也就是說，它們是對已經感染的疾病的治療方法──但不是使這種療法變得沒有必要的預防性醫療。正如我們都

知道的，所有的療法都可能會也可能不會打敗病魔。絕不出錯的療法如果有，也是寥寥無幾。也因此，若能讓生物對疾病免疫而使治療變得多餘，那該有多好。所以，相較於讓陌生人的在場變得不起作用的最為複雜世故的權宜之計，擺脫陌生人的陪伴似乎是更具吸引力、也更安全的願景。

這或許看似是個較佳的解決方案，但這個方法當然不可能沒有危險。影響免疫系統是一件充滿風險的事，而且可能本質上就是致病的因素。除此之外，讓生物對某些威脅產生抗拒，實際上也必然會讓它們在其它威脅面前變得脆弱。幾乎沒有任何干預是能免除可怕的副作用的：已知有不少的醫療干預會產生醫源性疾病——也就是那些因為醫療介入本身而導致的疾病——它們的危險性一點也不遜於（如果不是更甚於）它所要治療的那種疾病。

正如桑內特所指出的：

當那些社群和城市中其他人群最為隔離時，對於法律和秩序的呼聲也就最為強烈……

過去二十年來，美國城市的成長趨勢是族群區域變得相對同質化；似乎一點也不意外的是，對外來者的恐懼也隨著這些族群社群的隔離程度而增加了。[13]

與差異共存的能力，更別說享受這種生活並從中獲益的能力，並不會輕易產生，當然也不會在自己的推動下形成。這種能力是一

種藝術，正如其他的藝術般，需要用功及練習。相反地，面對人類惱人的多元性以及所有分類／歸檔的決定所帶有的矛盾性質時，那種無能為力的心情卻會自我持續及增強：追求同質性的驅力和排除差異的努力越是有效，人們在面對陌生人時就越難覺得自在，而差異就顯得越具有威脅，它所滋長的焦慮就越是深刻、強烈。在社群一致性、單調性和重複性的掩護下逃避都市裡眾聲齊鳴令人緊張不安的影響，這既是個自我驅動的計畫，也是個自掘墳墓的計畫。如果不是因為對差異的憎惡恰巧也是自我證成的的話，這可能就會是個微不足道的真理：當一制性的驅力越來越強烈時，因「門口的陌生人」所帶來的危險而感到的恐懼也會越來越強烈。一群陌生人所帶來的危險是種經典的自證式預言。人們越來越容易將看見陌生人與不安全感的瀰散性恐懼混在一起；一開始純屬猜測的事，變成被多次證實的真理，最後就變得不證自明了。

這種進退兩難成了一種惡性循環。隨著共同利益和共同命運的協商藝術變成派不上用場、極少實踐、幾乎被遺忘，或從未被適當掌握的東西，隨著「共善」（更別說是「良善社會」了）的想法被烙印上可疑、具有威脅、曖昧不清甚至腦筋糊塗的標籤時，在一個共同的認同中而不是在對於共同利益的協議中尋求安全感，就成了最理性、甚至最有效也最有益的前進方法了；但關注認同及其對污染的防禦，只會讓共同利益、尤其是那些**協商過**的共同利益越發令人難以置信、彷彿虛構不實，也讓追求它們的能力及意願更不可能出現。正如祖金對這個困境所做的總結：「沒有人知道如何跟任何其他人談話。」

祖金指出「共同命運之理想的枯竭已強化了文化的吸引力。」但「在美國人的用語中,文化首先是『族群性(ethnicity)』」;而族群性接下來又意味著「在社會中開拓一個生存區位(niche)的正當手段。」[14] 開拓生存區位,清楚無疑地說,最重要的就是意味著所有**地域性**的區隔,意味著擁有一個分離的「可防禦的空間」的權利,這是個需要防衛的空間,而正因為它是分離的,所以它才是值得防禦的;而它是分離的,則是因為它被有警衛駐守的邊界哨所包圍,他們只讓有「相同」身分認同的人進來,並將任何其他人擋在門外。地域性分離的目的是鄰里的同質性,而「族群性」比任何其他想像的「身分認同」更適合達成這個目標。

不像其他各種假定的身分認同,族群性是個充滿符號意義的觀念。它公理般地假定了一椿天作之合的婚姻,沒有任何人力能夠拆散它;它是一種早在所有權利和責任的商量及最終協議之前,就已預先注定好的合一。換言之,聲稱做為族群實體之標誌的同質性,其實是由不得自主的(heteronomous):它不是一種人類工藝品,且幾乎可以肯定它也不是當代人的產物。於是乎,當人們要從「沒有人知道如何跟任何其他人談話」的可怕、複音的空間撤退,並進入一個「每個人都跟任何其他人一樣」、因此沒什麼好談的、談話是很容易的「安全生存區位」時,族群性會比任何其他假定的身分認同都更是首選了。也難怪,無須太在意邏輯,其他假定的社群在吵嚷著也要自己的「社會生存區位」時,會急於仿效族群性的優勢並忙著創造他們自己的根源、傳統、共同的歷史及獨特文化了;有了這些事物的真實或推定的獨一無二性,它們才能主張「自己的存

在本身就是一種價值」。

　　將我們時代再次重現的社群主義解釋為只是尚未被完全剷除的本能或傾向的回潮，說它早晚必然會隨著現代化的持續進程而被去性化或削弱，這是錯誤的；但將其視為理性的暫時挫敗而不予理會，也同樣是錯誤的——這是種令人遺憾但不能真正避免的非理性例子，這種解釋與理性所追求的「公共選擇」的意涵明顯不一致。每個社會環境都會提倡它自己的理性類型，並將自己的意義注入理性生活策略的觀念中——將現今社群主義的化身視為是對「公共空間」真正危機（也因此是政治的真正危機，因為這種人類活動正是以公共空間為其天然主場）的理性回應，這種假設有許多的說法可以支持。

　　隨著政治領域窄化為公開告解、親密關係的公開展演，以及對私德及私人惡習的公開檢視及審查；隨著人們在公眾眼中可信度的課題取代了對於政治事業是什麼、以及應該是什麼的思考；隨著良善、公義社會的願景從政治論述中完全消失——難怪（正如桑內特在二十年前就觀察到的）[15] 人們會變成了消極的旁觀者，看著政治人物侃侃而談其意圖和感受而非付諸行動，就只為了滿足他們的消費欲望。」然而關鍵在於，這些旁觀者也不怎麼期待從政客身上得到其他的東西，就像除了好看的表演之外，他們也不期待現在在鎂光燈下的其他人物會提供任何東西。政治表演也是如此，就像其他在舞台上的公開演出，變成只是在毫不間斷、千篇一律地灌輸一種訊息：身分認同優先於利益，或者是變成持續公開傳達一種教訓：

真正重要的是身分認同，而不是利益；真正重要的是你是誰，而不是你正在做什麼。從上層社會到底層，真實自我的揭露越來越成為公共關係的實質，而公共生活本身也變得如此；一旦利益導航的船隻觸礁了，自我認同就成了遭遇船難的人最可能抓住的那根救命稻草。於是，正如桑內特所指出的，「社群的維持成了它自身的目的；清除那些不是真正屬於這個社群的人成了它的事業。」人們再也不需要提出「拒絕協商、持續清除外來者的理由了。」

面對以新出現的社會連結的脆弱性或流動性為基礎的存在不確定性，將「他者」、「差異」、陌生人及外來者阻擋在遠處的努力，亦即事先排除溝通、協商及相互承諾的必要性決定，並不是人們唯一想得到的回應方式，但卻是可以預期的回應方式。確實，這個決定相當吻合我們當代對於污染及淨化執迷般的關注，也相當吻合我們將個人安全的威脅等同於「異物」入侵、將不受威脅的安全等同於純淨性的傾向。透過嘴唇或鼻孔進入身體的物質以及鬼鬼祟祟潛入身體周邊的外國人，對於這兩種事物所表現出來的深切憂慮的關注，肩並肩地座落在同一個認知框架當中。它們都激發了同一種想要「將它（它們）從我（我們的）體內趕出去」的願望。

這樣的願望匯聚、結合並凝聚為族群隔離政策，尤其展現在對於「外國人」大量移入所採取的防衛措施上。正如班考所指出的：[16]

> 有些複數的大寫他者（Others）比其他複數的大寫他者更為大寫他者（Other），那就是外國人。因為我們不再能夠

設想大寫他者，就將人們視為外國人而排除，這已證實是
一種社會病態。

它很可能是種病態，但不是心靈的病態，這種心靈徒勞無功地
試著將意義強加於一個抽空了穩定、可信賴意義的世界；它是導致
了政治病態的公共空間的病態，也就是對話及協商藝術的枯竭與衰
退、而代之以逃避和避免參與及相互承諾的技巧。

「別跟陌生人說話」——這曾是憂心忡忡的父母給倒霉孩子的
警告——現在卻成了成人正常狀態下的策略準則。這個準則將生活
的現實重新改造為一個明智的規則，在這種生活中，陌生人就是那
些人們拒絕和他說話的人。而政府無能摧毀它們國民的存在不安全
感及焦慮的基礎，只會過於急切地樂於遵循。最充分也最具體地體
現「他者性」的移民，他們之間形成了一道統一戰線，這道統一戰
線倒是很有希望將分散的各式各樣充滿憂慮、無所適從的個體拼湊
在一起，集結成某種讓人們模糊地回想起「民族共同體」的東西；
而這正是我們時代的政府能做、也被人發現正在做的少數幾件工作
之一。

哈佐頓的希瑞提吉花園城會是這樣的一個地方；終究，這裡的
路人們可以自由地彼此交談。他們自由地交談是因為他們沒有什麼
可談——除了互相說些例行而熟悉的套話之外他們無話可說，在這
些話裡聽不到爭論，但也不會有承諾。只有付出獨善其身及損害連
結的代價，才能獲得希瑞提吉花園城社群裡人們夢寐以求的純淨性。

做為時間史的現代性

　　當我還是個小孩時（那是發生在另一個時空的事了），人們很常聽到有人詢問「從這裡到那裡有多遠？」這個問題，得到的回答是「大約一個小時，如果你走快一點的話或許更短些」。在一個比我童年時期還要古老的年代，我猜，更常聽到的回答會是「如果你現在啟程，差不多中午就到了」或是「你最好馬上動身，如果你想在天黑前到那裡的話。」而今天，你有時也可能會聽到類似的答案，但通常在回答前，人們會提出一個更特定的問題：「你開車嗎？還是你指的是走路？」

　　「遠」和「久」，就像「近」和「快」一樣，都用來指稱差不多一樣的事：一個人要跨越某個距離他需要花多少、或者說多多的精力——無論是指走路、犁田或收割。如果人們被強力要求說明他們的「空間」和「時間」指的是什麼，他們可能會說「空間」就是你可以在一定時間內經過的東西，而「時間」則是你要經過它所需要的東西。然而，除非強力要求，否則他們根本不會認真地定義時間與空間。為什麼人們該這樣做呢？人們對於沉浸在日常生活中的大部分事物都有相當足夠的了解，直到他們被要求定義它們；而除非被要求，人們也幾乎不需要先去定義它們。人們了解那些我們現在往往稱為「時間」及「空間」的事物的方式不但令人滿意，而且正是被需要的，只要做出努力並設定其界限的都是「活體（wetware）」——人類或牛馬。人類的雙腿也許各自不同，但用另一雙腿來取代這雙腿，所造成的差異並不會大到需要用到人類肌

肉能力以外的尺度。

在希臘奧林匹克運動會的時代，沒有人會去想競賽或奧林匹克的成績紀錄，更別說去打破它們。因此，人們必須發明並運用人類或動物肌肉力量之外的東西這樣的想法，以及對於人類個體能力的差異賦予重要性的決定，才能夠動起來、被構思出來、並刺激實踐——也因此時間的**史前**時期，也就是那個受制於使用活體的漫長時代才得以結束，時間的**歷史**時期也才得以展開。時間史以現代性為起點。的確，除了其他任何意義或更甚於此，現代性還是**時間的歷史**（the history of time）：現代性是時間開始有歷史的時代。

如果人們翻查史書，希望知道曾一度在人類生命—勞動力（life-labours）中混為一體的時間與空間為何會解散，為何兩者會在人類的思想與實踐中漸行漸遠，人們總能找到令人精神振奮的發現故事，創造這些故事的人是捍衛理性的英勇騎士——無畏的哲學家與勇敢的科學家。人們會從書上學到，天文學家測量距離及大體的速率，牛頓計算加速度與「物體」經過的距離之間的確切關係，以及他們費盡心思地用數字——那些想像得到的最抽象、最客觀的測量單位——來表達所發現的一切；或者人們也學到，由於對科學家的成就留下深刻印象，康德於是將空間與時間當成是人類認知的兩個先驗地分離並相互獨立的範疇。然而，無論哲學家以**永恆形式**（sub specie aeternitatis）思考的宣稱有多麼正當，它仍舊是現在人類實踐所能觸及的範圍，是無限與永恆的一部分（也就是它的有限部分），在為哲學與科學反思及可能被轉化為真理的經驗事物提

供「知識論的基礎」；事實上，這個限制將偉大的思想家與那些在歷史上留名的腦筋糊塗的空想家、創造神話的人、詩人及其他愛做夢的夢想家區分開來。因此，人類實踐的範圍及乘載能力必定曾經發生了什麼事，空間及時間的主權才會突然在哲學家眼中變得顯眼了起來。

　　而人們有權利猜想，那件「什麼事」一定是可以移動得比人類或馬的雙腿更快的交通工具的建造；而和人類與馬截然不同的是，那些交通工具可以被造得越來越快，使得在跨越不斷增長的距離時所花的時間卻可以變得越來越少。當這類非人、非動物的交通工具出現時，旅行所需的時間就不再是距離和無彈性的「活體」的特點了；它成了人類能夠發明、建造、占有、使用及控制的「硬體」的問題，時間再也不是毫無延伸性可言的「活體」的問題，也不是變化莫測、反覆無常、不聽人類使喚的風力或水力的問題了；同樣地，時間成了一種獨立因素，不再受到土地或海洋遲緩、永恆不變的面向所左右；時間也成了一種斷裂因素：它成了時間與空間這對結合中扮演動態角色的那一方。

112　　班傑明・富蘭克林（Benjamin Franklin）的名言是時間就是金錢；他可以自信地做出這個宣稱是因為，他已經將人類當作是「製造工具的動物」。總結了在這之後兩個世紀的經驗之後，約翰・甘迺迪（John Fitzgerald Kennedy）可以在一九六一年向他的美國同胞提出忠告：「我們必須把時間當成工具來使用，而不是當成沙發。」縮短距離、將「遙遠」這件事從對人類野心的障礙、更別說

是限制的意義中清除，一旦時間在人們持續克服空間之抵抗的過程中成了工具（或者武器？），時間就成了金錢。而配備了這樣的武器，人們就可以為自己訂下征服空間的任務，並迫不及待地開始執行它。

君王們也許可以比自己的代表旅行得更舒適些，貴族也可能比自己的奴僕旅行得更便利些，但原則上，沒有人的旅行速度可以比其他人快上許多。活體讓人類都一樣；硬體則讓他們不同。在差異可以變成人類行動效率的條件之前，在差異可以被用來製造出更多、並且是更深刻、更不容質疑的差異之前，這些差異（不像那些從人類肌肉的不同而衍生出來的差異）曾經是人類行動的**結果**。蒸氣及內燃機一出現，基於活體的平等就結束了。有些人現在可以比任何人都更快抵達他們想抵達的任何地方；他們也可以逃避追捕、有效地防止被人追上、耽擱速度或攔下。無論是誰，只要他能旅行得更快，他就有權聲稱擁有更多的領土——而且（因為他們已經這麼做了），他們可以控制它、為它繪製地圖並進行監督管理——他們將競爭者保持在一定的距離外並禁止入侵者進入。

人們可以將現代時期的起點與不斷變化的人類實踐的各個方面做連結，但是將時間從空間中解放出來、臣服於人類發明才能及技術能力之下，並因此讓它做為征服空間、占有土地的工具而與空間相互對立，這個時刻絕不遜於任何其他計算現代起點的時刻。現代性誕生在加速和領土征服的星辰下，這些星辰形成了一個星座，埋藏了所有有關現代性性格、行為及命運的訊息。要解讀它，只需要

一個訓練有素的社會學家，而不是富有想像力的占星家。

從今以後，時間與空間的關係變成是可進行加工及改變、動態
的，而不是預先注定、停滯的。「空間的征服」開始指涉更快的機器。
加速運動意味著更大的空間，加快運動速度則是擴大空間的唯一手
段。在這場追逐中，空間擴張是遊戲的名稱，而空間則是籌碼；空
間是價值，時間則是工具。為了將價值極大化，就有必要將工具磨
得更尖銳：正如韋伯（Marx Weber）所指出的，做為現代文明的操
作性原則，「工具理性」大多聚焦在設計出讓任務更快執行的方法，
同時消除「無生產力的」、閒置、虛度並因此而浪費了的時間；或
者，若從效率而不是行動工具的角度來說明一樣的事情，工具理性
是聚焦在讓空間更密集地塞滿物體，並擴大這個可在一定時間內被
物體塞滿的空間。在邁入現代的空間征服之際，笛卡兒（Descartes）
極有先見之明地將存在等同於空間性，因而定義一切的物質存在皆
為**廣延的存在**（res extensa）（正如羅伯・謝爾茲〔Rob Shields〕
風趣地指出，人們可以將笛卡兒的名言「我思故我在」在毫不扭曲
原意的情況下改成「我占空間故我在」）。[17] 當征服的動能耗盡並
接近尾聲時，米榭・德塞多（Michel de Certeau）——極具後見
之明地——宣告，權力就是關於領土與界線的事（正如提姆・克
里斯維爾〔Tim Cresswell〕近來對德塞多觀點的摘要所言，「強者
的武器是……分類、描繪輪廓及劃分。強者仰賴的是繪製地圖的確
定性」；[18] 注意，上面列出的所有武器都是在空間中展開運作的）。
人們可能會說，強者與弱者與差異就是由地圖的想像所形塑的領土
——它是被嚴密看守與控制的——以及向入侵、重新劃界、重新繪

製地圖保持開放的領土。至少事情已經變成如此，且這樣的狀態已經在現代史上維持了很長一段時間。

從沉重到輕盈現代性

那段如今正走入尾聲的歷史，因為沒有更好的名稱了，就姑且稱之為**硬體**時代或**沉重**現代性吧——沉迷於巨大事物的現代性，那種「越大越好」、認為「大就是力量、多即是成功」的現代性。那是**硬體**時代；是屬於重量及越發笨重的機器的時代，是一個用越來越長的圍牆圍著越來越大的工廠、工廠裡容納越來越多工人的時代，是笨重的火車引擎、巨大的遠洋客輪的時代。征服空間是至高的目標——儘可能掌控空間、堅守住它，讓表明占有的具體可見記號布滿整個空間，並插上「請勿擅闖」的告示。對領土的執念是各種現代執念當中最嚴重的一種，對領土的獲得也是各種現代欲念當中最具強迫性的一種——而保衛邊界則是最普遍存在、最強韌、最持續增長的現代成癮症。

沉重現代性是領土征服的年代。財富及權力牢牢根植或深深蘊藏在土地上——就像鐵礦床或煤床一般，龐大、笨重、無法移動。帝國不斷擴張勢力，恨不得填滿地球上的每個角落：只有其他力量同等或更加優越的帝國才能制止它們的擴張。在相互競爭的帝國的邊境前哨間，任何東西都會被視為無主物、無人之境，因此也是塊**虛空之地**——而虛空之地是對行動的挑戰，也是對遊手好閒者的責備（當那個時代的通俗科學告知一般大眾「自然界從不留白」時，

114

它完美地抓住了那個年代的氛圍）。更令人惱火難忍的，是有關地球「空白處」的想法。那些空白處是聞所未聞、地圖不曾標示的島嶼、群島；等待人們發現及殖民的陸塊；人跡罕至、無人認領的內陸腹地；呼求光明的無數「黑暗之心」。無畏的探險家是現代新版班雅明（Walter Benjamin）〈水手故事（Sailor stories）〉中的英雄；是孩子們的夢想、成年人的鄉愁中的英雄；是一次又一次遠征，浪跡過叢林、灌木叢或凍土地區尋找未知的山脈、湖泊或高原，啟程時受到人們熱烈歡呼、凱旋歸來時被人們所給的各種榮譽淹沒的英雄。現代樂園也像詹姆士・希爾頓（James Hilton）的香格里拉（Sangri-La），是「在那裡」、尚未「被發現」的一個地方，隱密、難以到達，藏身在某個杳無人跡也無法履及的山脈或致命沙漠的彼方、某條等待被開拓的小徑的盡頭。冒險與快樂、財富與權能都曾是地理概念或「土地資產」──被束縛在它們的地理位置上，不可移動、無法轉讓。這一切都要求豎立起不可穿越的高牆、戒備森嚴的檢查哨、晝夜不休的邊境警衛，並保持地點的祕密性（二次大戰期間最被嚴格保守的祕密之一就是美國空軍基地的所在，一九四二年對東京發動致命空襲的戰績就是從那裡起飛，而它的暱稱就是「香格里拉」）。

取決於硬體規模及品質的財富與權能往往遲鈍懶怠，難以操縱而不便移動。它們都「實體化」（embodied）且固定，被束縛在鋼筋水泥上，測量標準是它們的體積與重量。它們藉由擴張所占據的領土而成長，保護那塊地方就是財富與權能自我保護的方式，於是那塊地方同時是它們的溫床、要塞，也是它們的監獄。丹尼

爾‧貝爾舉了個例子來形容最有權力、最被人們羨慕及仿效的這類溫床、要塞、監獄：通用汽車在美國密西根州的威柔朗（Willow Run）工廠。[19] 威柔朗工廠占地三分之二英哩 × 四分之一英哩。生產汽車所需的一切材料都被集中在一個巨型倉庫，放置在單一的巨大籠子裡。權力與控制的邏輯都是建立在對「內部」與「外部」的嚴格分離，以及對兩者間界線的嚴密捍衛上。這兩種邏輯被混為一體，實體化為規模的邏輯，並圍繞著一個概念而組織：越大就表示越有效率。在沉重版本的現代性中，進步就意味著規模成長及空間的擴張。

時間的例行化（routinization）讓那個地方成為受制於霸權邏輯的緊密整體（當貝爾將那樣的時間稱為「度量衡」時，他訴諸的正是例行化的主要工具）。

在空間征服中，時間必須是順從且具延展性的，最重要的是，時間必須是能透過每一單位漸增的「空間吞沒」能力而收縮的：環遊世界八十天已經是個誘人的夢想了，但是八天環遊世界的吸引力更是無限大於八十天。先是飛越英吉利海峽，然後是飛越大西洋，這些都被用來當作衡量進步的里程碑。然而，當事情關乎的是已征服空間的防禦，關乎的是它的馴化、殖民及歸化（domestication）時，就需要一種堅硬、整齊劃一、固定不變的時間了：那種時間是可以被切成厚度相同的薄片，並適合排列成單一、不變序列的時間。當空間被控制時，空間就真正地被「占有」——而控制，首先就意味著「時間的馴化（taming of time）」，抵銷其內在動力：

簡言之，就意味著時間的均一性及協調性。在其他探險者找到之前搶先抵達尼羅河源頭是激動人心的美好經驗，但比預定時間提早開出的火車或比其他零件更早抵達裝配線的汽車零件，卻是沉重現代性最可怕的夢魘。

　　例行化的時間與上面架起帶刺鐵網或碎玻璃的高聳磚牆、戒備森嚴的大門聯合起來，防止外人入侵一個地方，也讓裡面的人無法隨心所欲地離開。「福特主義式工廠」，沉重現代性的時代中人們最夢寐以求的工程理性模式，是一個面對面相遇的場所，也是資本與勞動之間「永結連理，至死不渝」式的婚姻誓言。這不過是場權宜之計或各取所需的婚姻，稱不上什麼愛的結合，但卻必須持續到「永遠」（不管從個人生活角度出發時這個詞意味著什麼），而且往往如此。基本上，這場婚姻是一夫一妻制──對兩者都是。離婚絕不可能。無論未來是好是壞，這對伴侶都必須不離不棄，無人能夠離開另一個人而獨活。

　　例行化時間將勞動力綁在土地上，而工廠建築的巨大、機器的沉重，以及（最後但並非最不重要的一點）受到永久束縛的勞動力，則都和資本牢牢地「連結」在一起。就像缺乏無痛離婚的安全閥的任何其他婚姻，這個同居生活的故事充滿了爭吵與憤怒、強烈噴發的敵意，並帶有雖不那麼戲劇化，但更無情、更持久、日復一日的壕溝戰色彩。然而，平民百姓們想都沒想過要離開這座城，王公貴族們也無法更自由地說走就走。不需要梅納努斯・阿格里帕（Menenius Agrippa）[譯1]的滔滔雄辯，雙方就能各安其位。這種衝

突的強烈性及永恆性鮮活地說明了命運的共通性。工廠例行化的凍結時間，結合了工廠圍牆的磚塊及灰漿就像限制它雇用的勞動力流動一樣，有效地讓資本固定在一個地方。然而，隨著軟體資本主義（software capitalism）及「輕盈」現代性的到來，一切都改變了。正如巴黎大學經濟學家高鴻（Daniel Cohen）簡潔的說法：「職業生涯（career）從微軟開始的人，沒有人能知道終點在哪裡。可是那些從福特或雷諾展開職業生涯的人，幾乎可以肯定它會在同一個地方結束。」[20]

我不確定高鴻所提到的兩個例子裡使用「職業生涯」這個詞是否恰當。「職業生涯」這個詞使人想到一條固定的發展軌跡，頗像美國大學的「終身雇用制（tenure track）」，有著事先明定的一系列階段，以及足夠明確的參加條件和錄取規則。「職涯路徑」往往受空間及時間的同等壓力的形塑。無論微軟的員工，或是無數的微軟觀察家、模仿者發生了什麼事，一旦管理者只關心「可以更快跟上潮流的較鬆散組織形式」，而商業組織則漸漸被視為是一種持續不懈的努力，努力在人們感到「多元複雜且迅速變動，並因此『曖昧不明』、『模糊不清』或『具有可塑性』」的世界中「打造一座具有超凡適應能力的孤島」[21] 時，都會對持久的結構，尤其是具有

譯註 1：羅馬共和時代平民與貴族的權力極不均等，平民欲起而推翻貴族，情勢極為險峻，阿格里帕以身體每個部分都有其功能的預言說服平民撤兵，成功化解危機。

第三章　時間／空間　195

可與傳統工作生涯長度相比的內建預期壽命那種結構產生不利的影響。在這樣的狀況下，「職業生涯」的觀念就顯得模糊不清，且完全不合時宜了。

然而，這不過是對術語的使用吹毛求疵而已。無論這個詞的用法正不正確，重點是高鴻的比較精準無誤地捕捉到在時間的現代史中發生的分水嶺式變化，並暗示了這個變化對於人類存在境況正開始造成的影響。這個變化是空間的無關緊要，空間偽裝成時間的消滅。在以光速行進的軟體宇宙中，空間簡直在「須臾之間」就可以被穿越；「遠處」及「近處」的差異被取消了。空間不再成為行動及其效力的限制，空間沒有多大意義，甚至根本失去了意義。空間失去了它的「戰略價值」；軍事專家會這麼說。

正如齊美爾觀察到的，所有的價值，就它們「只能透過拋棄其他價值」來取得而言，都是「有價值的」；正是「獲得某些事物的迂迴曲折」讓人們「將它們視為是有價值的」。雖然齊美爾沒有使用這些字眼，但他說了一個「價值拜物教」的故事：齊美爾寫到，事物的「價值就是取得它們所付出的代價」；而儘管十分反常，這樣的情況又「意味著取得它們所付出的代價就是它們的價值。」正是那些在占有事物的過程中需要去跨越的障礙、「為取得事物而鬥爭的緊張狀態」，讓價值成為有價值的。[22] 如果不再需要失去和放棄——犧牲——時間就可以抵達即便是最遙遠的地方，那麼，就齊美爾的觀點來看，地方就失去價值了。一旦人們可以透過電子訊號的速度來跨越（並因此而作用及影響空間在物質上的遙遠部分）距

離，正如德希達所說，時間的所有參考物就「被劃上了**刪除線**（sous rature）」。「瞬時性（instaneity）」顯然指的是極為迅速的運動及十分短暫的時間，但事實上，它表示的是做為事件因素、並也因此做為價值計算要素的時間的缺席。時間再也不是「獲得某些事物的迂迴曲折」，因而也不再賦予空間任何價值。軟體時間的近乎瞬時性預示著時間的貶值。

在硬體、沉重現代性的年代——用韋伯的話來說，也是工具理性的年代——時間是需要節約使用、謹慎管理的工具，只有這樣才能極大化價值——也就是空間——的回報；在軟體、輕盈現代性的年代，時間做為價值獲得手段的有效性則往往趨近於無限，並伴隨著向上拉平（更精確地說是向下拉平）潛在目標領域中所有單元之價值的弔詭效果。問號從工具的那一邊移到了目的的那一邊。如果運用到時空關係上，這就意味著空間的每一部分都可以在同樣的時間內抵達（也就是「立刻」抵達），那麼空間的任一部分就都不享有特權，沒有一個部分具有「特殊價值」。如果在任何時候都能抵達空間的所有部分，就沒有理由要求在任何特殊時刻到達任何一個地方，也沒有理由擔心要確保進出任何一個地方的權利。如果你知道你可以隨心所欲地在任何時候造訪任何地方，那麼你就不會迫切想要經常造訪它，或是花錢買張終身有效票了。你甚至更沒有理由負擔永久監管一個地方的花費、繁重而充滿風險的有效利用，以及耕作土地的花費了，因為土地已經變成了可隨著興趣及「時事相關性」而輕易取得、輕易放棄的東西。

誘人的存在輕盈

在軟體世界裡無實體的、瞬時性的時間，也同時是無關緊要的時間。「瞬時性」意味著立即、「當下」的實現與滿足——但也是興趣的立即枯竭與衰減。將始與終分離開來的時間—距離同時收縮或消失了。這兩個一度曾用來劃分時間的消逝、因此也被用來計算「被沒收的價值（forfeited value）」的觀念，已經失去了它們的多數意義，因為它們的意義——正如所有的意義般——乃是源自於它們的鮮明對立。現在存在的只有「片刻（moment）」，而片刻是沒有向度的點。然而，這樣的時間、這樣一種由片刻集合而成的時間型態，還是「眾所周知的」時間嗎？至少在某些重要方面，「時間片刻」的表達方式似乎是種矛盾修辭。或許，在殺死了做為價值的空間之後，時間也自殺了？空間難道不只是時間狂亂地趨赴自我毀滅時的第一個犧牲者？

當然了，這裡所描述的只是時間史處於**閾限**（liminal）中的狀況——也就是在時間史的現階段裡，看似是歷史的最終**傾向**的狀況。無論抵達一個空間上的目的地所需的時間有多麼地趨近於零，畢竟也尚未完全等於零。即便是配備效能日新月異之處理器的最先進科技，要達到真正的「瞬時性」，也還有一段路要走；邏輯推論上會導致的空間的無關緊要性尚未充分實現，而人類能動力的無重性（weightlessness）、無限易變性及彈性也仍未達成。但這裡所描述的狀況確實在輕盈現代性裡已初見發展端倪。然而更重要的是，這是它的主要操作者持續不斷追求——僅管（或者其實是因為？）

從未真正充分實現——的理想，這個化身為新規範的理想滲透並充滿在社會身體的每個器官、組織及細胞內。米蘭・昆德拉（Milan Kundera）將「生命中不能承受之輕」描寫成現代生活悲劇的中心。卡爾維諾（Italo Calvino），這個全然自由人物——在樹木間跳躍的男爵、沒有身體的騎士——的發明者（由於這些人物無法捕捉、難以誘捕、捉摸不定、不可控制，因此他們是完全自由的），將輕盈與速度（一起！）做為文學藝術之永恆解放功能的最充分、最終之體現提供給我們。

三十多年前，米歇・柯齊耶（Michel Crozier，在他的經典著作《科層現象》〔Bureaucratic Phenomenon〕中）將支配（及支配的所有形式）等同於與不確定性來源的接近性。他的裁決仍是有效的：努力讓自己的行動不受限制、不受規則約束並因此而難以預測、在這同時（透過例行化，因此讓行動變得單調、重複、可預測）以規範性方式管理他們支持者的人，才是統治者。是那些手腳不被束縛的人在統治那些被束縛的人；第一種人的自由，是第二種人不自由的主因——而第二種人的不自由則是第一種人的自由的終極意義。

隨著時代從沉重現代性邁向輕盈現代性，這一方面並沒有任何改變。但是舊框架卻已經被充填了新的內涵；更精確地說，追求「與不確定性來源的接近性」已經窄化，並聚焦在瞬時性這個唯一的目標上。現在，移動及行動速度越快的人、最接近運動的頃刻性（momentariness）的人，才是統治者。而那些移動得不夠快、明

顯被歸類為無法隨心所欲離開他們所在地的人，則成為了被統治者。支配存在於一個人自身逃避、脫離、前往「其他地方」的能力，存在於決定進行這一切的速度的權利之中——同時將被支配一方的人終止、限制或放慢他們步伐的能力剝奪殆盡。當代的支配之戰發生在各自配備加速及怠速武器的力量之間。

在永恆而不可抹滅的社會分工基礎的現今版本、也在它所有歷史變化的形式中，取得瞬時性的不同方式具有關鍵地位；它關乎的是取得不確定性，因此也就是取得自由的不同方式。在一個滿是在地上緩慢行走的農奴的世界裡，男爵也只好把跳樹當成是取得自由的最簡單方式了。正是因為今天的男爵可以輕而易舉地以一種近乎跳樹的方式行事，所以農奴的後人才會置身原地，而正是強加於這些後繼者身上的不動性，也就是將他們束縛在土地上，才讓男爵可以繼續在樹梢間跳躍。然而，無論農奴的慘境有多麼深刻、悲慘，視線所及卻不見造反的人；就算農奴果斷起身反抗，他們也追不上他們所要反抗的那些移動迅速的目標。沉重現代性曾如此這般，將資本和勞動關在一個誰都逃脫不了的鐵牢籠中。

輕盈現代性則把其中的一個放出了籠子。「固態」現代性是個相互承諾參與的時代。「流動」現代性則是解除參與承諾、捉摸不定、輕易逃離及無望追逐的年代。在「液態」現代性中，是那些最為捉摸不定的人、那些可不引人注意地自由移動的人在進行統治。

卡爾‧博蘭尼（Karl Polanyi，在一九四四年出版的《鉅變：當代政治、經濟的起源》〔*The Great Transformation: The Political* and Economic Origin of Our Time〕一書中）宣稱將勞動當成「商品」是個虛構的謊言，他並揭露以那個虛構謊言為基礎的社會安排所導致的結果。博蘭尼指出，既然勞動不能從它的載體中分離出來進行買賣，那麼勞動就不會是個商品（至少不會像其他的商品那樣）。博蘭尼提到的勞動其實是**肉體化的**（embodied）勞動，這種勞動無法在勞動者的肉體不移動的情況下四處移動。一個人要雇用並使用人類的勞動，只有連同勞動者身體的其餘部分一起雇用並使用才做^[略]得到，受雇身體的慣性（inertia）便限制了雇主的自由。為了監督勞動並根據設計加以疏導，人們不得不管理監督勞動者；為了控制工作流程，人們不得不控制工人。這個要求讓資本與勞動必須面對彼此，無論好壞，都得不離不棄。結果造成了許多衝突，但也帶來了許多的相互適應：尖刻的指控、艱苦的鬥爭，整體來說愛情減少了一些，但也在設計出適度滿足或差堪忍受的同居規則中發揮了大量的巧思及獨創性。革命及福利國家都是這個狀況所帶來的預想不到但又不可避免的結果，亦即將解除婚約做為一個可行選項給預先排除。

我們現在正經歷著另一次的「鉅變」，而它最為突出的方面之一，正好是一個與博蘭尼視為理所當然的那種情況相互對立的現象：做為當代資本之營養主要來源或牧場的那種人類勞動類型的「去肉體化（disembodiment）」。全景監獄式、龐大、沉重而笨拙的監視及操練設施已不再需要。勞動已經脫離了全景監獄的監視，但最重要的是，資本也擺脫了惱人的負擔以及它運作所需的高昂費用；資本擺脫了一個任務，這個任務將它束縛在土地上並迫使

它為了自我再生產及自我擴張而必須與被剝削對象直接往來。

　　軟體年代的去肉體化勞動不再能夠束縛資本：它允許資本享有治外法權，允許它反覆無常、說變就變。勞動的去肉體化預示了資本的無重性。它們的互賴性已經被單方面的破壞；當勞動仍和從前一樣，在單獨存在時其能力是不完全、無法實現，並得依賴資本的出現才使它得以實現時，相反的情形卻不再成立了。資本滿懷希望地流動，期待著短期獲利的冒險活動，並自信滿滿地認為無論是冒險活動的機會或是可以分享這些冒險機會的夥伴，都必定會源源不絕。資本可以迅速、輕便地移動，對資本以外的一切而言，它的輕盈及活動力變成了不確定性的首要來源。這已經成為今日支配的基礎，以及社會分工的主要因素。

　　沉重及巨大從資產變成了負債。對寧可用巨大的辦公大樓來交換熱氣球客艙的資本家而言，上升力（buoyancy）成了最有利可圖也最受珍視的資產；把不重要的所有東西全都拋到艙外，並將非必要的工作人員留在地面，就是增強上升力的最佳方式。而需要擺脫的最為累贅的壓艙物之一，就是管理及監督一大群工作人員的重責大任了——這個任務有種惱人的傾向是，它會無止境地膨脹，並會因附加的新的承諾及義務而不斷增長。如果沉重資本主義的「管理科學」聚焦於保持住「勞動力（manpower）」以及用強迫或收買的方式讓他待在原地，照表操課，那麼輕盈資本主義時代的管理藝術關注的則是讓「人力（humanpower）」離開，最好是強迫他走。短暫的邂逅取代了持久的交往。人們不再為了榨一顆檸檬的汁而去

種一片檸檬園。

　　管理上的抽脂術已經成為管理藝術的最高戰略：企業瘦身、裁員、分段淘汰、關廠，或是賣出某些部門，只因為它們的表現不夠好，或者因為讓它們自謀生路要比承擔沉重而耗時的管理監督責任更省錢；以上都是這門新藝術所運用的主要手法。

　　一些觀察者急於下定論，說「更大」已不再被認為是「更有效率」了。然而，在這類一般化的理解中，這並不是個正確的結論。對裁員手段的執迷──湊巧地──正是併購狂熱不可分割的補充物。這個領域的一流玩家之所以知名，就是因為他們為了得到更多的裁員空間，不惜透過協商或強行方式進行併購，這種激進且「砍到見骨」的「資產剝奪」，被廣泛認為是成功的併購計畫至關重要的前提。併購及裁員之間並不矛盾：相反地，它們互為條件、彼此支持及增強。這只有在表面上顯得弔詭而已：一旦我們對柯齊耶的原則有著「更新、更好」的理解，這一顯而易見的矛盾就迎刃而解了。併購及裁員策略的混合提供了資本及金融力量移動及快速移動的空間，讓它的旅行範圍越發地全球化，在這同時卻剝奪了勞動議價及製造損害的力量，讓它動彈不得，並將它的手腳束縛得越來越緊。

　　資本透過它的侵略及逃離、透過它以短期交易及短暫邂逅取代長期承諾、透過它讓「隱身術」這個選擇永遠保持開放，從而製造出自己進行支配的主要手段，而併購預示的則是為這種苗條、具上升能力、魔術逃脫大師般的資本所準備的一條更長的繩索。資本

要求更多耍花招的空間——更多躲藏的庇護所、更大的可能排列矩陣、更多種類的可變換化身，以及因此獲得的對它所調度之勞動力的更大控制力，還有可以讓資本在一輪又一輪的裁員所帶來的災難性後果中全身而退的節約成本能力；這正是支配的當代臉孔——那些已經遭受重擊的人，以及那些害怕即將在未來遭受打擊的人，則是支配對象。正如美國管理協會（American Management Association）從它委託進行的一項研究中學習到的，「在各種壓迫性的裁員動作下，勞工的士氣與動機急遽下滑。倖存的勞工並不為自己在競爭中擊敗了被解聘者而高興，而是等著下一次裁員砍向自己。」[23]

毫無疑問，為生存而競爭不只是勞工的命運；或者用更一般的說法，不只是那些在已經改變的時間與空間關係中站在接受這一方的人的命運。生存競爭從頭到腳徹底滲透了在輕盈現代性中執迷於「減重與瘦身」的公司：為了生存下去，經理人必須裁掉雇用勞工的單位；高階經理人必須裁掉他們的經理辦公室，才能在股市中被認可、贏得股東的投票，並在結束這一輪的惡言相向後保住他們優厚的退職金。這個「瘦身」趨勢一旦開始，它就無法遏止自己的勢頭。這種趨勢變成一種自我推進、自我加速的趨勢，而且（正如韋伯的完美主義生意人，為了繼續生存下去而不再需要聆聽喀爾文的講道來向神懺悔）最初的動機——增加效率——也逐漸變得無關緊要；這份在競爭遊戲中落敗、被超越、被拋在後面，或者被商界徹底淘汰出局的恐懼，就足以讓併購／裁員的遊戲繼續下去。這一遊戲日益成為自身的目的及獎賞；或者，毋寧說，這一遊戲不再需要

一個目的了，如果留在遊戲中就是它唯一的獎賞的話。

瞬時生活

每年在瑞士達佛斯（Davos）都會舉行一個威高權重人士的世界性集會，桑內特多年來一直擔任正式觀察員。這趟達佛斯之旅花費的金錢與時間得到了豐厚的報酬。針對當今全球性競爭中頂級玩家的動機與性格特質，桑內特透過這場冒險行為得到不少令人震驚且印象深刻的洞察，這些動機與性格特質讓他們得以不斷前進。從桑內特的報告中可看出，[24] 他對於比爾蓋茲的個性、表現以及他公開表述的人生信念尤其感到印象深刻。桑內特說，蓋茲「似乎不會執著於任何事物。他的產品以迅雷不及掩耳的速度推出並旋即消失，然而洛克斐勒卻想長期擁有油井、建築物、機器或鐵路」。蓋茲一再重申他寧可「讓自己置身於由可能性編成的網絡中，也不願守著某個特定的工作而讓自己食古不化」。讓桑內特最驚訝的是蓋茲竟厚顏無恥、直言不諱，甚至帶有幾分自豪地樂意去「摧毀自己一手打造的事物，只因為考慮到當下需求。」蓋茲似乎是個能夠「在流離失所的災難中發達興旺」的玩家。他非常謹慎，不會對任何事物發展出依附（尤其是情感依附）或長期承諾，包括他自己的創作品。他並不害怕在錯誤的地方轉彎，因為沒有任何一次轉彎會讓他長期朝同一個方向走下去，也因為回頭或變換方向始終是立刻可以選擇的選項。我們會說，除了不斷擴大可得到的機會範圍之外，沒有任何事物可以沿著蓋茲的生命軌跡而累積或自然增加；火車頭才

往前移動幾碼，鐵路就被拆除，腳印也被清除得一乾二淨，東西被
丟棄的速度就跟將它們組裝起來一樣快──而且不久就被人們拋在
腦後。

安東尼・弗魯（Anthony Flew）引用過伍迪・艾倫扮演的某
一角色的台詞：「我不想透過我的創造來達成不朽，我只想透過不
死來獲得不朽。」[25] 但是不朽（immortality）的含義是由依附於
公認的道德生活的意義所派生而來；寧可「不死」與其說是另一種
不朽形式的選擇（對於「透過個人創作而不朽」的替代方案），不
如說是在宣告自己毫不關心永垂不朽，而更樂意**抓住今天**（carpe
diem）。[譯2] 對持久性的漠然會將不朽從觀念轉變成經驗，並讓不
朽成為立即消費的客體：不朽是你活在當下（live-through-the-
moment）的方式，這種方式讓那個時刻成為一個「不朽的經驗」。
如果「無限」通過變化的考驗而生存下來，那麼無限就只是做為這
種**生命體驗**（Erlebnis）[譯3] 之深度或強度的測量指標而存在。沒有
邊界的可能感官體驗滑進了夢中被無限延續所騰出的地方。瞬時性
（它使空間的抵抗變得無效，並液化了客體的物質性）讓每個瞬間
都似乎是無限的寬廣；而無限的容量意味著從任何片刻中可榨取出

譯註 2：拉丁文，字面意思為抓住今天，引申為即時行樂之意，此處以直譯方式
傳達作者所要突顯的時間性。
譯註 3：德文，體驗之意，源自動詞 erleben，意為經驗，而 erleben 則是
leben，即德文生命、生活的動詞化，故在此譯為生命體驗，以掌握作者所要表達
輕盈現代性中當下體驗與生命不朽的連結。

的東西是沒有限制的——無論多麼的短暫、多麼的「一瞬即逝」。

　　雖然習慣使然，我們仍會使用「長期」這個字眼，但它已經成為乘載不了任何意義的空殼；如果無限是瞬時性的，就像時間一般應該用於當時當地並立刻處理完畢，那麼在片刻已經體現的意義上，「更多時間」也增添不了什麼了。「長期」考量得不到什麼回報。如果「固態」現代性將永恆持續當作行動的主要動機和原則，那麼在「輕盈」現代性中，則沒有永恆持續發揮功能的餘地。「短期」已經取代了「長期」，並讓瞬時性成為它的終極理想。在將時間提升到無限容量的容器等級時，流動現代性也溶解了它的持續性——它詆毀並貶低了持續性的價值。

　　二十年前麥可・湯普森曾出版一本先驅性研究，主題是持久／短暫區別錯綜複雜的歷史命運。[26]「持久」物必須被保存很長、很長的一段時間；它們盡可能地去體現及表現原本抽象而縹緲虛無的永恆觀念。事實上，正是對「持久物」的假定或預想的古老性，才能從中推斷出永恆的形象。多虧了它們與不朽性的連結，持久物被認為具有特殊價值，為人們所珍賞、覬覦；不朽性做為終極價值，「自然而然地」被人們所渴望，不需任何的爭論或勸說，人們就會心悅誠服地擁抱它。與持久物對立的是「短暫的」事物，指的是那些必須在消費過程中被用光——消耗掉——並且消失的事物。湯普森指出「接近頂層的人……可以確保他們自己的東西始終是持久的，而其他人的東西則總是短命的……他們怎樣都不會輸。」湯普森將渴望「讓他們自己的東西是持久的」視為理所當然，認為這是

「那些接近頂層的人」長期以來的願望；也許，正是那種讓東西持久及積聚、保存它們，不讓它們被偷竊及劫掠，最重要的是壟斷它們的能力，才將人們推上「接近頂層」的位子。

這種想法在沉重現代性的現實中是真實的（或者至少是可信的）。但我要指出的是，流動現代性的來臨已經從根本上削弱了它們的可信度。縮短持久性時間的跨度、遺忘「長期」這件事、集中關注對短暫性而非持久性的操弄能力，以及替那同樣短命、為了被立刻耗盡而存在的其他東西清出場地，而輕易將東西處理掉——正是這種比爾·蓋茲式能力造就了今天頂層人物的特權，也正是這種能力讓他們得以躋身頂峰。相反地，長期擁有著事物，超出它們「用盡並拋棄」的日期，也超出他們「更新、更好」的替代品和「升級版」上市的時刻，則是匱乏的徵兆。一旦可能性的無限性清除了時間無限性的誘惑力量，持久性就失去了它的吸引力，並從資產轉成負債。也許觀察將「持久」從「短暫」區分開來的那條界線會更切中要旨；曾是激烈爭論及鬧哄哄的建築工事焦點的那條界線，現在已經被邊境警察及建築工程隊伍給棄置了。

不朽性的貶值只能預示一種文化的劇烈變化，一個可說是人類文化史上最具決定性意義的轉折。相較於至今為止始終被視為至少自新石器革命以來人類史上最關鍵里程碑的資本主義及現代性自身的來臨，從沉重資本主義過渡到輕盈資本主義，以及從固態現代性進入到輕盈現代性，或許還會被證明是更為徹底、也更具深遠影響的起點。確實，綜觀人類歷史，文明化成工作始終就在於從短暫的

人類生命及轉瞬即逝的人類行動中過濾並積澱出恆久的堅硬內核、從短暫中召喚持久、不連續中召喚連續，並要終有一死的男女為不朽之人類種族服務，以超越人類有限的生命加諸於人的限制。今天，對於文明化成工作的需要正在衰減。需求下降的後果為何仍待觀察，也很難事先預見，因為這樣的事情並無先例可讓人回想、依循。

時間的嶄新瞬時性激進地改變了人類同居生活的形態。其中最明顯的，就是改變了人類處理（或者視具體情形而不處理）他們集體事務的方式，或者毋寧說改變了他們將某些事務變成（或者視具體情形而不變成）集體事務的方式。

政治科學中目前出現顯著進展的「公共選擇理論」，恰當地掌握住了這個新的起點（雖然——正如當新的人類實踐在為人類想像力搭建新舞臺時經常會發生的——它過分急於將相對較新的發展普遍化為人類境況的永恆真理，據它的說法這個永恆真理被「所有過去的學術研究」給忽略、無視或隱瞞掩飾了）。根據高登 · 圖拉克（Gordon Tullock）、這個新理論潮流最傑出的推進者之一的說法，「這個新取徑是從假設選民與消費者類同，而政治人物則與生意人類同開始的。」列夫 · 李文（Leif Lewin）質疑「公共選擇」理論的價值並尖酸地反駁，他說「公共選擇」思想學派的思想家「將政治人描繪成……目光淺短的洞穴野人。」李文認為這是大錯特錯。在穴居人時代、「在人『發現了明天』並學會進行長期打算前」這也許是正確的，但在現在、在我們所處的現代，當每個人都知道，

或者大部分人、選民及政治人物都知道「明天我們會再次相遇」，
所以可信度是「政治人物最有價值的資產」[27]時（儘管我們可以補
充一點：信任的分配也是選民最熱切運用的武器），這個看法就不
適用了。為了支持他對「公共選擇」理論的批判，李文參考了大量
經驗研究，顯示極少選民願意承認荷包決定了他們的投票行為，然
而大部分人卻宣稱他們是看國家整體狀況來決定他們的投票行為。
李文說，這是可以預料到的。但我寧可說，這是接受訪問的選民認
為人們期待他們回答、也是他們認為**理應如此**（comme il faut）回
答的答案。如果人們適當地承認，在我們所做所為以及我們如何陳
述我們的作為之間存在著惡名昭彰的落差，那麼他就不會立即拒絕
「公共選擇」理論學者的宣稱（這和那些宣稱的普遍而即席的有效
性是兩回事）。在這個例子裡，他們的理論也許真的因為擺脫了那
些人們不加批判就接受的「經驗資料」，是以能夠對此有所洞察。

很久很久以前洞穴人曾經「發現了明天」，這是真的。但是正
如歷史是個學習的過程，歷史也是一個遺忘的過程，而記憶的選擇
性是眾所周知的事。也許我們將於「明天再次相會」。但同樣地，
我們也有可能不會，或者毋寧說明天相會的「我們」將不會是不久
前相會的我們了。如果事情果真如此，那麼可信度和信任的分配會
是資產，還是負債呢？

李文回想起盧梭（Jean-Jacques Rousseau）的獵鹿者寓言。在
人「發現了明天」之前——故事是這樣的——可能有一個獵人，他
不是耐心地等待雄鹿從樹林中出現，而是注意力因食慾而被一隻奔

跑的兔子給吸引開了，儘管他在聯合獵鹿行動中會分到比一隻兔子還多的肉。確實會如此。但在今天發生的故事是，很少會有狩獵團隊能夠在母鹿出現前還維持團結，因此無論是誰，若他或她對這個聯合事業寄予厚望，恐怕都會失望而歸。故事是這樣的，不像設陷阱並逮住雄鹿那般，獵人必須團結一致、攜手合作並一起行動：今天有許多不同的兔子，適合個人獨享並射殺、剝皮，燉煮兔子也不需要花太多時間。這些兔子也是發現（discovery）——許多**新**發現——就像「昨天的發現」曾經帶來許多後果一樣，這些發現或許也將如此。

在一個瞬時性的時代，「理性選擇」意味著**在追求滿足的同時避免承擔它的後果**，尤其是承擔這些後果可能意味的責任。今天滿足的持久印記所抵押的，是明天滿足的機會。持久從資產變成了負債：這個說法也適用於所有龐大、堅固、沉重的東西——阻礙並限制運動的一切事物。巨大廠房和肥碩身體的黃金年代已經過了：它們曾是它們主人力量和權勢的見證；現在它們預示的則是在下一輪加速運動中的失敗，因而標誌著無能。適合移動的纖瘦苗條身體、輕便的衣服和運動鞋、行動電話（為那些需要「隨時保持聯絡」的游牧人群而發明）、可攜式或拋棄式的物品——這些都是瞬時性時代的重要文化標誌。重量及尺寸，尤其被認為是造成這兩者增加之兇手的脂肪（無論是真正的或是隱喻性的），則有著持久不衰的共同命運：它們是人們應該當心並且努力對抗的危險，最好是跟它們徹底劃清界線。

人們很難想像一種漠視永恆、迴避持久的文化。同樣難以想像的是對人類行動後果無動於衷、對這些行動可能對他人造成的影響逃避承擔責任的道德。瞬時性的降臨將人類文化及倫理帶入了一片未知也未被探勘過的領土，在那片版圖上大部分過去習得的處理生活事務的習慣都已不再有用，也不再有意義了。正如季‧德波（Guy Debord）的名言：「人類像他們的時代遠超過像他們的父親。」而今天的男女和他們的父母輩不同的是，他們生活在一個「希望忘記過去並且似乎不再相信未來」的現在。[28] 但是，對過去的記憶以及對未來的信任，至今始終是人類文化及道德橋樑的兩大柱石，這兩柱石所撐起的橋樑兩端分別連結了短暫性與持久性、人的必死性與人類成就的不朽性，以及承擔責任和活在當下。

第四章　工作

最近三十年我都住在英國的里茲市（Leeds），里茲市政廳是
座莊嚴雄偉的紀念性建築，它見證了工業革命舵手狂妄白人的野
心，以及同樣高度的自信心。這座建築建於十九世紀中葉，風格宏
偉莊嚴、豪華端凝，以石頭打造而成，目的是為了永垂不朽。它的
建築風格仿自雅典的帕德嫩神廟以及埃及的神廟。市政廳的主體是
棟巨大的議事廳，市民在此定期會商讓這座城市以及不列顛帝國邁
向榮耀之路所應採取的進一步措施。禮堂的天花板下方以金色及紫
色的字母拼出任何加入這條道路的同道者應該遵循的守則。這些
洋溢著自信及自負的資產階級倫理神聖原則包括了「誠實方為上
策」、「憧憬更美好的年代（Auspicium Melioris aevi）」或「法
律與秩序」，其中有一句箴言因其自信而不容妥協的簡練語調而深
入人心，那就是「前進」。和造訪市政廳的當代人不同，這座城市
的年長者在構想這個準則時，必定對這些意義深信不疑。可想而
知，他們不需要去問被稱為「進步」的「向前進」觀念意思到底是
什麼。他們很清楚「向前」跟「向後」的差異。他們也許會宣稱，

他們**實踐**了造成這個差異的行動，所以了解此一差異：在「前進」的旁邊，是以金色與紫色字母漆上的另一句箴言——「勞動征服一切（Labor omnia vincit）」。[譯1]「前進」是目標，勞動則是必定能達到目標的手段。委託建造這座市政廳的里茲者老們強烈地感受到必須停留在這條前進的道路，不達目的絕不停止。

一九一六年五月二十五日，亨利・福特向《芝加哥論壇報》（*Chicago Tribune*）的記者表示：

> 歷史多少都在鬼扯。我們不想要傳統。我們想活在現在。唯一值得讓一個粗工認真的歷史，就是我們今天創造出的歷史。

福特以敢於言人所不能言而出名。進步？不要把進步想成是「歷史的工作」。進步是我們的工作，是我們這些生活在現在的人的工作。唯一重要的歷史是此刻正在創造、但尚未被創造出來的歷史，是必將實現的歷史：那就是未來，是另一個務實、腳踏實地的美國人安布若斯・比爾斯（Ambrose Bierce）在福特接受訪問的十年前，在他的《魔鬼的辭典》（*Devil's Dictionary*）中所說的未來，是「在那段時間裡，我們的事業興隆、我們的朋友真誠、我們的幸

譯註1：拉丁文箴言，直譯即為勞動征服一切，引申意約為勤勞就是力量，此處以直譯方式以貼近作者所要討論的課題：勞動與進步的歷史性結合。

福踏踏實實」的那種未來。

現代的自信為人類對未來的永恆好奇增添了一層新的光彩。現代烏托邦從來不只是預言，更不是什麼不切實際的空想：無論是公開或私下，它們都是對於某種意圖的宣稱、信仰的表達，那就是渴望的事物可以被實現，也將會被實現。在那個生產者社會中，未來被視為是和其餘的商品一樣的東西：某種可以被徹底思考、設計並可透過它的製造過程而被看見的東西。未來是工作的創造物，工作則是一切創造的來源。貝爾在一九六七年寫道：

> 今日的每個社會都在自覺地致力於經濟成長、提升人民的生活水準，並因此〔**粗體為本書作者所加**〕而計畫、引導並控制社會變遷。因此，導致現在的研究與過去完全不同的是，現在的研究是以特殊的社會政策目的為導向；而除了這個新的面相之外，它們還自覺地受一種新的方法論所塑造，這種方法論承諾為現實主義替代方案和選擇提供更為可靠的基礎……[1]

132

如果有機會，福特就會用趾高氣昂的態度宣示皮耶·布迪厄（Pierre Bourdieu）最近憂心忡忡地指出的「要駕馭未來，就要掌控現在」[2] 這句話了。只有那些將現在操之於股掌之間的人才會自信地認為，自己可以強迫未來讓他們的事業興隆，並且因此可以忽視過去：他們，也只有他們，可以將過去的歷史當成鬼扯；用更優雅的話來說，就是信口胡謅、無聊的自吹自擂，或是謊言。或者，至少他們也不會給予這類事情超出它們應有的關注。進步不會抬高

歷史，或者讓歷史顯得更為尊貴。「進步」是對歷史沒有價值的信念的宣言，也是決心將歷史置之度外的宣言。

歷史上的進步及信任

這是問題的核心：「進步」代表的不是歷史的任何品質，而是對於現在的自信。進步最深刻、也許也是唯一的意義，是由兩個密切相關的信念所構成，那就是「時間站在我們這邊」，以及我們是「使事情發生」的人。這兩個信念生死與共——只要擁有力量的人們日復一日地透過他們的行動確認這種讓事情發生的力量，它們就會持續存在。正如亞蘭·貝荷非特（Alain Peyrefitte）所說的，「在迦南這塊土地，唯一能夠轉變荒漠的資源就是社會成員對彼此的信心，以及所有人對他們所將共享的未來的信任。」[3] 針對有關進步這個觀念的「本質」，其餘我們想說或聽說的，就是它是某種將信任及自信的感覺加以「本體論化」的努力；這種努力是可以理解的，但也是誤導且徒勞無功的。

實際上，歷史是一場通往更好生活及更多幸福的行軍嗎？如果這是真的，我們又如何知道呢？我們，這些那樣說的人，並不曾生活在過去；而那些生活在過去的人也不曾生活在先在。那麼，該由誰來進行這樣的比較呢？我們是否（正如班雅明[譯2]論克利〔Klee〕

譯註 2：原文為 Bejamin，應為誤植。

所繪的歷史天使〔Angle of History〕）在過去恐怖的打擊及推促下逃向未來，又或者（正如輝格黨〔Whig〕版本血腥但不戲劇化的歷史會希望我們去相信的），我們是否在「我們的事業興旺」的希望吸引及推促下奔赴未來；唯一依循的證據就是記憶與想像力的演出了，而能夠使過去與未來相連或分離的，則是我們的自信或是缺乏自信。對於相信自己改變事物的力量的人，「進步」是不言自明的道理；但對那些覺得事情不在自己掌控之下的人，「進步」的想法根本不會發生，如果聽到了也只會覺得可笑而已。在這兩種極端的狀況之間，幾乎不存在**不帶好惡**的辯論空間，更別說是形成共識了。福特也許會將與他對運動（exercise）一事發表的意見相類似的觀點運用到進步上：「運動是鬼扯。如果你很健康，你不需要運動；如果你生病了，你也不會去運動。」

但如果自信——那種覺得「當下盡在掌握之中」的確信感——是對進步的信任的唯一基礎，那也難怪在我們的時代，信任必須是不穩定且搖搖欲墜的了。而信任為何必須如此的原因，並不難查明。

第一個原因，是明顯不存在一個有能力「推動世界前進」的機構。在我們輕盈現代性的時代，最尖銳但也最無法回答的問題不是（為了讓這個世界變得更美好、更幸福）「接下來要做什麼」，而是「誰要來做」。喬威特[4]宣布了約書亞論述的崩潰，該論述直到最近都仍被用來形塑我們對世界及其進步的看法，也被用來讓世界「被集中組織起來、僵化束縛著，並歇斯底里地關注那些不可逾越

的邊界」。在這樣的一個世界，對這種機構的質疑很難出現：畢竟「約書亞論述」的世界，幾乎就等於強而有力機構及其行動之殘值／效果的結合。該種形象有一個堅固的知識論基礎，其中包含了和福特主義工廠或構思及管理秩序的主權國家（若不是現實上享有主權，那麼至少也以享有主權做為它們的抱負及決心達成的目標）一樣、堅不可摧的實體。

在今日，那種進步的基礎已出現了令人無法忽視的裂痕、縫隙及長期分裂現象。它最堅固也最令人難以質疑的那些組成要素正在迅速失去它們的緊密度，而與此一起失去的還有它們的主權、公信力及信譽。其中令人最尖銳感受到的，也許就是現代國家的疲乏遲鈍了，因為它意味著政治用來激勵人們工作的權力——做事情的權力——已經被剝奪，而這權力過去往往可以決定哪些事情應該被完成以及由誰來完成。儘管所有的政治生活機構仍停留在「輕盈現代性」時代當初發現它們的地方，就像過去一樣被束縛在各自的位置上，但權力卻已流動到它們所能影響的範圍之外了。我們的經驗十分接近那些置身高空、卻發現駕駛艙空無一人的飛機乘客。引用一句德波的話，「控制中心已變成一個難以理解的所在：裡面從未出現眾所周知的領導者，或清楚的意識形態。」[5]

134   第二個原因，則是人們對機構——任何機構——在它們有足夠的力量來做到這點的那種不可能的情況下，到底應該做什麼才能改善這個世界的形貌，是越來越不清楚了。過去兩個世紀以來人們辛勤描繪的多彩多姿的幸福社會圖像已被證明要不是無法實現的空

想，就是（在宣告已經實現的那些情況下）不適合人類的生活。所有形式的社會設計都被證明產生的痛苦與快樂一樣多——如果痛苦不是更多的話。這在同等程度上適用於兩個主要對手——如今已然破產的馬克思主義，以及目前正蓬勃發展的經濟自由主義（正如彼得‧杜拉克〔Peter Drucker〕這位公認最為坦率的自由主義國家擁護者在一九八九年指出的，「**自由放任**（laissez-faire）也承諾帶來『社會的救贖』：掃除所有阻礙個人追求獲利的障礙最終會帶來一個完美的（或至少是最接近完美的）社會」——而且因為這個原因，我們可以不用再嚴肅看待它的虛張聲勢）。正如對其他一度強而有力的競爭者，弗朗索瓦‧李歐塔（François Lyotard）提出的那個問題，「什麼樣的思想可以在一個一般性的……通向普世性解放的過程中讓奧斯威辛集中營消失」，仍舊是個未被回答的問題，並且也將始終如此。約書亞論述的全盛時期已經結束：人們針對一個根據需求量身定做的世界描繪出的所有景象都不太令人愉快，而那些尚未被描繪出來的完全符合需求的世界又**先驗地**被認定為不可信。如今在旅途中的我們，沒有任何對目的地的想法來指引我們前進；我們既不尋找一個良善社會，也不是很確定在所棲居的這個世界中，究竟是什麼讓我們無精打采、急於逃跑。杜拉克的結論「不再有社會救贖……人們對任何做出「偉大社會」宣稱的人——就像詹森總統（Lyndon Baines Johnson）在不過二十年前所做的事——只會一笑置之」，[6] 就完美地捕捉到這個時代的氛圍。

然而，有關進步的現代傳奇——人們的日子可以「過得去（worked out）」、可以比現狀更令人滿意，且一定可以得到改善

——並沒有結束，也不可能很快就落幕。「被打造出來（made）」的生活是現代性唯一認識的生活：現代男女的生活是一則任務，而不是一種給定狀態；它是尚未完成的，並會毫不留情要求人們持續付出更多關心、投入新的努力。若要說有什麼區別的話，那就是在「流動」現代性或「輕盈」資本主義階段，人類境況已經使得那種生活型態變得更為突出了：進步不再是一種暫時措施、一種過渡性質的事務、最終（而且很快）會走向一種完美狀態（也就是一種無論必須要做什麼都已經完成了，不再要求做出其他改變的狀態），而是一種永久且或許永遠不會結束的挑戰及需求，而這正是「好好活下去」這句話的意義。

135　　然而，如果說這種進步觀念的現在化身看起來如此陌生，以致於人們會懷疑是否還存在著進步的觀念，那是因為進步（就像現代生活的許多其他特徵）如今已經被「個體化」了；更切題地說，是已經被**去管制**及**私有化**了。它現在是去管制的了——因為「升級」既有現實的選項是多樣且分歧的，同時也因為某種特殊創新是否確實代表了改善的問題在引進新事物之前及之後都能自由討論，即便在做出選擇後也還是必然存在著爭議性。它也是私有化的——因為改善這件事不再是集體性的事業，而是屬於個體的：無論何種性別的個體都被期待要憑一己之力發揮他們的聰明才智、資源及勤奮精神，讓自己向上提升到一個更令人滿意的狀態，並將他們對現狀感到任何不滿的那些面向拋諸腦後。正如貝克在他令人眼睛為之一亮的當代**風險社會**研究中所說的：

趨勢正朝向生存的個體化形式及境況的出現發展，這迫使人們——為了他們的物質生存——把自己當成是他們生活規劃及生活之道的中心……事實上，人們必須選擇改變他們的社會認同，同時承擔起這樣做的風險……**無論男女，個體自己成了生活世界中的社會再生產單位。** [7]

　　無論是被看作物種命運或是個體的任務，有關進步**可行性**的課題卻仍和去管制及私有化開始前的情況差不多，正如布迪厄對它的闡述：想規劃未來，就必須牢牢抓緊現在。這裡唯一的新意是：現在重要的，是個體要去牢牢抓緊自己的現在。而對許多、也許是大部分的當代人而言，他們對於現在的把握充其量只能說是不穩固的，甚至往往不曾抓住過什麼。我們活在一個普遍皆為彈性的世界，活在尖銳而絲毫看不見希望的**不確定性**（Unsicherheit）下，這一不確定性全面滲透了個體的生活——它以同樣的規模與效力滲透了生計的來源及基於愛情或共同興趣所形成的夥伴關係、滲透了職業及文化認同的範圍、滲透了自我呈現風格及健康與身體良好感覺的模式、滲透了值得追求的價值及追求它們的方式。可以讓信任停靠的安全港極少，彼此間也距離甚遠，大部分時候信任就像一艘沒有下錨、在海上漂流的小船，徒勞地尋找著躲避暴風的港灣。我們從經驗的教訓中學會，即便是最鉅細靡遺、煞費苦心的計畫，也有一種不但搞砸且結果還與預期差距甚遠的麻煩傾向，以致於我們想「有條理地處理事情」的熱切努力卻常常造成更多混亂與困惑，以致於我們為排除偶連性（contingency）與意外事件所花的心思不過是場機會遊戲。

136

科學正如往常習慣的一般，迅速掌握了新的歷史經驗所提供的線索，並透過針對混沌及劇變所提出之科學理論的激增反映這種正在浮現的氛圍。一旦人們受到下列信念所驅使：「上帝不擲骰子」；宇宙的本質是決定論；以及人類的任務就是找出所有宇宙法則，以便人類不再需要在黑暗中摸索、以便人類的行動不會犯錯並能夠永遠切中目標，那麼當代科學就會轉而去承認這世界特殊的非決定論本質、機會所扮演的巨大角色，以及例外性的存在，而不是常態、秩序及均衡。如同慣例，科學家也將他們的科學新知帶回到當初憑直覺發現它們的地方，也就是帶回到人類事務及行動的世界。於是，就像我們在大衛·惠埃勒（David Ruelle）熱門且受當代科學啟發的哲學裡所看到的，「決定論的秩序創造了機會的無秩序」：

> 經濟學論文……給人一種印象是，似乎立法者及負責任的
> 政府官員的角色就是要去找出、並實現一種尤其有利於整
> 個社群的均衡。然而，物理學中有關混沌的例子教導我們，
> 某些動態情境非但不會達到一種均衡，更會引發暫時性的
> 混亂及不可預料的發展。立法者與負責任的官員因此應該
> 正視這種可能性，那就是他們所做的那些本意是為了產生
> 更佳均衡的決策，但造成的反而是劇烈且出乎預料之外的
> 震盪，並可能帶來災難性的後果。8

無論是因為工作眾多優點中的哪一點，讓工作被提升到現代時期最重要價值的等級，它令人驚嘆、簡直可說是魔術般的能力——賦無形以形式、使短暫成永久——在這些優點中仍顯得突出。由於

具有那樣的能力，在征服、駕馭及殖民未來以便能用秩序取代混亂、用可預測（因此也是可控的）事件順序取代偶然性的現代雄心偉業中，工作理所當然地被指派擔任一個重要、甚至可說是決定性的角色。工作被認為具有許多的美德及有益的影響，舉例來說，像是增加財富及消除不幸；但在工作被賦予的每個優點底層，都預設了工作對創造秩序、對由人類主掌自己命運的歷史行動的貢獻。

「工作」因此被理解為做為整體之人性在創造歷史時，其命運及本質所要求參與的一種活動，而不是一種選擇。如此定義的「工作」是一種集體努力，屬於人類群體的每一份子都必須有份於此。而這只會造成一種結果，那就是將工作視為人類的「自然狀態」，而將「沒有工作」視為異常；於是，違反自然狀態就會被指責為造成尚存的貧窮與不幸、匱乏與墮落的元兇；於是無分性別，只要是人，都會依據他們的工作對全人類事業之貢獻的推定價值而被予以分等；於是工作在人類活動中會被賦予首要地位，認為它能夠導向道德的自我完善，以及社會整體倫理水準的提升。

當**不確定性**成為永恆並被視為永恆時，存在於這個世界，與其說感覺像是一條受律則束縛並服從於律則的、邏輯的、一貫的、積累性的行動鏈，不如說更像是一場遊戲；在這場遊戲中，「這裡的世界」是玩家之一，它表現得跟所有玩家一樣，將它的牌緊緊握在自己胸前。正如在任何其他遊戲裡一樣，對未來的規劃往往很短暫也很容易變卦，最多只會規劃到接下來的幾步怎麼走而已。

由於看不見在人類努力之下終極完美狀態的到來，也不相信任

何努力可以絕不出錯，因此，透過漫長、始終如一的目的導向的努力可循序漸進創造出「總體」秩序的想法，也就幾乎毫無意義了。人們對現在的把握越少，就越難在構思中擁抱未來。被標記為「未來」的時間延伸越來越短，做為整體的生命時間跨度則被切成一個個的片段，並以「一次一個片段」的方式加以處理。連續性不再是改善的標誌了。進步一度擁有的積累性、長期性本質正讓位給在每個前後相繼的片段中分別滿足的需求，也就是說每個片段的優點都必須在它結束而下個片段開始前就充分展示出來，並消耗完畢。在由彈性的命令所支配的生活中，生活策略及規畫可以存在，但只會是短期的。

賈克・阿塔利（Jacques Attali）最近指出，現今支配（即便只是隱密地支配）著我們思考有關未來及我們在其中之角色的，是**迷宮**（labyrinth）的意象；迷宮的意象成為我們現階段文明在注視它自身樣貌時所使用的那面主要的鏡子。做為人類境況的預言，迷宮是游牧人群向定居者傳達的一個訊息。數千年過去了，定居者終於獲得了對錯綜復雜的命運提出挑戰的自信與勇氣。阿塔利指出，「在所有歐洲語言中，迷宮一詞成了人為的複雜性、無用的晦澀、扭曲的體制、盤根錯節無法參透的同義詞。『清明（clarity）』一詞則成了邏輯的同義詞。」

定居者開始讓圍牆變得可以穿越，將曲折迂迴的通道修建為標示清楚的筆直通道，走廊也有了良好的照明。他們製作了指南書和清楚明白的指示，告訴未來的漫遊者哪裡該轉彎、哪裡不該轉彎。

他們做的這一切只是為了在最後發現迷宮仍文風不動待在原地；如果說迷宮跟過去有什麼不同，那就是由於縱橫交錯的腳印造成難以解讀的困惑、由於指令間彼此矛盾、由於在已經廢棄的通道上持續增建新的曲折路徑、在已經誤闖的死路上持續增建新的死路，迷宮已變得更加危險重重、更加令人困惑。定居者已經成了「非自願的游牧人」，他們很晚才回憶起踏上這趟歷史旅程的起點時曾經收到過的那個訊息，並絕望地試著想復原早已被遺忘的內容——他們料定這些內容必然帶有「他們未來所需的智慧」。再一次地，迷宮成了人類境況的主要意象，而它意味著「這是一個難以理解的所在，這裡的路徑設計不遵循任何法則。運氣與意外發現主宰了整個迷宮，而這又標誌著純粹理性的潰敗。」[9]

在毫不妥協的迷宮世界，就像人類生活的其餘面向般，人類勞動被分割為自我封閉的一個個片段。而就像所有人類可能從事的其他行動的情形一樣，讓行動的進行符合行動者規劃的這個目標是難以達成、也或者是不可實現的。工作這艘小船從建立秩序及控制未來的宇宙，慢慢地向遊戲的領域漂移；工作的行為變得更像是遊戲玩家的策略，他們適度為自己訂下頂多只向前一兩步就能實現的短期目標。重要的是每一步所產生的立即效果，必須是適合當場就消耗掉的那種效果。人們懷疑這世界充滿了太過遙遠的橋樑，那種人們在遇到之前不會想去跨越的橋樑，而人們也不可能很快就遇到橋樑。每個障礙都必須在遇到它的時候就被交涉掉；而生活是由一系列的片段所組成，每個片段必須分別計算考量，因為每個片段都有它自身的損益平衡。在行走過程中，生活的道路不會越走越直，在

139

某個轉角轉彎也並不保證未來的每次轉彎都是正確的。

工作的性質於是改變了。工作變得通常是一次性的行為：**一個善於利用手邊現成的東西幹活的人**，一個能巧手變出許多東西的人，他工作的目的只是湊合利用手邊的東西，因此他的行動也受到手頭上的東西所啟發與侷限，他的工作受事物形塑的成分大過於形塑事物的成分，工作是追逐機會的結果更甚於是計畫及設計的產物。它和知名的電子鼴鼠有著不可思議的相似性──電子鼴鼠知道如何四處移動尋找可以插入的電子插座，以便再次充滿在四處移動尋找可以插入的電子插座的過程中耗盡的電力，因此四處移動尋找可以插入的電子插座，以便再次充滿……

也許「隨意修補（tinkering）」這個詞會更適合掌握已經改變的工作本質，畢竟工作與人類普遍共同使命的鴻圖大業，以及同樣偉大的個人一生志業規畫，已經毫不相干了。褪去了它末世論的外在裝飾、切斷了它形上學的根源，工作已然失去了它曾在支配固態現代性及沉重資本主義的價值體系中占據的核心地位。工作不再提供一個穩固的軸心，讓人們可以環繞著它建立並固定自我的定義、認同及生活方案。它無法輕易被設想為社會的倫理基礎，或是個人生活的道德主軸。

相反地，工作已經──和其他生活活動一起──取得了一種主要為美學上的意義。工作被期待本身單獨就具有令人滿足的價值，它的價值不需要透過一個人為人類同胞的集體利益、為國家民族的權勢，更別說是為未來世代的幸福所作出的真實或推定貢獻，來加

以衡量。只有為數極少的人——並且只有少數時候——才能夠指著他們所進行的工作具有的重要性及共同利益,主張自己有資格擁有這樣的特權、名望與尊敬。工作幾乎從來不被期望能為從事工作的人帶來尊榮、使他們成為「更好的人」,也幾乎很少因為這個原因而得到欽佩與讚賞。相反地,人們只根據工作帶來的愉快及樂趣的能力來衡量並評價它。而這時,與其說工作滿足的是生產者與創造者的普羅米修斯式志業,不如說它滿足的是消費者、感官興奮的追求者,以及經驗的搜集者的美學需求與渴望。

勞動(labour)的興衰起落

一七七六年,《牛津英語詞典》首次記載了勞動這一英文用語,意義為「導向社群物質需求之滿足的體力運用」。一個世紀後,勞動開始含有參與生產的「體力勞動者及技術工人之總稱」的附加意涵;在那之後不久,勞動也開始意味著工會及其他集體,它們連結、鞏固這兩個意義,並將其打造為政治課題及政治力量的工具。這個用語引人注目的是,它清楚地將「勞動三位一體」的結構帶入我們的眼簾,也就是工作被賦予的重要性、那些因工作而成為一個階級的人的自我建構,和以那個自我建構為基礎的政治,三者之間的緊密連結(確實,語意上的聚合是連結到對命運的認同的)——換言之,它是將艱苦的體力勞動做為財富及社會福祉主要來源,以及勞工運動的自我主張,兩者之間的連結。這兩者興衰與共。

大部分的經濟史學者都同意(舉例來說,請參見保羅·貝侯克

〔Paul Bairoch〕對經濟史學者們發現的近期彙整 [10]），若從財富及收入水準來考量，力量處於高峰期的文明之間幾乎沒什麼區別，也就是說，一世紀的羅馬帝國、十七世紀的中國、七世紀的印度，這些文明的富裕程度與工業革命之交的歐洲並無太大差異。根據一些估計數字，十八世紀西歐的平均每人所得，最多不會超過當時印度、非洲或中國平均每人所得百分之三十。然而，才不過一個多世紀，這兩者之間的比率就已經令人不敢置信了。到了一八七〇年，經過工業化洗禮的歐洲，平均每人所得已經比世界上最窮困國家高出了十一倍。而接下來一個世紀左右的時間裡，這個差距又成長了五倍，並在一九九五年達到五十倍之多。正如巴黎大學經濟學家高鴻所指出的，「我敢說，國家之間不平等現象的起源是來自於最近；它是近兩個世紀的產物。」[11] 同樣地，勞動做為財富來源的想法，以及誕生自此假設並受其指導的政治也是如此。

而新的全球性不平等，以及隨之而來的新的自信和優越感，其引人注目及史無前例的程度同樣突出。因此，要從知識上對它們加以掌握及吸收，就需要新的觀念及認知框架。新誕生的政治經濟學提供了這類新觀念及認知框架，它開始取代重農主義和重商主義的觀點，這些觀點伴隨著歐洲一路走向它歷史的現代時期，直到工業革命的起點。

人們可能會說，這些觀念是在蘇格蘭首先提出的，這一點「毫不意外」，因為蘇格蘭既在工業巨變的主流之內又在其外，同時捲入、又超然於這個巨變，在生理及心理上都很接近那個即將成為正

在出現的工業秩序中心的國家，卻又有一段時間相對地不受它在經濟及文化方面的影響。一般而言，當某一個趨勢已經在「中心」全面展開時，在那些暫時被歸類為「邊緣」的地方，它們往往會以最快的速度被看見，並以最清晰的方式被表達出來。生活在文明中新的外圍，意味著距離近得足以看清事情，同時也遠得足以將這些事情「客體化」，並將這些感受與認識捏塑、濃縮為概念。也因此「工作致富，勞動是財富的首要，也許是唯一來源」這樣的福音會從蘇格蘭傳來，就並非「只是個巧合而已」。

博蘭尼在多年後為馬克思的洞見賦予了新的時代意義，正如他指出的，催生新工業秩序之「鉅變」的起點，是勞動者與他們生計來源的分離。那個重大事件只是更全面性背離的一部分而已，也就是說，生產與交換不再與一種更普遍、實際上無所不包且無法分割的生活方式密不可分，於是勞動（和土地及金錢一起）僅被視為商品、並以商品方式被對待的條件，就這樣被創造了出來。[12] 我們也許會說，這種新出現的分離同樣也讓勞動能力和它的持有者能夠自由移動和被移動，並因此能被用於不同的（「更好」，也就是更有用處或利潤更高）用途，被重新結合，或成為其他（「更好，也就是更有用處或利潤更高）配置的一部分。生產活動與生活中其他追求的分離允許「體力及心力的運用」凝結成一種具有自身獨特性的現象——一種可以像對待所有東西般對待的「東西」——也就是說，它是可以被「操縱」、移動、與其他東西結合或分離的東西。142

若不是因為這種分離的出現，勞動在心理上與它「自然」歸屬

的「總體（totality）」分離，並被濃縮成一種獨立自足之物件的想法，就不大有機會存在了。在前工業時代的財富觀念裡，「土地」就是這樣的一種總體——它包括了那些在土地上耕種收割的人們。新的工業秩序及概念網絡允許人們宣告一種獨特的——工業的——社會的來臨，這樣的工業秩序及概念網絡首先誕生於英國；英國跟它的歐洲鄰居與眾不同，因為它摧毀了它的農民，也隨之埋葬了土地與人類的辛苦勞動及財富之間的自然連結。土地的耕種者必須先被迫成為四處漂泊、「沒有主人」的無業遊民，然後才能被視為「現成的」勞動力的移動容器或載體；而這樣的勞動力才能被稱為具有自身獨特性的潛在「財富泉源」。

　　勞動者無所事事、漂泊不定的新現象，對那些在同時代見證者中更具反思傾向的人而言，似乎是種勞動的解放——在人類能力整體上從惱人且使人變得愚蠢的偏狹束縛、習性力量及世代承襲的惰性中解放的這個令人振奮的轟動事件中，它是不可或缺的一部分。但勞動從它「自然的制約」中解放，並沒有讓勞動長期處於自由流動、無所羈絆或「無主」的狀態，也幾乎不會讓勞動變得自主、自決，能夠自由決定，並按照自己的方式行動。勞動在它被解放出來之前，是屬自我再製的「傳統生活方式」的一部分，但這種生活方式已經瓦解、不再可行，並已被另一種秩序取代；然而這一次，是一種「預先設計好」的秩序、一種「既建」的秩序、不再是命運無目的的漫步及歷史重大錯誤逐漸積澱而來的結果，而是理性思考及行動的產物。一旦勞動是財富泉源的這件事被人們發現，那麼比以往任何時候都更有效率地開採、榨取並利用這個泉源，就成了理性

的任務。

一些受新的狂烈的現代精神深刻影響的評論家（馬克思是其中最突出的一個）認為，舊秩序的消亡主要是蓄意摧毀造成的結果，也就是由傾向「瓦解堅固不變事物及褻瀆神聖事物」的資本放置的炸彈所引起的爆炸。至於其他人，例如托克維爾，則抱持著更多的懷疑以及減少了許多的熱情，他認為舊秩序的消亡是內爆所造成，而不是外力引爆：當回顧過去時，他們在**舊秩序**（ancien résgime）的核心看見了種下覆滅的種子（透過後見之明來發現或猜測到這種事情，總是比較容易些），並將新主子們的鼓譟不安、得意忘形基本上視為是一種鞭屍的行為，或認為他們只不過是用更多的精力及決心追求著一種自我同一的奇蹟療法；早在許久之前，舊秩序為了避免或至少延遲自己的滅亡，就已經懷著絕望的心情嘗試過那些奇蹟療法了，但卻徒勞無功。然而，針對這個新秩序的願景及其統治者的意圖，人們卻少有爭論：當時已無法發揮功能的舊秩序被新的取代，相較於前者，這個新的秩序比較不那麼脆弱，也更為可行。新的固定不變事物即將被構想及建立起來，以便填補舊秩序瓦解後留下的空位。曾經漂浮不定的事物就要重新拋錨，而且比以前更加穩固。用現在的流行語來表達這個相同的意圖，那就是曾經被「拆除」掉的事物，遲早都需要被「重新嵌入」。

破壞舊的地方性／社群性紐帶、向習以為常的做法和習慣法宣戰、將**中介性權威**（les pouvoirs intermédiaires）徹底粉碎──所有這一切所造成的結果，就是讓這個「新的開始」陷入一種令人陶

醉的狂熱狀態。「瓦解堅固不變事物」感覺就像是去熔化鐵塊來打造銅牆鐵壁似的。如今處於流動狀態的被瓦解的現實似乎已準備好要再次接受引導，被倒入新的鑄模當中並賦予形狀了，而那是如果允許它們在自己沖刷出的河床上流動的話，絕不可能獲得的形狀。無論多麼野心勃勃，似乎都沒有任何目標可以超出人類思考、發現、發明、計畫及行動的能力極限。假如即將到來的幸福社會——由幸福人民組成的社會——還沒真的來臨，那麼在思想家的藍圖上，它的來臨也已經不遠了，而這些思想者所勾繪的幸福社會願景在行動者的辦公室及指揮所中得到了具體實現。思想者及行動者這一類的人奉獻自己的勞動，目標是為了建立一個新的秩序。新發現的自由被運用在建立未來整齊劃一的慣例。沒有任何事物可以繼續維持自己反覆無常、變化莫測的行徑，意外及偶連性都是不被容許的；只要可以改善它的形狀、讓它變得更有用或更有效，就沒有任何事物可以維持它現有的樣貌。

在這個新秩序中，所有現在鬆散開來的部分都會被再次紮緊，在過去的災禍中被拋棄、沉入海底的事物，那些遭遇到船難、被放逐到孤島，或是仍在海上漂流的人，都將重新著陸、定居並固著在它們的正確位置上，而這樣的新秩序會是以鋼筋水泥打造的厚重巨大而堅實的秩序；也就是說，它會永遠存續下去。大就是美，大就是理性；「大」代表了力量、野心及勇氣。這個新工業秩序的建設基地，到處散布著獻給那種力量及野心的紀念碑，無論這些紀念碑是不是不可摧毀的，可以肯定的是，它們被建造成看起來像是不可摧毀的樣子：就像在每個房間都設置了笨重機械及大批機械操作員

的巨型工廠；或是運河、橋樑和鐵道構成的稠密網絡，其間巍然聳立的火車站是重要的妝點，是為了仿效崇拜永恆以及朝拜者的永恆榮耀所豎立的古代神廟。

那個宣稱「歷史是鬼扯」、「我們不想要傳統」，說「我們想活在現在，唯一值得一個粗工認真的歷史就是我們今天創造出的歷史」的亨利‧福特，有天將他工人的薪資增加了一倍，他的解釋是他希望他的員工能買他的車。那當然是個言不由衷的解釋：福特的工人買下的汽車在福特汽車整體銷售量中微不足道，而薪資的倍增卻嚴重增加了福特的生產成本。這個標新立異作法的真正原因是，福特希望遏止高得惱人的勞動流動率。他希望一勞永逸地把他的員工綁在福特企業，讓投資在員工訓練和培訓上的花費能在他員工的工作生涯期間持續為他賺進大把大把的鈔票。為了達到這樣的效果，他必須阻止他的工人流動，讓他們待在更適合他們待的地方，直到他們的勞動能力被完全消耗殆盡。他必須讓工人依賴**他的**工廠的雇用並將他們的勞動賣給**工廠的**擁有者，就像他自己依賴於雇用他們並使用他們的勞動力以獲取財富和權力一樣。福特提高嗓門表達了那些其他人也有、卻只能低聲說出來的想法；或者，毋寧說，他的想法說出了那些處在同樣困境中的人們所感覺到、卻無法用這麼多的話表達出來的心聲。借用福特的大名來代表固態現代性或沉重資本主義典型的意圖和實踐的普遍模式，是恰如其分的。一個新而理性秩序的福特模式為他的時代的普遍傾向立下了標準：而它是那個時代所有或大部分其他企業家努力奮鬥的目標——儘管成敗參半。這個理想是將資本與勞動綁在一起成為聯盟——就像一樁天作

之合的婚事——不允許任何人力拆散它們，也沒有任何人力敢這麼
做。

　　的確，固態現代性也是沉重資本主義的時代——是資本與勞動
聯姻的時代，這個婚約因為**它們的相互依賴性**而得到強化。為了生
計，工人們依賴於被雇用；為了它的再生產與成長，資本依賴於雇
用他們。它們有個固定碰面的老地方；沒有任何一方能夠輕易移動
到別處——工廠厚實高大的四面牆封閉了一切出路，將這對佳偶囚
禁在同一座監獄裡。資本與工人終究結合了；無論貧病富貴，它們
休戚與共，至死方休。工廠是它們共同的棲息之所——同時也是壕
溝戰戰場、希望與夢想的天然家園。

　　讓資本與勞動面對彼此並將它們綁在一起的，是買與賣的交
易。也因此，為了繼續存在下去，每一方都必須讓自己保持在一種
適合交易的良好狀態：資本的所有者必須能夠繼續購買勞動，而勞
動的所有者則必須維持在警覺、健康、強壯的狀態，否則就要具備
足夠的吸引力，以免趕跑了可能的買家；所以，他們不會向買家收
取為了保持這種狀態所需的全部花費。在讓另一方維持良好狀態這
點上，每一方都有其「既得利益」。難怪資本與勞動的「再商品化」
已成為政治及最高政治機構——國家——的首要功能及關注焦點。
國家務必得保證資本家的狀態足以買進勞動並負擔它當時的價格。
失業者完全是真正意義上的「產業後備軍」，因此在任何情況下都
必須保持在隨時準備好的狀態，因為說不定他們會被召回成為現役
軍。福利國家就是致力於完成此一任務的國家，也因此它是真正地

「超越左與右」，也是個支柱；如果沒有它，資本或勞動都無法健健康康的存在下去，更別說是持續成長了。

有些人將福利國家視為一種權宜之計：一旦為對抗厄運而成立的集體性保險讓被保險人有足夠的膽量與資源去充分開發自己的潛能，並逐漸累積起承擔風險的勇氣——也就是說，因此讓他們「靠自己的力量站穩」時——福利國家就功成身退了。抱持著更多懷疑精神的觀察家則視福利國家為一種以集體方式籌措資金，並進行管理的公共衛生措施——只要資本主義企業仍持續製造出它既無意願也無資源去加以回收利用的社會廢棄物（回收，那是很長的一段時間後的事情了），它就必須負責進行清潔及治療的善後工作。然而，人們還是有一個普遍的共識，那就是福利國家是個精巧的設計，目的是為了對付畢常事物，避免偏離常軌；若偏離常軌的事情還是發生了，那就不讓破壞規範的結果擴散出去。規範幾乎鮮少受到質疑，規範本身就是資本與勞動直接、面對面的相互承諾，並在這樣一個承諾框架中解決所有重要卻惱人的社會課題。

無論是誰，第一份工作就是在福特的工廠擔任見習生的年輕人，可以相當肯定他也將在同一個地方結束自己的工作生涯。沉重資本主義的時間展望是長期的。對工人而言，時間展望是由他們在這間公司中的終生僱用前景所決定的；儘管它可能會滅亡也可能不會，但無論如何，這家公司的壽命都遠超過他們的人生。而對資本家而言，應該超越任何單一家族成員的壽命而延續下去的「家族財富」，和他們所繼承、興建或是想要添作傳家寶的工廠，是同一個意思。

一言以蔽之：「長期」的心態就相當於從經驗而來的期待，而那個經驗有力地、一再地證實了這樣的期待，因此購買勞動的人以及販賣勞動的人，他們各自的命運在一段相當長的時間內——實際上就是永遠——會緊密交織且密不可分。因此，找出一種可堪忍受的共同生活模式，就像居住在同一住宅區的屋主之間協商出能平等和睦相處的規則一樣，是「符合每個人利益」的事。那個經驗得花上幾十年，也許是上百年才能確立下來。要經過折磨人的長期「固化（solidification）」過程，它才會形成。正如桑內特在他最近的研究中所指出的，一直要到第二次世界大戰後，至少是在最先進的經濟體中，資本主義最初的無秩序狀態才開始被「強大的工會、福利國家的保障以及大型企業」所取代，這些事物的結合產生了一個「相對穩定的」年代。[13]

　　毫無疑問的是，令人質疑的「相對穩定」年代也是不斷衝突的基礎。事實上，它讓衝突成為可能；而路易斯・寇瑟（Lewis Coser）在他的時代即已敏銳地觀察到，在自相矛盾的意義上，它還讓衝突具有了功能性：無論是好是壞，這一對敵手都因為相互依賴性而被緊緊綁在一起。正是因為沒有一方能夠獨自成事，且雙方都明白他們必須靠著找到彼此能接受的解決辦法才能持續存活，對抗、力量的測試以及隨後的討價還價於是強化了這對衝突的伴侶的結合。只要這種結合的關係被認為會持續下去，那個和睦共存的規則就會是激烈協商的焦點；這些協商某些時候是惡言相向、對抗及攤牌，其他時候則是停戰與妥協。工會將個體勞工的無能為力重新打造為集體議價的力量，它們除了斷斷續續地將使人失去行動能力

的規則重新制定成保障勞工權利的規則外，還將這些規則了變成對雇主決策自由的限制。只要這樣的相互依賴性持續存在，即便是被趕進早期資本主義工廠中的工匠們極為厭惡（並且引起他們反抗，E・P・湯普森對此有過生動的描繪）的非人性時間表，還有後來以腓德烈克・泰勒（Federic Taylor）惡名昭彰的時間測量法形式出現的「更新、更好」版本，用桑內特的話說，就都是「為了巨型工業組織的增長而在管理上採取的壓迫與支配措施」，「已經成為一個工人可以主張自己需求的競技場，一個賦權的競技場」。桑內特下了一個結論：「例行作業可以使人失去尊嚴，也可以保護人；例行作業可以分解勞動，也可以組成生命。」[14]

這樣的情形現在已經改變，而且這種多面向的變化的關鍵要素是取代了「長期心態」的新的短期心態。「至死方休」的婚姻已徹底過時，成為一種稀有現象：沒有任何一方希望能長期陪伴在彼此身旁。根據最新統計，一個中等教育程度的美國年輕人，在他或她的工作生涯中預期至少會換十一次工作——而且在現在這一代的工作壽命結束之前，這個變化的速度與頻率幾乎肯定還會持續增加。「彈性」成了今天的口號，當這個口號運用到勞動市場時，就預示了「我們所知的工作」的終結，同時宣告了短期契約、滾進式契約（rolling contract）或無契約工作的來臨，除了「等候進一步通知」的條款外，工作職位沒有任何固有的保障。工作生涯充滿著不確定性。

從結婚到共同生活

肯定有人反駁，說這種情況實在沒什麼特別的新意：因為時間太過久遠，工作遂充滿了不確定性。然而，現今的不確定性是種全然嶄新的不確定性。那種可能會對人們的生計及其前景造成破壞的可怕災難，不是透過加入群眾團結起來、對要採取的措施進行辯論、取得共識和執行，就可以擊退、或至少透過對抗使它緩和下來的。最令人恐懼的災難如今是隨機發生的，它們挑選受害者的邏輯極其怪異，或者說根本沒有邏輯可循；它們任意出擊，因此無法預測誰會成為厄運的俘虜，誰又能僥倖生還。現今的不確定性是一股強大的**個體化**力量。它製造的是分裂而非團結，而且由於沒人知道誰會在明天醒來、醒來後會屬於哪個陣營，於是「共同利益」的觀念變得越來越曖昧不明，也失去了所有實用價值。

當代的恐懼、焦慮與憤憤不平，都必須由個人獨自體嘗。它們不會聚集起來累積成某種「共同事業」，它們沒什麼特殊、更別說是顯而易見的奮鬥目標。這讓團結一致的立場失去了過去做為理性策略的地位，並暗示了一種生活策略，它和導致工人階級建立防禦性及戰鬥性組織的那種生活策略有極大的不同。當和已被當今變化的就業情勢所打擊、或是害怕會遭受打擊的人們談話時，布迪厄一再聽到這樣的一句話：「面對著尤其受到工作去管制及臨時性就業之發展所青睞的新剝削形式，傳統形式的工會主義運動已經不合時宜了。」布迪厄得到的結論是近期的形勢變化「已經破壞了過去的團結基礎」，而其所導致的「夢想破滅，與戰鬥精神及政治參與的

死亡是息息相關的」。[15]

　　一旦勞動就業成了短暫且朝不保夕的事，不僅被剝奪掉穩妥的（更別說是得到保障的）前景，更因此變得變化無常時，一旦與升遷及資遣遊戲相關的所有規則都被扔到一旁，或是往往早在遊戲結束前就已變更時，對彼此的忠誠與承諾也就很難有什麼機會生根發芽了。不像在長期相互依賴性還存在的那個時代，現在幾乎沒有什麼激勵因素會讓人們對無論如何必然曇花一現的共同事業及相關安排產生濃厚興趣了。就業的地方就像個露營地，人們不過在此停留個幾天，若應該提供的服務沒有提供或令人不盡滿意，許多人就會隨時一走了之，而不像住在一個共同的住所那樣不厭其煩、耐心地制定出可接受的共同生活規則。馬克‧葛雷諾維特（Mark Granovetter）指出我們的時代是「弱連結（weak tie）」的時代，桑內特則說「對人們來說，短暫的連結形式比長期的關係更有用處」。[16]

　　今天這種「液化」、「流動」、鬆散、分散、去管制的現代性也許並未預示離婚和最終的溝通破裂，但它卻預示了輕盈、自由流動的資本主義的降臨；它標誌的是資本及勞動之間**婚姻關係的解除**，和連結它們的紐帶的鬆弛。人們可能會說，這場命中注定的分手重複了從結婚走向共同生活的過程及其所有必然出現的態度和策略性結果，包括對共同生活暫時性的假定以及另一個假定：一旦連結的必要性和需求消失，就可能隨時因任何理由而破裂的可能性。如果在一起是一件**相互**同意、**彼此**互賴的事情，那分手就是**片面的**決定：

這個配對的一方獲得了它一直祕密渴望但從未認真表露過的自主性。透過它過去做夢都想不到的新的移動自由，資本切斷了它對勞動的依賴性，達到了從前「不在地主」從未真正達到的程度。資本的再生產、成長、獲利、分紅以及股東的滿意度都已相當程度地獨立出來，不再依賴於和勞動的任何特殊在地約定的持續存在了。

當然了，這還不是完全的獨立，資本也還沒像它所希望並盡全力想成為的那樣靈活善變。在大多數的計算中，地域（在地）的因素還是需要考慮進去，而地方政府的「滋擾權利（nuisance power）仍持續對資本的自由移動設下惱人的限制。但是資本已經變得前所未有的不受地域限制，它輕盈自在、無牽無掛、不受羈絆，而且在大部分情況下，它所獲得的空間移動能力已經足以要脅受地域限制的政治機構屈從於它的要求。切斷在地紐帶並移到其他地方的這種威脅（甚至沒有公開表露而只是猜測而已），是任何一個負責任的政府為了自己和選民利益都必須嚴肅對待的事，它會努力讓它的政策服膺於防止資本撤資的最高目標。

今天，在史無前例的程度上，政策已經成了資本移動速度與在地權力「降低其速度」的能力之間的一場拔河比賽；而更常覺得自己正在打一場贏不了的戰爭的，是地方政府。一個致力於增進選民福祉的政府沒有什麼選擇；它不能強迫，只能用乞求或半哄半騙的方式讓資本進來，而且一旦進來了就要興建高聳的辦公大樓給它們，不能讓它們待在計日付費的旅館房間。若要做到或企圖要做到這件事，（用自由貿易年代常聽到政治術語來說）就要「為自由企

業創造更好的條件」，這就意味著讓政治遊戲去適應「自由企業」的規則——也就是說運用所有政府可支配的規範管制力量進行去管制、取消或廢棄現行「限制企業經營的」法律和規章，這樣才能讓政府絕不會將規範管制權力用於限制資本自由的誓言變得具有公信力和說服力；政府要避免可能造成此一印象的任何動作：由政府進行政治管理的這塊領土，無論在資本的運用、期望或未來的事業上，對思維和行動以全球為考量的資本都不抱持著友好態度，或比管理隔壁領土的政府的態度更不友好。實踐上，所有這一切都意味著低稅負、意味著更少或沒有規則，以及（最重要的）意味著「彈性的勞動市場」。更一般地說，就是意味著溫馴的人民，他們沒有能力或意願對資本可能做出的任何決定進行有組織的抗爭。弔詭的是，政府只能夠藉著說服資本不做合理懷疑的相信它能自由外移——只要臨時通知　聲或是連通知都不必——才有希望留住資本。

資本已經擺脫了笨重巨大的機器和工廠的負累，它現在只要帶著一個裝了公事包、筆記型電腦和行動電話的行李箱即可輕裝上路。這種靈活善變性也使得所有的約定、尤其是穩定的約定顯得多餘而不智：如果資本許下承諾，它的行動就會受到束縛，並損害到資本渴望擁有的競爭力，讓它無法擁有那些可能增加生產力的**假定存在的**（a priori）選項。世界各地的股票交易所和董事會都會迫不及待地獎勵包括「企業瘦身」、「裁員」、「業務分出」等所有朝向解除承諾的「正確方向」的步驟，並同樣迅速地懲罰那些擴張編制、增加僱用的消息，以及因為陷入高昂的長期計畫泥潭而無法自拔的公司。魔術般的「脫逃術」技巧、刪節及迴避策略，以及必要

時可輕鬆落跑的能力，都是新的不約定、不承諾政策的核心，如今已經成為管理智慧和成功的標誌。正如柯齊耶許久前指出的，擺脫讓人無法自由採取策略的累贅連帶、麻煩承諾及依賴關係，一直都是人們偏愛且有效的支配武器。但在現代史上，今日在武器的供應以及使用武器的能力上似乎出現了比過去更加分配不均的情形。移動速度在今日成了社會分層以及支配之階層制度的主要、也許是最重要的因素。

利潤的主要來源——尤其是龐大的利潤，因此也是明天資本的來源——往往是觀念而不是物質實體，而且情況正日益如此。觀念只需生產一次，接著就可以根據被吸引的人們，也就是買家／顧客／消費者的數量持續帶進財富，而不需依靠被雇用及參與了原型複製過程的人數。當事情與讓觀念得以獲利有關時，競爭的對象就是消費者，而不是生產者。也難怪今天資本的交往對象主要是消費者了。只有在這個領域，人們才能明智地談論「相互依賴性」。資本為了它的競爭力、效力和獲利能力而依賴消費者——其旅行路線是受消費者的存在與否所引導，或受產生消費者的機會、以及形成並增強對資本所販賣觀念之需求的機會所引導。在資本移動及促進資本與地方脫鉤的計畫中，勞動人口的存在只是一個次要的考慮因素。其結果是在地勞動人口對資本的「控制力」（更一般地說，是在受雇及可以獲得工作條件下的控制力）大幅地減少了。

羅伯特・里奇（Robert Reich）[17] 認為，現在參與經濟活動的人大致可以粗分為四種類型。「象徵操弄者」是那些發明觀念以及

讓觀念變得值得擁有、可以進行銷售的人，他們是第一類。而參與勞動再生產的人（教育者或福利國家的各種公務人員）則屬於第二類。第三類是由受僱於必須與接受服務者進行面對面接觸之「個人服務業」（也就是被約翰·歐尼爾〔John O'Neill〕歸類為「肌膚交易（skin trade）」的那種職業）的人所組成；產品銷售員以及生產對產品之欲望的人，構成了這一類型中的大多數。

最後的第四類，則包括了那些在過去一個半世紀以來形成勞工運動之「社會底層（social substratum）」人士。用里奇的話來說，他們是「例行作業勞工（routine labourer）」，他們被綁在生產線或（在更加新型的工廠內）像是結算台的電腦網絡及電子自動控制裝置前。今天，他們往往成為整個經濟體系中最具消耗性、最可拋棄、最可替換的部分。在他們的工作要求條件清單上既無特殊技能，也沒有與顧客進行社會互動的技巧——也因此他們是最容易被取代的；他們幾乎沒有什麼可以讓雇主不計一切代價想留住他們的特別之處；如果有，也只是殘餘、可以忽視的討價還價的力量。他們知道自己可以用完即丟，所以他們看不出對自己的工作有什麼情感或承諾，或與同事維持長久交往關係有什麼意義。為了避免即將到來的挫折，他們小心翼翼地不對自己工作的地方產生忠誠心，或是將自己的生活目標寄放在它所計劃的未來之中。這是對勞動市場「彈性化」的自然反應；當出現在個體生活經驗時就意味著，人們最不可能學會與他們現在從事的工作連結起來的，就是長期的安全感。

正如桑內特在幾十年後再次造訪美國紐約的一家麵包店時所發現的，「在三番兩次以裁員來增加利潤之後，工人的士氣和動機急遽下滑。倖存下來的工人只等著下一道斧頭砍到自己身上，而不為他們在競爭中贏過了那些被解僱的人而歡欣鼓舞。」他還加上另一個讓工人降低「對自己工作及職場的興趣，不再盼望將思想與精神能量投注在工作和職場未來」的理由：

153

> 在從雕刻到上菜的所有工作形式中，人們都會和對他們形成挑戰的困難任務產生認同。但在這個彈性的職場，說著各種語言的工人不規律地來來去去，每天都有截然不同的命令進來，機器是命令的唯一真正標準，所以必須對每個人都很容易、無論誰都能操縱它才行。在一個彈性的體制裡，困難是會產生反效果的。由於某種可怕的弔詭，當我們在減少困難和阻力時，卻恰恰為使用者這方缺乏批判性而冷漠的活動創造了條件。[18]

在這個新社會分工的另一級，也就是在輕盈資本主義的權利金字塔頂峰，則繞行著那些空間對他們而言幾乎沒有任何意義的一群人，他們在自己身體會現身的任何地方總顯得格格不入。他們就像這個新資本主義經濟般輕盈而靈活善變，這個新經濟催生了他們並賦予他們權力。正如賈克・阿塔利（Jaques Attali）對他們的形容：「他們沒有工廠、土地，也沒有管理職位。他們的財富來自於一種輕便可攜的資產：對這座迷宮的法則的認識。他們「喜歡創造、玩耍，喜歡處在變動之中」。他們生活在一個價值靈活多變、不憂慮

未來、以自我為中心而且享樂主義」的社會。他們「把創新當成好消息，視危疑不定為一種價值，將動盪不安奉為無上命令，更以雜揉為豐富」。[19] 雖然程度不一，但他們全都精通「迷宮式生活」的藝術：他們接受自己的迷失方向，儘管帶著暈眩與茫然，儘管對他們所踏上的旅途無論是方向或持續時間都一無所知，但他們隨時準備好生活在時間與空間以外。

幾個月前，我和妻子在一間機場酒吧裡等候轉機。我們的隔壁桌坐著兩個年近三十或三十出頭的年輕男人，手裡都拿著行動電話。在大約一個半小時的候機時間裡，他們沒有交換過隻字片語，雖然他們從頭到尾沒有停止過說話——他們的交談對象是電話另一頭看不見的某個人。這並不表示他們忘記了彼此的存在。事實上，正是因為意識到彼此的存在才激起他們的行動。他們被捲入一場競爭中，這場競爭就跟一場真正的競爭一樣激烈、狂野、令人興奮不已。只要任何一方在另一個人仍在說話時先結束這場手機交談，那個人就會焦躁地尋找著另一個可以撥打的手機號碼；很明顯地，聯絡次數、「保持聯絡」的程度、讓他們成為節點的各自的人際網絡密度、可隨心所欲連結的其他節點的數量，這一切對這兩個人來說都有著完全的、也許是最高的重要性：它們是社會地位、職位、權力及名望的指標。兩個男人都把那一個半小時花在相對於機場酒吧的外在空間。當他們兩人要搭的飛機宣布即將起飛時，他們同步做了一個相同的手勢，並同時關上自己的公事包，手機仍緊貼在耳朵上，然後就離開了。我敢說他們幾乎沒注意到我和我的妻子就坐在兩英碼外的地方，看著他們的一舉一動。對他們的**生活世界**

（*Lebenswelt*）來說，他們（根據李維史陀所批評的正統人類學家的模式來說）的身體雖在我們咫尺之內，精神上卻遠離我們，而且是無限的遙遠。

史里夫特在他探討被其稱為「軟性（soft）」資本主義[20]的一篇傑出論文中指出詞彙與認知框架出現的顯著變化，這些詞彙與認知框架標誌了新出現的全球性及不受管轄的菁英。為了傳達自己行動的主旨，他們使用「舞蹈」或「衝浪」隱喻；他們談論的不再是「工程」，而是文化和網絡、團隊與聯盟；不再是控制、領導特質及管理，而是影響力。他們關心的是更鬆散的組織形式，這樣的組織形式幾乎能隨時組織、解散或重新裝配起來：正是這樣一種組織的流動裝配形式符合了他們對周遭世界的看法：「多重、複雜、快速變動，因此也『曖昧』、『模糊不清』、『有可塑性』」、「不確定、弔詭，甚至混亂」。今天的商業組織具有一種刻意建立的去組織化成分：組織越不堅實越好、越容易流動越好。就像世界上的其他一切事物，所有的知識都不得不迅速過時，因此如今被視為是效率和生產力之箴言的，是「拒絕接受既定的知識」、拒絕追隨前人或先例，以及拒絕認可從經驗累積中得到的教訓。

我在機場看到的那兩個拿著手機的年輕男人，可能就是那種（真正的或有志於此的）嶄新且為數不多的網路空間居民的標準樣品，他們靠著塵世中一切事物的不確定性和不穩定性而繁榮興旺，但支配者的風格往往也會變成支配性的風格——如果不是透過提供一個有吸引力的選擇來達成這個目標，那麼無論如何也會透過強加

一組生活設定來達成，讓人既渴望模仿它的同時也必須模仿它，也就是變成一種關乎自我滿足也關乎生存的事情。很少有人會把時間花在機場酒吧，更少人會覺得那裡是個能夠自在地做自己的地方，或者至少在那裡受地域束縛的程度可以小到感覺不到被壓迫，或者不被那個地方的單調無聊和周遭人們的粗魯行徑影響心情。但是許多人，也許大多數的人，卻是從沒離開過自己洞穴的游牧民族。他們可能在自己的家裡尋找庇護所，但卻很難在那裡找到一個真正隱蔽的地方，無論他們多麼努力嘗試，他們從來沒能真正**感覺在自己家裡**（*chez soi*）：那個庇護所的牆上有洞，無數的線從中穿過，無所不在的波輕易就可穿透。

就和在他們之前的大多數人一樣，這些人是進行「遠端遙控」的支配者；但他們也被一種新的方式支配與控制著。奇觀取代了領導能力，誘惑取代了監視。誰支配（電）波，誰就能支配生活世界，決定它的樣貌與內涵。沒有人需要強迫或催促旁觀者加入奇觀之中；災難會降臨到那些膽敢拒絕他們加入的人。因為，（絕大多數為電子形式的）「資訊」的取得已經成了最被積極捍衛的人權，如今擁有電視機（或是被電視機入侵）的家戶數目是衡量全體人民福祉增長的標準之一。儘管還傳達了其他事情，但無論那些其他事情是什麼，資訊傳達得最多的事情就是資訊接收者所居住的這個世界的流動性，以及它的居民所具有的彈性美德。「新聞」屬於那些電子資訊的一部分，它最常被誤以為是「存在那裡的世界」的真實再現，新聞有著最強烈的意圖去扮演「真實之鏡」的角色（而新聞也最被公認為能忠實且毫無扭曲地反映真實），但在布迪厄的看法

中，新聞卻是最易毀壞的貨品；的確，若和肥皂劇、脫口秀或是搞笑藝人相比，新聞的預期壽命簡直短得可笑。但做為有關「真實世界」的資訊，新聞的易消亡性本身就是條最重要的資訊：新聞播報就是持續日復一日的慶典，慶祝著快得來不及眨眼的變化速度、事物的加速老化，以及永不間斷的新的開始。[21]

附記：拖延（procrastination）短史

Cras 這個拉丁文的意思是「明天」。這個字過去在語義上常是可延伸的，也因此和以含糊不清知名的 mañana 這個字一樣，它也可以用來指涉一個未界定的「後來」──也就是未來。而 Crastinus 的意思則是屬於明天的事物。延遲（pro-crastinate）就是把某樣東西放入屬於明天的事物之中。而要把某樣東西放在明天，也就立即意味著明天不是該事物的自然之所，意味著問題中的事物按理說並不屬於明天。這含蓄地表明了那樣東西屬於其他地方。那裡？很明顯地，它屬於現在。為了在明天出現，它必須先從現在撤離，或是不讓它接近現在。「拖延」意味著**不**在事物出現時接受它們、**不按**照事物自然的先後順序行事。和現代普遍形成的印象相反，拖延不是怠惰、懶散、靜止或困倦疲乏的問題；它是種**積極的**態度，拖延是企圖取得對事件發生順序的控制，並且改變事件的順序，使它不同於若態度順從而不加反抗時會得到的結果。拖延就是藉由推遲、延期和延緩事件的在場，來操弄事件**在場**（presence）的可能性，讓它保持在遠遠的地方，推遲它的立即實現。

拖延做為一種文化實踐，是隨著現代性的降臨開始盛行的。它新的意義及倫理價值源自於時間新獲得的意義性（meaningfulness），源自於擁有歷史的時間，亦即時間**就是**歷史（time being history）。時間被理解為是擁有**不同**性質及**多樣**價值的「當下此時（present moment）」之間的過渡，時間被認為是從人們生活過的那個現在朝向另一個截然不同的（並因此通常也是更為可取的）現在的旅程，而拖延的新意義即是來自於這樣的時間。

簡言之：拖延的現代意義是源自於做為一趟朝聖之旅、做為一種越來越接近某個目標的運動而度過的那種時間。在這樣的時間中，每個當下都是由某個後來出現的事物來衡量。無論此時此地這個當下可能擁有什麼價值，它都不過是即將來到的某個更高價值的先兆而已。當下的用處（它的任務）就是讓人們能更加靠近那個更高的價值。就當下本身來說，當下的時間毫無意義與價值。也因此當下的時間是有瑕疵而殘缺不全的。當下的意義存在於未來；此刻在手的事物，其一切的價值與意義都取決於尚未完成的（noch-nicht-geworden）事件，也就是尚未存在的事物。

因此，像朝聖之旅一般生活著，從本質上就令人困惑不解。它迫使每個當下服務於尚未存在的事物，透過縮短它們之間的距離、透過向著接近及即刻實現而努力來服務於它。但若是距離追上了、目標達成了，當下又會立即失去使它具有意義和價值的一切。朝聖者生活所青睞的這種工具理性激起了對這類工具或手段的追尋，因為它們或許可能實現一種不可思議的壯舉：將努力的目標始終維持

157

在視野範圍內，但又無法真正接近；在越來越接近目標的同時，也避免讓兩者之間的距離縮小為零。朝聖者的生活是一趟通往實現的旅程，然而在那樣的生活中，「實現」卻等同於失去意義。朝向實現的旅程賦予了朝聖者生活意義，但它所賦予的意義卻受到了自毀衝動的摧殘；那個意義無法在實現它的命運之後倖存下來。

拖延反映了那樣的自相矛盾。朝聖者拖延是為了能夠做好準備，捉住那些真正重要的事物。但是抓住了它們，就意味著朝聖之旅的結束，因此也意味著人生的結束，因為朝聖者的人生唯一的意義就來自它所追尋的目標。因為這個原因，拖延有一種內在傾向，就是要事先打破任何時間限制的設定並無限延伸時間長度——**直到永遠不會到來的那一天**。拖延往往會變成它自身的目標。在拖延的行動中被推遲的事物裡，最重要的一件往往是拖延本身的終結。

為現代社會奠定基礎並讓這種現代的「在世存有（being-in-the-world）」方式成為可能且必然的態度／行為原則，是**延遲滿足原則**（delay of gratification，也就是延遲某種需要或欲望的滿足，延遲愉悅體驗的時間，延遲享樂）。化身為延遲滿足的拖延走入了現代舞台（或更確切地說，是它使得這舞台變得現代）。正如韋伯所說明的，正是這一特殊的延遲而非匆忙與迫不及待，導致了那樣驚人而富創造力的現代創新；資本的積累是其一面，工作倫理的擴散及確立則是其另一面。精益求精的欲望刺激了這樣的努力並賦予其動力；但是「尚未」以及「不是現在」的警告卻將那樣的努力導向了始料未及的結果，也就是導向逐漸為人所知的成長、發展、加

速，以及（就這件事情來說）現代社會的出現。

在延遲滿足的形式中，拖延保留了它所有內在的自相矛盾。原欲（Libido）和死亡本能（Thanatos）在每一次的延遲中互相競爭，而每一次的延遲都是原欲對其死亡之敵的勝利。透過得到滿足的希望，欲望推動了人們去努力；然而，只要人們熱切想要得到的滿足仍只是個希望，這股推動力就可以保有它的力量。欲望的所有推促力量都來自於它的「未完成」。最終，為了讓這股欲望繼續，欲望必須僅僅欲望著自身的存續。

透過「延遲滿足」的形式，拖延把耕耘和播種的重要性放在收穫和食用穀物之上、把投資放在謀取收益之上、把儲蓄放在花費之上、把克己放在自我放縱之上、把工作放在消費之上。然而，拖延卻從未貶低它否認其優先性的那些事物的價值，也從不曾看輕它們的優點與重要性。那些事物是人們自我加諸的禁欲的獎賞，也是對自願延遲滿足的回報。要節約，因為你節約得越多，你可以花的錢也越多。要工作，因為你工作得越多，也將消費得越多。弔詭的是，拒絕即刻滿足，也就是明顯降低了目標的地位，觸底反彈的結果反而是讓目標的地位提升，並變得高尚起來。等待的需要加強了獎賞的挑逗性／誘惑性力量。結果非但沒有讓做為生活努力動機的欲望滿足降級，延遲欲望滿足的信條反而讓它成為了生活的至高無上目標。滿足的延遲讓消費者心中的生產者繼續費力地從事苦工——方式是透過讓生產者心中的消費者隨時保持清醒與警覺。

多虧了拖延本身的自相矛盾，拖延也助長了兩股相反趨勢。

其中一股導致了工作倫理的興起，工作倫理刺激了手段與目的之換位，並宣告「為了工作而工作」是一種美德，稱頌歡樂的延遲本身就是一種價值，是一種比它所應服務的那些其他價值更為精緻高雅的價值。工作倫理迫使了這一延遲無止境延伸下去。另一股趨勢則產生了消費美學，將工作降級到一種純粹次要、工具性的地面覆蓋角色，工作被貶低為這樣的一種活動：工作的所有價值都來自於它以外的事物，但它為它預備了基礎。這種傾向將禁欲和棄絕打造為或許是必要的犧牲，但這樣的犧牲是沉重且令人有理由憎恨它的犧牲，能減少到最小程度就好。

拖延是把雙面刃，它在「流動的」現代社會或「固態的」現代社會都能派上用場，既能夠用在生產者階段的現代社會，也能用在消費者階段的現代社會，雖然拖延也讓每個時期都充滿了緊張，以及未被解決的態度和價值衝突。因此，向著今天的消費者社會過渡代表的只是重點的轉換，而不是價值的改變。而且這一過渡還將拖延原則逼近崩潰邊緣。拖延原則如今正搖搖欲墜，因為它已經失去了這個倫理訓誡的保護。滿足的延遲不再是道德美德的標誌。它是不折不扣的苦行，就這麼簡單，它是種有問題的負擔，標示著不完美的社會安排或個人缺陷，或者兩者皆是。拖延現在不再是種道德勸告了，它只不過是順從但哀傷地承認了某種令人不快（但可以糾正的）事情的狀態而已。

如果工作倫理努力要達成的目標是將延遲無限延伸，那麼消費美學奮鬥的目標則是它的廢止與取消。正如喬治・史坦納（George

Steiner）所說的，我們生活在一種「賭場文化」，在這個賭場裡，「不要再下了！」的叫喊不斷迴盪在人們耳邊，為拖延設下一道備受歡迎的界線；如果人們要酬賞一個行為，那個酬賞就必須是立即性的。在這個賭場文化中，雖然等待已不再是人們想要的，但人們想要的滿足也必須是短暫的，想要的滿足必須只持續到下一輪的珠子開始轉動為止，以免造成欲望的窒息，而不是重新充滿並強化欲望——欲望是這個由消費美學支配的世界裡最受人們渴望的獎賞。

於是拖延的起點與終點終於交會了，在欲望及其滿足之間的距離濃縮成某個狂喜的片刻——正如約翰‧屠沙（John Tusa）所觀察到的（刊於一九七七年七月十九日的《衛報》），必然有許多這樣的狂喜時刻：｜是立即、持續不斷、不斷轉移注意力、富有娛樂性的；數量不斷增加、形式不斷增加、場合也不斷增加。「除了立即、持續、淺薄的自我滿足外」，事物和行為的任何其他品質都不重要了。顯然，要求滿足必須是**立即的**，這必然會對拖延的原則產生不利影響。但也因為是立即的，所以滿足無法持續不斷，除非滿足也是短暫的，滿足的時間不會超過它轉換注意力及娛樂能力的生命週期。在賭場文化中，拖延原則同時受到來自兩個方面的攻擊：滿足的**到來**（arrival）的延遲，以及滿足的**離去**（departure）的延遲，都對拖延原則施加了壓力。

然而，這只是故事的其中一面。在生產者社會，延遲滿足的倫理原則往往確保了工作努力的持續性。但另一方面，在消費者社會，也許在實踐上也還是需要同樣的原則來確保欲望的持續性。欲

望比勞動更為短暫、脆弱、容易枯竭，也不像工作那般得到了制度化例行作業的強化；當滿足**永遠不可能實現**時，欲望就不可能繼續存在下去。為了繼續存在並保持鮮活，欲望必須一次又一次並且頻繁地得到滿足——然而滿足又預示了欲望的終結。一個受消費美學支配的社會因此也需要一種十分特別的滿足——與德希達式的**亦毒亦藥**（pharmakon）類似，它同時是具有療效的藥也是毒，或是一種需要少量分次服用的藥物，不能一次服下全部——致命的——劑量。一種無法真正令人滿足的滿足、從未徹底的滿足、始終是半途而廢的滿足……

拖延透過它的自我克制來服務消費者文化。創造性努力的來源再也不是誘發出的對延遲欲望之滿足的欲望，而是誘發出的對縮短或完全放棄欲望之延遲的欲望，以及一旦欲望的滿足到來，即縮短滿足持續時間的誘發出的欲望。對拖延宣戰的文化是現代史上的全新事物。它容不下距離、反思、持續性、傳統——根據海德格的看法，這樣的**復現**（Wiederholun，重演〔recapitulation〕）曾是我們所知的那種存有的形態（the modality of Being as we know it）。

流動世界中人的結合

由兩種類型的人所占據的兩類空間明顯不同，卻又彼此相關；它們彼此間並不對話，卻又保持著持續不斷的交流；它們的共通點不多，但假裝相似。這兩種空間受到截然不同的邏輯所支配，形塑出不同的生命經驗，孕育了相異的生命旅程與敘事，這些敘事和生

命旅程使用著對於相似行為準則的不同的、而且經常是對立的定義。而且兩個空間都存在於同一個世界——而這個它們都屬於其中一部分的世界，是個脆弱而危疑不安的世界。

一九九七年十二月，我們這時代最深刻敏銳的分析家之一——布迪厄發表了一篇題為〈危疑不安在今天無所不在〉（La précarité est aujourd'hui partout）的文章。[22] 這篇文章的標題說明了一切：危疑不定、不穩定、脆弱易碎正是當代生活景況中最為普遍（也是人們最為痛苦地感受到的）特徵。這位法國理論家提到了 précarité（危疑不安）、德國理論家則說著 unsicherheit（不確定性）和 risikogesellschaft（風險社會）、義大利理論家提到 incertezza（不確定性），英國理論家則有所謂的 insecurity（不安穩感）——然而所有理論家在思考的都是人類困境的同一個面向，儘管全球各地的人們以不同的形式經驗到它，並賦予它不同名稱，但由於這是個在許多面向上均前所未有的全新現象，因此在高度開發的富裕國家，人們對此尤其感到不安及絕望。這個所有這些概念都嘗試捕捉及說明的現象，就是人們綜合經驗到的（對工作、應得權利及生計所感受到的）**不安穩感**、（對這些事物的持續性及其未來穩定性所感受到的）**不確定性**（uncertainty），以及（對個人的身體、自我及其延伸：所有物、鄰里關係、社群所感受到的）**不安全感**（unsafety）。

而剩下的一切事物，亦即生計，以及最普遍的以工作和僱傭為基礎才能擁有的維生方式，其初始狀態則以危移不定為特徵。那維

生方式已變得過於脆弱，還逐年變得更加脆弱、更加不可靠。許多人雖然頂多只是看看自己的四周，思索著他們最親近和親愛的人的命運而已，但當他們聽著那些以相互矛盾的見解知名的博學專家的話語時，卻又有足夠的理由去懷疑，無論政客們的面部表情顯得多麼地自信，他們的承諾又多麼地打動人心，但富裕國家的失業已經變成「結構性的」失業了，也就是說每個新出現的空缺都代表了一些已經消失的工作，而工作的數量根本不夠讓每個人都能擁有。此外，科技的進展——實際上就是理性化的努力自身——往往預示著工作只會越來越少，而不是越來越多。

那些已經多餘的人的生計會因為他們的多餘而變得多麼脆弱、不確定，這種事不需要想像就能約略知悉。然而，重點是——至少就心理學而言——所有其他人都同受影響，如果目前的影響暫時只是間接的。在一個結構性失業的世界，沒有人能夠感到真正的安全。在穩定的公司擁有一份安穩的工作，似乎已成了我們祖父那一輩的懷舊故事；過去有許多的技術和經驗是人們一旦取得就保證能得到一份工作，並保證這份工作可以持續下去，但現在這樣的事情已經不存在了。沒有人能合理地認為自己不會是下一輪「縮小規模（downsizing）」、「精簡化（streamlining）」或「合理化（rationalizing）」的受害者，或認為自己不會因為市場需求的瞬息萬變，以及雖反覆無常卻不可抗拒而頑強的「競爭力」、「生產力」和「效能」的壓力而受到打擊。「彈性」是今天的口號。它表明的是工作失去了它固有的安穩、堅定的承諾或未來應得權利，工作現在只提供定期或滾進式契約，解僱一個人不需要事先通知，

162

受害者也沒有權利獲得賠償。因此沒有人會覺得自己真的不可取代——無論是對那些已經被放逐的人，或是對那些享受著放逐別人的工作的人，情況都是一樣的。即便是那些享有最多特權的位子結果也可能只是暫時的，只是在「接到進一步通知前」才是穩定的。

在缺乏長期安穩的情況下，「立即滿足」看起來就像是個誘人的合理策略了。無論生活可能提供什麼樣的滿足，就讓它提供**此時此刻**的滿足吧。誰知道明天會發生什麼事呢？滿足的延遲已經失去了它的吸引力。畢竟，對今天所付出的勞力與努力在得到回報時是否仍被視為資產，人們仍抱持著高度的不確定，此外，對今天看起來有吸引力的回報終於到手時是否還值得擁有，人們也同樣難以確定。我們都從苦澀的經驗中學到教訓，那就是資產可能瞬間就成為負債，閃閃發亮的獎品也可能變成恥辱的勳章。時尚來來去去，速度快得難以想像，所有渴望的物品在人們還來不及好好享受之前就已經成了落伍、退流行，令人倒盡胃口的東西了。今天還很「潮」的生活風格，明天就成了人們的笑柄。再次引用布迪厄的話語：「對於標誌著我們這時代每個人的犬儒精神感到悲嘆的人，他們不該忘了將它和偏好它並需要它……的社會和經濟狀況連結在一起。」當羅馬城陷入火海、而人們幾乎無法做些什麼來撲滅火焰時，比起追求其他的事物，拉個提琴並不會顯得特別愚蠢，或是更不合時宜。

危疑不定的經濟和社會狀況將不分性別的所有人訓練成（或是讓他們從痛苦中學到教訓）將這個世界想像成一個容器，容器中充滿**用完即丟**、**一次性用途**的物品；整個世界都是如此——包括其

他人類。此外，這世界看起來像是由「黑盒子」所組成，這些黑盒子被嚴實地密封，從來沒被使用者打開來看看裡面情況，更別說是壞掉時有人來修理了。今天的汽車技師所接受的訓練並不是要修理壞掉或損壞的引擎，他們的工作只是取出用壞或有缺陷的零件並丟掉，然後換上從倉庫貨架上取來的現成、密封起來的零件而已。對於「備用零件（這個名稱概括了一切）」的內部結構及其神祕的運作方式，他們幾乎一無所知；他們不會認為這樣的理解以及隨之而來的技術掌握是他們的責任，或是他們能力範圍內的事情。在汽車修理廠是如此，在外面的生活也是這樣：每個「零件」都是「備用的」、可替換的。如果丟掉壞的零件換上一個新的花不了什麼時間，那人們為什麼要浪費時間在耗費精力的修理上呢？

　　當這個世界的未來樂觀看來是黯淡、朦朧，甚至更可能充滿風險與危險時，設定遙遠的目標、為了增加群體的力量而放棄私人利益，以及為了未來無限幸福而犧牲現在，怎麼看都不是一個有吸引力的提議，更不是個理智的想法。任何沒有馬上抓住的機會，就是錯失掉的機會；因此，沒有馬上抓住一個機會是不可饒恕、無法輕易原諒的事，更別說要證明它是正確的了。既然今天的承諾會阻礙明天的機會，那麼承諾越輕鬆淺薄，可能造成的傷害就越小。「現在」是生活策略的關鍵字，無論要將生活策略運用到什麼地方或是它還可能意味著什麼，此一情況都是不變的。在一個不穩定、難以預料的世界中，聰明的漫遊者會盡全力仿效那些快快樂樂輕裝上路的全球移動者；當他們要拋棄掉任何限制住他們步伐的東西時，他們是不會多掉幾滴眼淚的。他們難得停留足夠用來沉思的時間，人

的結合並不像引擎零件——它們幾乎從來不會是現成的,如果密封起來,它們就會迅速腐爛、解體,儘管失去了用處,它們也不會被輕易取代。

於是,勞動市場的操縱者精心實施的「危脆化(precarization)」政策發現自己得到了生活政策的幫助及支持(它的效果也因此得到增強),無論生活政策是蓄意為之或發自內心的擁護。這兩者都向同一個結果靠攏,那就是人的結合、社群和伴侶關係的凋謝衰敗。「至死方休」型的承諾變成了只在「滿足持續期間」有效的契約,根據定義、根據它的立意和實際影響,這種契約都是短暫無常的,因此也容易被單方面撕毀;無論何時,只要這對伴侶中的一方察覺到有更多的機會、更好的價值存在,並選擇退出這段伴侶關係,而不是嘗試不計一切(難以計算的)代價挽救它,這種事情就會發生。

換言之,人的結合與伴侶關係往往被視為應被**消費**的東西來對待,而不是被視為應被生產出來的東西;它們必須和其他的消費物品一樣,遵守同樣的評價標準。在消費者市場,只要是明顯耐用的產品通常都會提供一段「試用期」;而商家承諾,如果購買的人對產品不完全滿意就會退款。如果將伴侶關係中的一方用這樣的方式來「概念化」,那麼雙方的任務就不再是「讓關係能夠良好地維持下去」了——不再是無論得意或失意、「富裕或貧窮」、疾病或健康,都務必要讓它維持下去、都要彼此扶持、休戚與共;不再是為了讓這段結合持續下去,即便是放棄個人的享樂、作出妥協與犧牲也在所不惜。相反地,它是一件從準備要被消費的產品中得到滿足

164

的事情；如果人們從中得到的愉悅不如承諾與預期的標準，或是隨著新鮮感消褪，歡樂也隨之淡去，那人們就可以根據消費者權利和商品說明法（Trade Descirptions Act）提出離婚訴訟了。人們會認為實在沒有理由繼續使用一個劣質或老化的產品，而不去店裡買一個「更新、更好的」產品。

其造成的結果是，被假定為暫時性的伴侶關係往往會變成一個自我實現的預言。如果人的結合就像所有其他消費物品，不是某種透過長期努力及偶爾的犧牲而維持的東西，而只是某種人們期望在購買的當下就能立即帶來滿足的東西——因此也是某種一旦無法讓人滿意就會被立刻拒絕的東西，某種只有當它能持續提供滿足才會被保存並使用的東西——那麼「不惜賠上老本」和不斷付出努力的做法就沒有太大的意義，更別說是為了挽救一段伴侶關係而忍受痛苦與不適了。即便只是小小的失誤也可能造成伴侶關係的瓦解破裂；微不足道的歧見也可能變成苦澀的衝突，輕微的摩擦則被當成本質性且無可修復的不適合的信號。正如美國社會學家湯瑪斯（W. I. Thomas）要是目睹這種事情的轉變時會說的：如果人們認為他們的承諾是短暫的，只有在得到進一步通知前是有效的，那麼因為這些人自身的行為，這些承諾就確實會變得如此了。

社會存在的危脆化，造成人們將周遭的世界看成是一個由立即消費的產品所組成的集合體。但是將這個世界連同它的居民想像成一個由消費產品構成的池子，卻讓有關人的持久結合的協商變得太過困難。處在不安定之中的人們往往暴躁易怒；他們無法容忍任何

擋住他們通往欲望實現之路的事物；而既然有相當多的欲望注定遭到挫敗，那麼他們無法容忍的人和事物肯定就不會少。如果立即滿足是停止這種惱人的不安全感（且讓我指出，但這並未澆熄人們對安穩和確定性的渴求）的唯一辦法，那麼確實沒有明顯理由要容忍那些跟滿足感的追求沒有明顯相關性的人事物，更別說是容忍那些拙於帶來人們所渴求的滿足感，或是不情願提供這種滿足感的人事物了。

然而，在危疑不安世界的「消費化」以及人類結合的解體之間，還存在著一個連結。消費不像生產，它是一種孤獨的活動，一種固有的、無可救藥的孤獨，即便在和其他人一起從事消費之時亦是如此。生產性的（往往也是長期的）努力必須要人們通力合作，即便要求的只是原始的肌肉力量：如果將一塊沉重的原木從一處搬到另一處需要花費八個人一小時的時間，這不表示一個人可以花八小時時間（或是無論多長時間）完成同樣的事。更複雜的任務涉及了勞動分工，並要求各式各樣的專業技術，而這些技術是一個人的實踐知識無法全部涵蓋的，在這樣的情況下，合作的必要性就更明顯了；沒有合作，就不可能生產出任何產品。合作讓原本四散且各不相干的努力成為具生產力的努力。然而，就消費來說，合作不僅是不必要的，更完全是多餘的。無論消費的是什麼，人們始終是一個人消費它，即便是在人群擁擠的大廳之中也是如此。多才多藝的路易斯‧布紐爾（Louis Buñuel）在《自由的幻影》（*Phantom of Liberty*）這部片中說明了，進食這個據稱是群居與社會交往的原型活動（和常見的藉口相反）竟是最孤獨、最祕密的活動，人們積極

防止其他人窺探自己的進食行為。

無信賴（non-confidence）的自我存續

貝荷非特[23]在他對「強迫、執迷於發展的」現代／資本主義社會的回顧性研究中得出了這樣的結論：這種社會最突出的（事實上也是最基本的）特徵就是**信賴**：對自己、對他人、以及對制度的信賴。過去，所有這三種信賴的構成要素往往是缺一不可的。它們互為條件、彼此支持，拿掉其中一個，其他的兩個就會向內瓦解崩潰。我們可以把打造現代秩序的大業描述成持續建立信賴的制度性基礎的努力，也就是提供投入信任（trust）的穩定框架並讓下面這個信念變得可信起來：現在所珍視的價值將會繼續受到珍視與渴慕，追求和取得這些價值的規則將會持續被遵守，不會被侵害，並能免於時間流逝的摧殘。

貝荷非特特別挑出「企業並雇用（enterprise-cum-employment）」做為播下並培育信任種子的最重要苗圃。資本主義企業也是衝突和對抗滋長之溫床這樣的事實不該誤導我們：沒有**信任**（confiance）[譯3]就不會產生**不信任**（défiance）[譯4]，沒有爭論質疑（contest）就不會有信任。如果僱員為自己的權利而鬥爭，那是因為他們信賴那個

譯註 3：法文，意為對人或事物的信賴。

譯註 4：法文，不信任、懷疑的意思，衍生自動詞 défier，意為挑戰或蔑視、反抗。

體制的「控制力」，而他們希望並祈願自己的權利會被這個體制銘記；他們信任，這家企業是一個會妥善保管他們所託付權利的正確地方。

現在的情況已經不再是如此了，或至少情況正在迅速改變中。沒有一個理性的人會預期自己將在一家公司度過他或她全部或至少是一大部分的工作生涯。大多數理性的人寧可將他們的畢生積蓄投入從事高風險股市交易行為的投資基金或保險公司，而不是依賴他們現在工作的公司所提供的退休金。正如史理夫特最近的總結，「對於那些同時正在進行『減少層級』、『縮小規模』和『企業改造（re-engineering）』的組織，要建立信任是很困難的。」

布迪厄[24]說明了信賴崩潰和對政治參與和集體行動的意志衰退之間的關聯性：他指出，未來規劃的能力是所有「變革性」思想，以及重新檢視並改革目前現狀的所有努力的前提條件——但對那些連現在都無法掌握的人而言，要規劃未來是不可能的。里奇所說的第四種類型的經濟活動參與者就明顯缺乏這種對現在的掌握。他們被綁在地上無法移動，如果他們膽敢走向第一個重兵防守的邊哨，他們就會立刻被制止；相較於可自由移動的資本，他們先天就處於劣勢。資本越來越全球化，而他們卻只能留在原地。因此，他們只好手無寸鐵地承受著神祕的「投資者」、「股東」一時心血來潮的古怪念頭帶來的打擊，甚至於更令人摸不著頭緒的「市場力量」、「貿易條件（terms of trade）」和「競爭的要求」都能令他們受到重挫。他們今天得到的東西，明天就可能毫無預警地被奪走。他們註定是輸家。無論他們是做為理性的人，或是要努力成為理性的 167

人，他們都不願意冒險一戰。他們不可能將他們的委屈和苦情重新打造成一個政治議題，並要求政治力對這樣的狀況進行補償與糾正。正如阿塔利幾年前就已經預測到的，「封鎖或促使運動向某些軌道前進的能力，就是明天的權力所在。國家不會以透過網絡控制之外的其他方式來行使其權力。也因此，網絡控制的不可能性將會無可挽回地削弱政治機構。」

　　從沉重資本主義到輕盈資本主義、固態現代性到流動或液態現代性的過渡，構成了勞工運動史的書寫框架。經歷了很長的努力，人們才能理解那段歷史著名的迴旋過程。以大眾心態的轉變這種理由──無論是大眾媒體的刻意影響、廣告商的陰謀、消費社會的誘惑力量，還是一個令人陷入麻木不仁的追求奇觀和娛樂的社會所導致──要為勞工運動為何在世界上所有「先進」（在「現代化」意義上的先進）國家中落入悲慘絕境找個藉口說明過去，這樣的做法既無道理也不具啟發意義。把責任推給愚蠢莽撞或表裡不一的「工人政治家」，也不會有什麼幫助。在這些解釋中所指出的現象完全不是想像出來的，但這些現象要能夠說明問題，必須建立在這樣的事實上：當擁入大量生產工廠的工人加入運動行列，要求為了出賣他們的勞動力而實施更人道、更高報酬的條件時；當勞工運動的理論家和實踐者從這些工人的團結一致中，看見了一種剛萌芽、尚未被完整表達（但卻是與生俱來且長期而言不可阻擋的）追求「良善社會」的渴望（這樣的社會將是正義普遍原則的真實體現）時；從那時起，人們的生活背景、也就是他（極少是在出於自己選擇的情況下）從事生計工作的社會環境，就已經發生劇烈的變化了。

第五章　共同體

當理性尚未全然甦醒或是再度陷入沉睡時，差異就誕生了；
後啟蒙的自由主義者對人類個體追求完美概念的能力所寄予的完全
信任，其公信力就是來自於這個未說出口的信條。我們人類生來就
擁有所有人在選擇正確道路時所需的一切，而一旦選擇後結果也將
證明，對我們所有人而言這條道路都是相同的。在理性的武裝下，
笛卡兒的主體（subject）和康德的人（Man）不會在他們的人生道
路上犯錯，除非有什麼推著或是誘惑著他們偏離那條由理性所劈開
的筆直道路。不同的選擇來自於歷史錯誤的積澱——它們被安上了
偏見、迷信或虛假意識等不同名稱，但這些一概都是腦殘導致的結
果。理性的裁決**清楚而毫無歧異**，每個人都可以單獨擁有這樣的理
性特質，但判斷的差異卻不是如此，它根源自集體：在劇院、市
場、部落慶典，人們吵吵嚷嚷彼此推擠的地方住著培根（Francis
Bacon）的「偶像（idol）」。而將人類理性解放，也就意味著從
所有那些事物中釋放。

只有自由主義的批評者強迫公開了那個信條。從來就不缺這種人。他們指責，自由主義對啟蒙遺產的詮釋若不是把事情搞錯，就是讓它們變成是錯的。浪漫主義詩人、歷史學者和社會學者加入民族主義政客的行列，他們指出——在人類開始運用他們個別的大腦寫下他們理性所能想出的最佳共同生活準則之前——他們已經擁有（集體的）歷史和（集體遵守的）習慣了。我們當代的社群主義者（communitarian）也用不同的語言表達了差不多同樣的想法：「自我主張」、「自我建構」的人並不是「脫嵌的」、「沒有負累的」個體，他們是語言的使用者，也是受到規制的／社會化的人。這些批評者到底在想什麼並不總是很清楚；他們的意思是，那種自我克制的個體們的看法不真實嗎？還是有害呢？自由主義者應該因為傳播錯誤的觀點，或是因為他們執行、啟發或赦免了虛假政治的罪過，而受到言論審查嗎？

然而，如今在自由主義者與社群主義者之間的**爭執**涉及的似乎是政治，而不是「人性（human nature）」了。問題並不在於是否要個體從已被接受的見解中解放，以及為對抗個體責任之麻煩不便而產生的集體保證是否存在——而是這樣做到底是好是壞。雷蒙‧威廉斯很久以前就注意到，關於共同體，最引人注目的就是它一直存在著。圍繞著共同體的必要性會引發一陣騷動，原因主要就是人們越來越不清楚對「共同體」的描繪所聲稱要代表的那些現實是否已經大體上顯而易見了；人們同樣日益不解的是，如果確實找到了這樣的現實，那它們的壽命是否能允許它們得到現實所要求的那種尊重。要不是因為這樣的事實：集體用以將成員綁在某段共同歷史、

習慣、語言或教育形式上的工具已經年久失修，那麼，英勇捍衛共同體並將自由主義者所拒絕給它的偏愛重新還給它，這種事情根本就不會發生。在液態現代性階段，提供的工具只會是拉鍊式的，它們的賣點是它們提供了早上才裝上去傍晚（或順序倒過來）即可取下的便利性。共同體有各種選擇，但如果是按照從「輕便的斗篷」到「鐵牢籠」的韋伯式軸線來進行劃分，它們全都明顯地接近前一個極點。

共同體必須要人們捍衛才能生存下來。它們必須求助於自己的成員，透過他們的個體選擇、透過他們將共同體的生存視為個體的責任，才能確保生存。從這個意義上來看，所有的共同體都是**假定的**（postulated）共同體；它們是計畫而非現實，是某種**後至**、而非**先於**個體選擇而存在的事物。「從社群主義者的描繪所看到的」共同體，會是具體有形到無須大肆宣揚、無法視而不見的東西，然而社群主義者不會去描摹它的肖像，更別說去展示它了。

這就是社群主義內在的弔詭。當人們說「成為一個共同體的一部分很好」時，他們只是在拐彎抹角地證實自己並**不是**其中的一部分，或是他們不可能長期成為它的一部分，除非個體用盡一切心力來保護它。為了實現共同體的計畫，人們必須訴諸於完全相同（「或是「自我擺脫」？）的個體選擇，而這種事情是不可能的。人們無法當一個真誠的社群主義者而不向魔鬼付出他應付的代價；他無法不在某個場合承認個體選擇自由，卻在另一個場合否認它。

在邏輯學者的眼中，這種矛盾本身可能就破壞了將社群主義

政治計畫偽裝成社會真實的描述性理論的努力。然而，對社會學家而言，社群主義思想現正受到歡迎（也許是越來越受歡迎）的這件事，反而構成了一個必須去加以說明／理解的重要的社會事實（儘管偽裝本身已經被有效地偽裝，以至於不再成為社群主義者成功的阻礙，但這件事並不會讓社會學者大驚小怪——這種事根本已經不足為奇了）。

　　就社會學上的意義，社群主義是對現代生活不斷加速「液化」所做出的一種完全在意料之中的反應，這種反應首先針對的是它所造成的諸多痛苦後果中也許最令人惱怒的一個生活面向——個人自由與安穩性之間加劇失衡的關係。供應安穩性的事物迅速減少，然而對戰後世代而言，個體須擔負的責任（若不是在實踐中履行的責任，就是被指派的）卻以前所未有的規模迅速成長。這齣舊的安穩性迅速消失的戲，表現得最突出的一面就是新出現的人際結合的脆弱性。結合的脆弱無常，或許是追求自己目標之個體**權利**所難以迴避的代價，然而在此同時，它卻不得不成為**有效**追求個體目標時最令人畏懼的一個障礙，而它更阻礙了追求個體目標所需的勇氣。這也是一個弔詭，一個深植於液態現代性的生活本質當中的弔詭。弔詭的情境激發並產生出弔詭的解答，這也不是第一次了。有鑒於液態現代性「個體化」的弔詭本質，對此弔詭的社群主義式答覆所具有的矛盾性質，也就不令人意外了：前者是對後者的恰當說明，而後者則是前者的匹配效果。

　　重生的社群主義所回應的問題是最真實也最尖銳的議題，也就

是鐘擺正劇烈地遠離做為**必要條件**的人類價值雙元體中安穩性的一極的問題——也許鐘擺的位置現在已經太偏了。因為這個理由，社群主義的福音可以指望會有一大批等候聆聽的聽眾。它代表著廣大群眾發言：正如布迪厄堅持認為的，**危疑不定在今天無所不在**——它滲透到人類存在的每一個角落與縫隙。菲利浦·高鴻（Philippe Cohen）最近出版了《保護或消失》（*Protéger ou disparaître*），[1]這本書是針對今天權力精英在面對「不安穩性高漲」時所表現出的怠惰與偽善的一篇憤怒宣言，在這本書中，他將失業（新出現的職缺中十個有九個嚴格來說是臨時、短期性的職缺）、步入暮年時的不確定前景，以及都市生活的危險，列為是人們對今日、明日及更遙遠未來所瀰漫的焦慮的主要來源：安穩性的缺乏將這三者團結起來，而社群主義的主要訴求正是一個安全的避風港，是在充滿持續難料而令人茫然的變化的洶湧汪洋中迷失的水手們夢想的目的地。

正如艾瑞克·霍布斯邦（Eric Hobsbawm）的辛辣評論：「『共同體』這個字被任意、空洞地使用的程度，在社會學意義上的共同體變得難以在真實生活中找到的這幾十年，達到了前所未有的高度。」[2]「不分男女，人們在一個一切都在變動、沒有任何確定事物的世界裡，尋找著他們可以確定並永久歸屬其中的群體。」[3]喬克·楊（Jock Young）簡潔地摘要了霍布斯邦的觀察：「正如共同體一崩潰，認同就被創造出來。」[4]我們也許可以說，社群主義福音中的「共同體」，並不是從社會理論的角度上來說的那種已經建立、並具備穩固基礎的**社區**（Gemeinschaft）（這種社區還被斐迪南·滕尼斯〔Ferdinand Tönnies〕加油添醋地說成是「歷史法則」），

而是人們熱切尋求卻難以把握的「認同」的一個假名。正如（霍布斯邦所引用的）奧蘭多‧派特森（Orlando Patterson）觀察到的，儘管人們被要求在彼此競爭的認同參考群體之間做出**選擇**，但基於「除了選擇他們所「歸屬」的那個特定群體，他們絕對別無選擇」這個強烈的信念，他們的選擇卻早已被預測到了。

　　社群主義福音中的那種共同體是一個擴大的家（而且由**家人**組成的家，不是後來**尋找到**或**建立起來**的家，而是**一個人出生其中**的家，因此除了這裡，人們無法在任何其他地方找到自己的根源、自己的「存在意義」）；可以肯定的是，對大多數人而言，這樣的家如今已經更像是個美麗的童話故事，而不是個人經驗中的事物了（家宅曾經被例行習慣和慣常期待所織就的密網所嚴密守護，如今防波堤已經坍塌，衝擊生命中其他一切的浪潮從堤防的缺口一波波地長驅直入）。置身於這個經驗領域之外，是有好處的：家的美好舒適經不起考驗，但它的吸引力，只要是想像出來的，在受到較不得人心的強迫性歸屬和絕對義務的面向影響時，卻可能絲毫不受影響；畢竟在想像力的調色盤上，通常沒有太多黑暗的顏色。一個擴大的家庭也會有好處。被封閉在那些外表尋常的堅固家園裡的人，可能會一直有種恐怖的印象：他們感覺自己像是住在監獄裡，而不是置身安全的港灣；街頭的自由從外面聲聲呼喚著他們，正如今天的人們往往夢寐以求的安穩，是作弄人般地遙不可及。如果將這種**好似在家裡一般**的誘人安穩性投影在一個夠大的螢幕上，就不會再存在任何可能破壞這一興致的「外面」了。理想的共同體是張**世界全圖**（*compleat mappa mundi*）：它是一整個世界，它提供了要過

有意義、有價值的生活所需的一切。在通向（卻偽裝成是回歸）一個完整並且完全一致的世界時，社群主義集中關注無家可歸者最深刻的痛苦，讓自己提供的療法看起來像是一個徹底解決現在和未來一切問題的辦法；與之相較，其他的憂慮都看似微不足道。

那個共同的世界是個完整的世界，因為其他一切都無關緊要了；更確切地說，是因為其他的一切都充滿了敵意——那是一片充滿伏兵與陰謀陷阱的荒野，四處都可能隨時衝出敵人，而他們揮舞著的最主要武器，就是混亂。對照著從高速公路的另一邊向外延伸、昏暗而枝蔓糾纏的叢林，這個共同世界的內在和諧於是顯得光彩奪目。相對於留在荒野，正是在那個地方，緊緊靠在一起藉著共同認同取暖的人們才能夠拋下促使他們尋求共同庇護所的那些恐懼。用楊的話來說，「妖魔化他者的渴望奠基於本體不確定性的基礎」，來自裡面的人所懷抱的本體不確定性。[5] 從字面上來看，一個「包容的共同體」是矛盾的。如果沒有與生俱來的手足之情，共同的博愛就會是不完全、或許也會是不可想像的；而可以肯定的是，它是行不通的。

民族主義，標誌 2

社群主義福音的共同體若不是族群的共同體，就是根據某種族群模式想像出來的共同體。這一個原型的選擇，是有其充分理由的。

　　首先，族群性不像人類一體性的其他基礎，它擁有「自然化的歷史」優勢，可以將文化表象為「某種自然事實」，將自由表現成「被充分理解（並且接受）的需要」。族群歸屬會讓人們起而行動：人們必須**選擇**忠於自己的本性——他需要毫不懈怠地努力活出某種規定好的榜樣，透過這種方式對族群的維繫盡一份心力。然而，榜樣本身並不是一件可以選擇的事。人們無法在不同歸屬的參考群體之間進行選擇，他能夠選擇的是有個歸屬或者是無根飄零，有個家或者是無家可歸，他可以選擇存在或是虛無。這正是社群主義福音在打造一個家園時所想要（或者是需要）的兩難困境。

　　第二，將族群合一（unity）原則置於所有其他忠誠之上的民族國家，是現代時期唯一有關共同體的「成功故事」；或者說，它是能夠讓爭取共同體地位的努力能夠某種程度的說服力和作用的唯一實體。做為合一和自我主張的正當基礎，族群（ethnicity）（以及族群同質性）這一觀念因此被賦予了歷史根據。當代社群主義自然會希望從那個傳統上獲益；有鑒於今天的國家主權搖晃不穩，明顯需要有一個人接手從國家手上落下的標語，這樣的希望也不是全然沒有道理。然而人們很容易就能察覺，將民族國家的成就與社群主義的抱負做類比，這樣做有其侷限性。畢竟，民族國家的成功必須歸功於對自我主張的共同體的**壓抑**：民族國家曾竭力對抗「地方主義（parochialism）」、地方習俗或「方言」，為了推廣統一的語言及歷史記憶，不惜以社群傳統為代價。由國家發動及督導的**文化鬥爭**（Kulturkampfe）越是堅決，民族國家就越能成功生產出「自然的共同體」。此外，民族國家（不像仍停留在期待中的共同體）

並不是赤手空拳地從事這項任務，也不會認為可以只靠強行灌輸的力量來達成目標。它們的努力得到了來自官方語言、學校課程和統一法律制度的合法實施所提供的強力支持，這是期待中的共同體所缺乏並難以取得的。

早在近來的社群主義興起之前，就有人主張在現代民族建立那醜陋多刺的甲殼之下，藏著一顆珍貴的珠玉。以撒·柏林（Isiah Berlin）指出，撇開它殘酷且可能血跡斑斑的一面不談，現代「祖國」在人性倫理上還是有其值得讚揚的一面。其中廣受歡迎的，就是愛國主義與民族主義之間的區分。那個對立中的愛國主義往往是這對概念中「突出的」那一個，而民族主義那些令人反感的現實則是「不受注目的」，也就是說，愛國主義這個與其說是由經驗給定、不如說是被假定存在的東西，正是民族主義（若加以馴服、教化，並捍升其倫理高貴性的話）可能成為、但並沒有成為的樣子。愛國主義是透過否定已知民族主義的最不討人喜歡、最不體面的特質，來加以描述的。列茲科·考拉高斯基（Leszek Kolakowski）[6]指出，當民族主義者希望透過侵略和對他者的仇恨來主張部落的存在、相信自己民族遭遇的所有不幸都是陌生人陰謀策劃的結果，並因為其他民族未能適當讚美並給予自己的部落應有尊重而對他們懷恨在心時，愛國者卻因為「對文化多樣性、尤其是族群和宗教少數群體的寬大包容」、因為他願意向自己的民族說些不討喜不中聽的話，而引人注目。雖然這個區分是好的，在道德上和知性上都是值得讚美的，但它的價值卻因為此一事實而被削弱了幾分：在這裡相互對立的，與其說是兩個同樣可能被擁抱的選項，不如說是一個高貴的觀

念與一個卑鄙的現實之間的對立。在那些希望他們指定的兄弟同胞成為愛國者的人之中，大多數人極可能會對這裡認為愛國主義立場所具備的那些性質予以譴責，認為它們證明的是表裡不一、背叛民族，甚至其他更嚴重的罪名。對差異的包容、對少數族群的接納、以及無論多麼令人不快都有勇氣說出真相，這類特質在「愛國主義」不是「問題」的土地上是最普遍的；在這些社會中，共和國公民身分極為穩固，根本不用擔心愛國主義會成為問題，更別說將它視為是一項緊急任務了。

　　因此，在和莫里奇歐・維洛里（Maurizio Viroli）《對國家之愛：論愛國主義與民族主義》（*Love of Country: An Essay on Patriotism and Nationalism*, Oxford University Press, 1995）一書作者的論戰中，伯納德・亞克（Bernard Yack）《沒有幻想的自由主義》（*Liberalism without Illusions*, University of Chicago Press, 1996）一書編輯改寫霍布斯的話並創造了一句格言，「民族主義是討人嫌的愛國主義，愛國主義則是討人喜歡的民族主義。」[7] 他這句話並非毫無道理。確實，我們有理由作出結論，除了我們對這些東西的表達形式或是對其不存在所展現出來的熱情之外、除了我們承認或否認的慚愧或良心不安程度之外，在民族主義和愛國主義之間幾乎沒有其他的區別了。造成差異的是命名，而透過命名創造出來的差異主要是修辭上的差異，而不是所談論現象的實質差異；差異展現在我們在談論情感或激情的方式上的差異，而這些情感或激情在基本上原就是相似的。然而，真正重要並影響人們共同生活品質的，是情感和激情的本質以及它們所導致的行為和政治後果，而非我們

175

用來敘述它們的語言。在回顧了愛國主義故事所述說的事蹟之後，亞克做出結論：他認為無論崇高的愛國主義情感是在何時「升高到共同激情的層次」，「它始終是愛國者展現出來的一股熾烈而非溫和的情感」，而愛國者在幾個世紀以來可能展現出「許多令人難以忘懷的、有用的美德，但在這些美德中，對於外人的親切與關懷並不特別突出。」

　　然而，這並不是要否認修辭差異的重要性，或是它偶爾產生的尖銳反響。有一個修辭是按照「存有（being）」論述的量度而創造出來的，另一個修辭則是按照「流變（becoming）量度而創造的。整體而言，「愛國主義」這個修辭是對「未完成性（unfinishedness）」這個現代信條，也就是人類之柔韌性（pliability），更準確地說是「可改造性（reformabiliity）」的致敬之作；因此它或許可以問心無愧地宣稱（無論在實踐上是否信守承諾），「團結一致」的號召是一個開放的長期邀請：是否加入行列，跟做出的選擇有關，要求的只是一個人做出正確的選擇，並從此無論景況好壞都對它保持忠誠。另一方面，「民族主義」則更像是喀爾文主義的救贖觀，或是聖奧思定（St. Augustine）的自由意志觀：它幾乎不信任選擇——你要麼就是「我們的一員」，要麼就不是，無論哪一種情形，你幾乎或根本就無法改變它。在民族主義者的敘事裡，你的「歸屬」是命定的，而不是可選擇的命運或生活規劃。它也許跟生物遺傳有關，正如現在在民族主義或文化傳承中已相當過時也無人在實行的種族主義觀念，或正如現在時興的民族主義的「文化主義」變體——但無論是哪一種情況，事情早在人們

學會走路和說話之前就都已經決定好了；個體能做的唯一選擇，不是張開雙臂全心全意擁抱命運的裁決，就是起而反抗命運的安排，成為背叛個人所受呼召的人。

愛國主義和民族主義之間的差異往往超越了修辭，而進入到政治實踐的領域。根據李維史陀（Claude Lévi-Strauss）的術語，我們也許可以說，第一個公式更可能激發出「吞人」策略（將陌生人「吞掉」，好讓他們能被吞食者的身體吸收同化，變成和它其他的細胞一模一樣，從而失去他們自身的獨特性）。而第二個公式則常常和「吐人」策略連結在一起，也就是將那些「不適合成為我們」的人吐出來；隔離他們的方法可以是透過將他們監禁在少數民族聚居區的有形牆壁或是文化禁令的無形牆壁之中，也可以是圍捕他們，驅逐出境或強迫他們離去，就像如今種族淨化（ethnic cleasing）這個名稱所做的那樣。明智之舉是讓我們記得這件事：思想的邏輯極少受限於行事的邏輯，也因此修辭與實踐之間並沒有一對一的對應關係，所以這兩種策略的每一種都可能和這兩個修辭中的其中一個纏繞在一起。

透過相似性，還是差異性而來的合一？

愛國主義／民族主義信條中的「我們」，意思是**跟我們一樣**的人；而「他們」，指的則是**跟我們不一樣**的人。「我們」並不是在每個方面都是一樣的，在共同特質上，「我們」之間會展現差異，但相似性則會縮小、削弱或中和它們的影響力。相較於任何區別我

們彼此的事物，我們都相同的那個面向更具有決定性的意義和重要性；當它表明立場時，其意義就足以壓過差異所造成的影響。而「他們」也並非在每個方面都和我們不同；他們只在某一個方面和我們不同而已，但這個方面比所有其他方面都更重要，重要到足以妨礙共同立場的出現，並讓真正的團結變得不可能，無論我們之間存在什麼樣的相似性。這是一個典型的非此／即彼情境，也就是說，將「我們」和「他們」分開的那些界限是明確劃定並容易指認的，因為「歸屬」憑證上只寫了一個標題，而申請身分證的表格所要求填寫的也只有一個問題，以及一個「是」或「否」的答案而已。

我們必須注意的是，哪一個差異是「關鍵的」，也就是說哪一個差異是比任何相似性都更重要，並因此讓所有共通特質都顯得微不足道、毫無意義（也就是說早在最終的合一能讓會議討論開始之前，那個差異就已經讓產生敵意的區別昭然若揭了）──這個問題是個小問題，最重要的是它是衍生出來的問題，往往是事後才產生的想法，而不是討論的起點。正如腓德烈克・巴斯（Fedrik Barth）所解釋的，邊界所認知與表達的並不是已經存在的疏離；一般來說，早在疏離產生之前，它們就已經被劃定了。先是出現衝突，以及想區別「我們」和「他們」的極大努力；接著是從「他們」身上被敏銳識別出來的那些特質，被當成了不可調和的陌異性（strangehood）的證據和來源。人類原本就是擁有許多特性及多樣面貌的生物；一旦開始認真尋找，自然就不難找到這類特質。

民族主義鎖上大門、拆除門環、讓門鈴無法發出聲音，它宣

177

稱只有那些在裡面的人才有權利待在裡面，並永久定居下來。而愛國主義則（至少在表面上）更包容、好客、樂於助人——它把責任推給那些要求允許進入的人。然而，最終的結果卻往往驚人地相似。無論是愛國主義或民族主義的信條，都不承認這樣一個可能性：人們可以既保持、珍惜、培育著他們的差異，又互屬於彼此；或者說，他們不承認這樣一個可能性：在不要求具有相似性或將它當成值得渴望與追求的價值來推廣的情況下，他們的彼此共存（togetherness）能因為生活風格、理想和認識的多樣性而實際上得到**好處**，並同時讓那些使他們成為他們的事物，也就是那些使他們與眾不同的事物得到更多的力量與內涵。

伯納德・克里克（Bernard Crick）從亞里斯多德的《政治學》（Politics）中引述了他對「好的城邦」的觀點，這個觀點無視於柏拉圖那約束著一切的唯一真理之夢，一個有個一致正義標準的夢：

> 在合一性上不斷往前，到了某個點時，一個城邦將不再是一個城邦；它將幾乎失去它的本質，變成一個更壞的城邦。這就像是你把和諧變成了眾口同聲，或是將旋律簡化為一個單一的拍子。城邦是許多成員的集合體。這才是真理。

在他的評論中，克里克提出了有關某種合一性的觀點，這種合一不是愛國主義或民族主義會去熱切支持的，甚至往往還是它們積極憎恨的對象；他提出的這種合一假定多元性，是一個文明社會固有的天性，而在這樣的社會中，共同生活就意味著對「天生不同的」

利益的協商與調和，「調和不同的利益，通常會比永遠地強制和壓迫它們更好」。[8] 換句話說，現代文明社會的多元主義並不只是一個「殘暴的事實」，你可以不喜歡或甚至厭惡它，卻不能依你的主觀意願讓它消失（這實在令人嘆息）；它更是一個美好的事物、一種幸運的狀況，因為它的好處遠超過它所帶來的不適與不便，它拓寬了人性的視野、增加了生活機會，整體而言比它的替代選項所能提供的條件更具吸引力。我們可以說，在愛國主義或民族主義信仰間呈現鮮明對立之時，最有前途的合一是**已經實現**，並且每天都重新實現的那種合一：這樣的合一是透過在價值、偏好、選擇的生活方式，以及許多不同的、但始終是自決的**城邦**成員的自我認同之間的衝突、辯論、協商及妥協而達成。

基本上，合一的**共和國**模式，也就是追求著自我認同的施為者共同達成的那種自然生成的合一模式，是共同生活的結果，而不是**先驗地**給定的條件；這種合一是透過協商及調和而達成的合一，而不是透過否認、遏止或抹殺差異。

我的看法是，這是液態現代性的條件使其成為可相容、可信並且可行的合一性的唯一變體（唯一的共存公式）。一旦信念、價值和風格全都被「私有化」──也就是被去脈絡化或是「脫嵌」，而提供的重新嵌入地點讓人回想起汽車旅館住處而不是一個永久的（抵押貸款已償還的）家──認同看起來只會是個脆弱易碎、在「進一步通知前」暫時存在的東西；除了施為者緊緊守護並保護它不被侵蝕的技巧與決心之外，它只剩下赤手空拳。也就是說，認同的變

化無常是液態現代性居民擺在眼前的處境，緊隨而來的邏輯性選擇也是：學習與差異共存的困難藝術，或是不擇手段創造出再也沒有必要進行這種學習的條件。正如杜漢最近所說的，現在的社會狀態標誌著「做為一個社會性存有的人的定義（也就是人是由決定他或她行為或行動的社會位置所定義的）的終結」，因此社會行動者不得不在「意識到他們的結合原則可以在個體中找到，而不再是在社會制度或普適性原則中才找得到」的情況下捍衛他們的「文化和心理特殊性」。[9]

理論家加以理論化，而哲學家則進行哲學思辨，這個狀況的相關消息透過通俗藝術的力量日復一日地灌輸到人們的腦海中——無論它們是以小說的名義，或是偽裝成「真實故事」的面貌出現。正如電影《伊莉莎白一世》（*Elizabeth I*）的觀眾接受到的訊息，即便是當英國女王，也是一件自我主張、自我創造的事情；要當亨利八世的女兒，則需要以老謀深算及決心為支持的高度進取心。為了讓愛好爭論、頑固不馴的朝臣俯首稱臣，最重要的是讓他們聽命行事，這位未來的榮光女王（Gloriana）必須購入大量化妝品，並改變髮型、頭飾和其餘的衣著。在這裡沒有單純的主張，只有自我主張；沒有單純的認同，只有被塑造出的認同。

毫無疑問，一切都歸結到討論中的施為者的力量。並不是人人都可取得防禦性武器，所以弱小、裝備差勁的人會集結眾人的力量，為他們個體的無能為力尋求救濟，這自然合乎道理。人們在不同程度上普遍經驗到在「**法理**個體」身分與取得「**實質**個體」地位

的機會之間存在著落差，考慮到這一點，同樣的流動現代性環境也可能——並將會——支持多樣的生存策略。正如桑內特所堅持的，今天的「我們」成了一種「自我保護的行為。對共同體的渴望是一種防衛動作……毫無疑問，『我們』可以被用來抵抗混亂與錯位，這幾乎已經是普適定理了。」但是——這是一個最為關鍵的但是——當對共同體的渴望「被表達成對移民和其他外人的排拒」時，因為

> 以對庇護所的渴望為基礎而建立的當前政治更加將矛頭對準弱者，也就是那些在全球勞動市場迴路中遊走的人們，而不是將矛頭對準強者，對準那些讓貧窮工人不斷移動或利用他們的相對剝奪的制度。IBM 程式設計師……當他們停止責難他們的印度同僚和猶太裔總裁時，他們就以某種重要的方式超越了這種共同體的防衛性意義。[10]

「以某種重要的方式」，或許如此——但容我多說一句，它是唯一的方式，卻不必然是最重要的方式。從充滿風險的複雜性中撤退到一致性（uniformity）的庇護所的衝動，是普適性的；不同的只是針對那個衝動所採取的行為而已，他們的差異往往和行動者可取得的手段和資源成比例。那些比較有條件的人，例如 IBM 程式設計師，他們在他們網際空間的飛地中可以過得十分舒適，但在難以「虛擬實體化」的、物理性的那一塊社會世界中則難免受命運無常的捉弄，不過這些人負擔得起將危險阻擋在外的高科技護城河和吊橋的建築費用。季·納非利雅（Guy Nafilyah），法國一家重

180

要開發公司的負責人，他觀察到「法國人並不自在，他們害怕他們的鄰居，但那些像他們的人除外。」法國全國住房出租者協會會長賈克・帕提尼（Jacques Patigny）抱持相同意見，他從透過磁卡和警衛對住宅區進行「外圍地區封閉和進出過濾」中看見了未來。未來屬於「沿著通訊軸線星羅棋布的群島」。那些與外界隔絕、築起圍牆的住宅區享有真正的治外法權，它們配備了精密的內部通聯系統、遍布四周的監視器和二十四小時輪班的全副武裝警衛，這樣的住宅區正在圖魯斯（Toulouse）一帶不斷冒出，情況就像它們在一段時間以前在美國出現時一樣；此外，它們在快速全球化世界的富裕地區內也不斷成長當中。[11] 這些重裝護衛的飛地，和窮困少數族群的居住區驚人地相似。儘管如此，它們還是在一個影響重大的方面出現了差異：它們是人們要為之付出高昂代價的一種自由選擇的特權。把守入口處的保全人員是合法雇用的，他們身上的配槍也完全得到法律的許可。

對於這股潮流，桑內特提供了一種社會心理學的解釋：

對「我們」是誰的這件事可能傳達出差異感覺、更不用說是衝突的一切事物，都已經從這種共同體的形象中被完全清除了。這樣，共同體連帶的神話就是一個淨化儀式……關於共同體中這種神話式分享的特別之處在於，人們之所以覺得他們屬於彼此並相互分享，是因為他們是一樣的……表達追求相似性渴望的「我們」感，是人們迴避深刻了解彼此的必要性的一種方式。[12]

　　就像公權力的許多其他現代任務，純淨性的夢想在液態現代性的年代已經被去管制、被私有化了；依據那個夢想而形成私人的——在地的、群體的——進取行為。對個人安全的保護現在變成個人的事，地方政府和警方可以就近協助，提供他們建議，不過房地產開發商會很樂意幫那些有能力為他們的服務付錢的人解決煩惱。個人——單獨或幾個人一起——採取的措施必須能夠匹配推動他們做這件事的強烈欲望。根據神話式論理的共同法則，轉喻（the metonymical）被重新改造成隱喻（the metaphorical）：想驅退那些圍繞在受威脅的身體周遭的明顯危險，這樣的願望被變形成為把「外界」變成相似、「近似」或等同於外界的強烈衝動，也就是根據「這裡的人」的形象重新塑造出「那裡的人」；基本上，「相似性的共同體」之夢是「**對自己的愛（l'amour de soi）**」的一種投射。

　　這其實是逃避面對一個沒有好答案的惱人問題的一種瘋狂嘗試，首先是驚慌、缺乏自信的那個自我是否值得愛的問題，接著就會有它是否有能力承擔翻新它的棲息地的任務、是否足以擔任可接受之認同的評估和測量標準的問題。我們希望在一個「相似性的共同體」中這樣令人不快的問題不會被人問起，這樣一來透過淨化所獲得的安全性的可信度就永遠不會受到檢驗了。

　　在另一本書《尋找政治》（*In Search of Politics*, Polity Press, 1999）中，我已經討論過不確定性、不安穩性及不安全性這個「不神聖三一」，由於無法確定它的起源為何，這個三位一體中的每一位都製造出更尖銳、更痛苦的焦慮；無論起源為何，它所累積的壓

力都不顧一切地尋找著出口，由於前往不確定性、不安穩性源頭的路徑已經堵塞或無法接近，所有的壓力於是轉移到其他地方，最後全部集中於已然十分纖細脆弱的身體、家庭及環境安全性的閘門上。結果是「安全性問題」往往長期負載了它既無法送走、也沒辦法卸下的憂慮與渴求。這個不神聖聯盟導致對更多安全性的永恆飢渴，沒有任何實際措施能夠真正平息這種渴望，因為它們必然無法碰觸到並破壞那些焦慮的主要供應者——不確定性和不安穩性主要且源源不絕的泉源。

代價高昂的安穩性

在閱覽社群主義密教的重生使徒們的著作後，菲爾·柯恩（Phil Cohen）做出了結論：他認為，他們所頌讚推薦、視為他們那代人生活煩惱解決之道的共同體，與其說像是具有解放潛力的基地，不如說更像是孤兒院、監獄或瘋人院。柯恩是對的；但解放的潛能從來不是這些社群主義者所關切的；他們寄望將會存在的共同體能解決那些煩惱，而那些煩惱是過度解放的積澱物，是大到令人不舒服的解放潛能的積澱物。長期尋找自由與安穩之間的正確平衡而未果之後，社群主義決定堅定不移地站在後者那一邊。它也承認了這兩個受到珍惜的人類價值是分歧對立、目標相反的，一個人無法多擁有其中的一個而不讓另一個有所犧牲，也許還是很大的犧牲。社群主義者不會承認這樣的一個可能性：讓人類自由更加寬廣與深厚，可能可以增加整體的安穩性；他們不會承認，自由與安穩性也許會

一起成長，更別說去承認，只有當可以和另一個一起成長時，它們才有可能成長。

容我重申，共同體的願景是浪潮洶湧的冰冷大海上漂浮的一座島嶼，像家一樣舒適寧靜。它誘惑著人們，讓它的讚賞者不願將目光放在太近的地方，因為制服波浪、馴服海洋的可能性已被認為是可疑且不切實際的提議，而從議程上刪除了。做為唯一的庇護所，它為這個願景提供了一個附加價值，而且該價值更持續被附加在這個願景上，因為其他生活價值的交易市場正變得越來越反覆無常、變化莫測。

做為一項安全的投資（或毋寧說相較於其他投資，它是風險比較不那麼大的投資），也許除了投資者的身體之外，身體共同體庇護所的價值完全沒有對手可匹敵；和過去不同，這個**生活世界**（Lebenswelt）的要素有著明顯更長（事實上是**無比**的長）的預期壽命，比它的任何外在裝飾的預期壽命都更長。如同從前，身體仍然是終有一死、轉瞬亦逝的，但和液態現代性在展示櫥窗和貨架上放上撤下的所有參考框架、定位點、分類範疇和評估值的轉眼無常相比，必有一死的身體的短暫生命看起來就像是永恆一般。家庭、同事、階級、鄰居全都是高度流動的，以至於人們難以想像它們能持久不變或認為它們有能力做為可靠的參考框架。抱持著「明天會再相見」的希望，這個信念提供了我們所有的理由，好讓我們能夠規劃未來、投入長期活動，並將這些努力逐一編織成我們為這短暫必死的生命精心設計的一條軌道，然而這個希望和信念已經失去了

183

大部分的可信度；明天會再相見的，是我們已融入相當不同甚至是劇烈變化的家庭、階級、鄰里以及其他同事當中的身體——這個可能性在今天反而變得更有可信度，因此也更有把握了。

涂爾幹曾寫過一篇文章，今天讀起來就像是一封從固態現代性的土地寄給後世子孫的信；他在文中指出，只有「具有持久性的行動才值得我們立志，只有經得起考驗的享樂才值得我們渴求。」這的確是固態現代性完美地灌輸給它居民的一個教訓，但聽在當代人耳裡，卻顯得怪異而空洞——雖然也許沒有比涂爾幹從這個教訓中得出的實際建議更令人匪夷所思。在問了一個對他而言似乎只是純粹修辭性的問題「我們個體的享樂是如此空洞短暫，到底有什麼價值呢？」之後，他迅速安撫了他讀者們的疑慮，並指出：幸運的是我們並沒有被放任去追逐那樣的享樂——「因為社會的生命無限地長於個體的生命」，「它們允許我們去品嚐那些不只是浮光掠影的滿足。」在涂爾幹的看法中（在他的時代這個觀點是相當有可信度的），社會就是那個身體；「在它的保護下」，人們找到了不再恐懼自己生命短瞬性的庇護所。[13]

從涂爾幹歌頌可持久社會制度的時代以來，身體及其滿足並沒有變得**比較不**短暫。問題在於其他所有事物——尤其以那些社會制度最為明顯——現在都變得比「身體及其滿足」更加短暫了。生命的長度是個比較的概念，必死的身體如今或許已是人們周遭壽命最長的實體了（事實上，它是預期壽命傾向逐年增加的唯一實體）。人們或許會說，身體已經成了連續性和持久性的最後庇護所了；無

論「長時間」一詞意味著什麼，它鮮少能夠超越身體必死性所設下的限制。它正在成為受敵人持續轟炸的安全性的最後一條壕溝，或是在風暴吹襲的流沙中間的最後綠洲。人們對於保衛身體這件事的關切於是變得狂熱癡迷、焦躁不安、緊張過度。身體和外在世界的界線是今天受到最高度警戒保護的邊界之一。身體的孔洞（入口）及身體的表面（接觸面）現在是恐怖和焦慮的主要焦點，這些恐怖和焦慮是因為對必死性的意識所引起的。它們不再和其他的焦點共同分擔這個重任（「共同體」除外，也許）。

身體新獲得的首要地位，反映在按照獲得完美保護的身體的樣式來形塑共同體（這是確定性和安穩性之夢裡的共同體，也是安全性溫室的共同體）形象的趨勢上，也就是將它視覺化為一種內部和諧同質的實體，一切外來異質的、抗拒吸收的物質都已完全被清除，每一個入口都受到嚴密的監控與守衛，但外面卻重兵防守，並穿上堅不可穿的盔甲。假定的共同體的邊界就像身體的外部界線，是為了將信任與關愛的領域，和充滿風險與懷疑、需永遠警戒的荒野區分開來。身體和假定的共同體一樣，內部如同天鵝絨般柔軟，外部卻布滿尖刺。

為確定性、安穩性和安全性而發動的戰爭日復一日，幾乎毫無喘息地進行著，而在這個日益被遺棄的戰場上，身體和共同體成了最後的防禦前哨。它們現在必須履行這一曾由許多堡壘與柵欄所分擔的任務。如今人們對它們的依賴已超出它們的能力範圍，因此它們反而可能加深（而不是平息）曾催促安穩性的追求者奔向它們尋

求庇護的那些恐懼。

　　身體與共同體的這種新的孤寂處境，是一系列被歸結於液態現代性名下的重大變遷的結果。然而在這一系列的重大變遷中，有一個尤其重要，那就是在拒絕為它臣民的確定性／安穩性渴望背書之後，國家更將它做為確定性和安穩性之主要（也許甚至是獨占的）供應者角色的所有重要配件——放棄、逐步淘汰或賣出了。

民族國家之後

185　　在現代，民族是國家的「另一張臉孔」，也是國家追求領土及人口主權的主要武器。民族做為安全性和持久性的保證，其可信度和吸引力有一大部分來自於它和國家的密切聯繫，也來自於它——透過國家——與某種行動產生的密切聯繫，亦即以將公民的確定性和安穩性建立在（基於集體性保證的）持久、可信基礎上為目標的行動。然而處在這些新的條件下，民族從它和國家的緊密連結中幾乎無法獲得什麼。隨著被大力強化的愛國主義式狂熱凝聚起來的大量徵兵部隊逐漸為菁英、冷靜的專業高科技部隊所取代，國家的財富也不再是由其勞動隊伍的品質、數量及士氣來衡量，而更多是看國家對全球資本的冷酷傭兵部隊的吸引力；或許國家也不指望從它越來越不需要的民族身上得到多少動員潛力了。

　　國家不再是通往超越個體必死性限制的安全途徑。在這樣的國家裡，為了保存國家或是為了國家的不朽榮耀而犧牲個體福祉——

更別說是生命——這樣的呼召聽起來既空洞又無意義，並且日益顯得荒謬，如果不是可笑的話。民族與國家之間纏綿數世紀的愛戀正在步入尾聲；以無條件忠誠為基礎的神聖婚姻結合正逐漸被取代，但取代它的與其說是離婚，還不如說是「同居生活」的非正式協議。伴侶們如今可以到別處自由看看，並加入其他聯盟；他們的伴侶關係不再是合宜、可接受行為方式的唯一模式。我們或許可以說，在**社會**（*Gesellschaft*）的年代，民族曾被用來做為缺席的共同體的替代品，但現在它卻在尋找一個可模仿效法的榜樣的過程中，又退回到了**社區**（*Gemeinschaft*）的懷抱。有能力凝聚起一個民族的制度性支架，正做為一件自我打造工程，在想像中日益可行。正是對確定性和安穩性的夢想，而不是它們實際上的、已成例行公式的供應，才會在孑然一身的個體不死心地追逐著難以捉摸的安全性的同時催促著他們，挨擠在民族的羽翼下取暖。

　　將國家所提供的確定性暨穩定性服務拯救出來的任務，似乎沒有圓滿達成的希望。國家政治的自由受到新的全球性力量的無情侵蝕，它配備著治外法權、移動速度及迴避／逃跑的強大火力；膽敢違背這道新的全球訓令的對象，將遭受迅速、殘酷的懲罰。確實，拒絕按照新的全球規則來玩遊戲，是最罪無可赦的罪行，國家權力被它們自己領土所界定的主權束縛在土地上，它們必須當心、以一切代價阻止自己犯下這樣的罪行。

　　懲罰，往往是經濟上的懲罰。不聽話的政府犯下的罪行，可能是推行保護主義政策、為它們人口中「在經濟意義上多餘」的人群

提供慷慨的公共給養、拒絕讓整個國家受「全球金融市場」和「全球自由貿易」的任意擺布。它們得到的懲罰則包括：拒絕給予貸款或債務減免；本國貨幣受到全球抵制與排斥、被拿來投機操作或被迫貶值；本國股票在全球交易市場全面下跌；整個國家將受經濟制裁封鎖，它過去和未來的交易夥伴都將把它當作全球賤民來對待；全球投資人會做預期損失的停損，他們會打包行李、撤回資產，將收拾殘局、幫助受害者擺脫他們額外增加的困境的工作留給當地政府。

然而有時候，懲罰甚至不僅限於「經濟措施」。尤其冥頑不靈（但又沒有強大到可以長久對抗）的政府會被拿來當成殺雞儆猴的對象。如果全球性力量優越性的日常例行展示還不足以迫使國家明白事理並與新的「世界秩序」合作，那麼軍隊就可能被派出來：這一次，迅速對緩慢的優勢、逃避能力對參與需求的優勢、治外法權性對地方性的優勢，所有這些都會在武裝力量的幫助下得到壯觀的呈現；這些武裝力量擅長的就是打帶跑（hit-and-run）戰術，並嚴格區分「待拯救的生命」以及不值得拯救的生命。

做為一個倫理行為，南斯拉夫（Yugoslavia）發動的戰爭其進行的方式是否正確適當，這是可以討論的。然而，那個戰爭具有「透過非政治手段促進全球經濟秩序」的意義，卻是無庸置疑的。做為新全球階層體制及支撐它的新遊戲規則的壯觀展示，攻擊者所選擇的策略運作得相當良好。如果不是因為這場戰爭造成了成千上萬十分真實的「傷亡」，並讓一個國家淪為廢墟，失去生存手段及自我

復原能力，直到多年以後才能恢復，人們可能會忍不住將它形容為一場**自成一類的**（sui generis）「象徵性戰爭」；這場戰爭本身、它的策略和戰術（有意無意地）成了正在浮現的權力關係的一個象徵。它的媒介實際上就傳達了這個訊息。

　　身為一名社會學教師，年復一年，我不斷地向我的學生們重申，標準版「文明史」的標誌就是定居生活逐漸而毫不留情的興起，以及定居者對游牧者的最終勝利；就他們的本質來說，被打敗的游牧者是一股反文明的倒退力量，這件事是無需進一步討論的。吉姆‧麥克洛夫林（Jim McLoughlin）最近詳細說明了那次勝利的意義，他描繪出在這一現代文明的軌道上，定居人口如何對待「游牧者」的簡明歷史。[14]游牧者被定義為原始的，而自胡果‧格勞秀斯（Hugo Grotius）以來，在原始與自然（也就是未開化、自然狀態、前文化、還沒有文明的）之間就存在著一種類比：「法律的發展、文化的進步以及文明的增長，全都和人類—土地關係隨時空推移所發生的演化及改良有著密切聯繫。」長話短說：進步被等同於放棄游牧、改採定居的生活方式。毫無疑問，所有這一切都發生在沉重現代性的時期，當時支配所隱含的是直接密切的參與，它的意義是領土的征服、併吞與殖民。「文化傳播論（diffusionism）」（一種在帝國首都相當流行的史觀）的創立者和主要理論家叫做弗里德里希‧拉徹爾（Fried Ratzel），他也是「強者權利」的鼓吹者，認為從文明天才的稀少性以及消極模仿的常見性來看，這具有倫理上的優越性，同時也是無可避免的。當他在殖民主義世紀開始之際寫下這段話語時，他準確地抓住了那個時代的精神：

生存的競爭就是空間的競爭……更優越的民族在侵略它弱
小的野蠻鄰邦的領土時，奪走他們的土地、逼迫他們退到
不夠讓他們容身之角落，甚至繼續侵占他們僅有的一點財
產，直到弱者最後失去他們最後殘留的領土，簡直可說是
從地球上被擠出去……這類擴張主義者的優越性主要在於
他們更有能力占有並徹底利用領土，以及將人移居到土地
上。

很清楚地，情況已經不再是這樣了。在液態現代性的時期，支
配遊戲不再是「大者」與「小者」之間的遊戲，而是「快者」與「慢
者」之間的遊戲。那些加速能力超越他們敵人的追趕能力的人，才
是支配者。當速率就是支配時，「占有並徹底利用領土，以及將人
移居到土地上」的能力就變成了一種障礙，是不利的因素而不是一
項資產。將土地納入一個人的管轄範圍甚至是吞併其他人的領土，
除了意味著必須在行政和治安上投入大量資本、既麻煩又無利可圖
之外，還意味著責任與承諾；最重要的是，這意味著相當程度地限
制了未來的行動自由。

考慮到最初企圖，卻造成了讓勝利者無法動彈的結果（他們背
上了地面占領、在地參與和經營管理責任的沉重負擔，這些工作與
液態現代性的權力技術十分不協調），採取打帶跑戰術的戰爭是否
會增加，這件事就很難下定論了。全球菁英的威勢在於其有能力逃
避對地方的承諾；全球化本來就是要避免這些不得已的情況，它切
分任務和功能的方式就是要讓地方政府承擔起法律和（地方）秩序

守護者的角色，而且只有它們才需要承擔。

確實，人們可見到在勝利者陣營中「重新思考」的浪潮正在逐漸增強的許多跡象：「全球警察力量」的策略再一次受到強力的批判性審查。在全球菁英寧可丟給由民族國家變成的地方警局去執行的職能中，有越來越多具影響力的聲音主張其中應包含解決血淋淋的鄰國之間的衝突；我們聽到他們說，這類衝突的解決方案應該也要被「疏導」、「下放」，並在全球階層體制中重新向下分配，不管人權還是非人權，都應該忽略「它原來所屬的地方」，交給地方軍閥以及他們的武器來解決，而這一切都要感謝全球性企業及有志促進全球化的那些政府「可被良好理解的經濟利益」，以及它們的寬宏大量。舉個例子，美國戰略和國際研究中心（American Center for Strategic and International Studies）的資深研究員愛德華‧魯特維克（Edward N. Luttwak），多年來一直是五角大廈不斷變化的政治氣氛的可靠指標，他在一九九九年七月至八月號的《外交》雜誌（被英國《衛報》形容為「最具影響力的紙本期刊」）中就已經呼籲「給戰爭一次機會吧」。根據魯特維克的說法，戰爭並不全然是壞的，因為戰爭可以帶來和平。然而只有「當所有好戰者都已筋疲力竭，或是有一方得到決定性的勝利時」，和平才會到來。最糟的事情莫過於（北約組織就剛剛做了那樣的事情）在交戰雙方都筋疲力竭或交戰者其中一方喪失所有力量前，讓戰爭中途停下。在這樣的情況裡，衝突並沒有解決，而只是被暫時冷凍起來，對手們反而可以利用這段停戰時間再次武裝、部署並重新思考他們的戰術。所以，為了所有人好，就不要插手「別人的戰爭」。

魯特維克的呼籲可能會得到許多人心甘情願、銘感五內的支持。畢竟，正如「透過其他手段促進全球化」這句話所要表達的，不再進行干預並讓消耗戰逐漸「自然終結」，可能會帶來相同的好處，但卻省了直接插手「其他人的戰爭」，尤其是插手那些尷尬棘手的後果所帶來的麻煩。為了安撫在人道主義旗幟下發動戰爭的不明智決定所激起的良心不安，魯特維克指出軍事介入做為達到目的之手段具有明顯的不足：「即便是大規模的無私干預，也可能無法達成它自稱的人道主義目標。人們會想，如果北約當初什麼都沒做，科索沃人（Kosovars）現在的處境會不會好些。」如果北約部隊繼續進行他們的日常演練，讓當地人去做他們該做的事，情況也許會更好。

　　導致人們開始重新思考，並讓這些勝利者後悔曾進行干預（官方宣稱這些干預是成功的）的原因是，他們沒能逃離這場打帶跑戰爭本應能避免的完全相同的結果，那就是入侵領土，以及為了征服領土而須從事的占領和行政工作。北約傘兵部隊在科索沃的降落和進駐阻止了那些好戰分子自相殘殺，但為了讓他們保持在無法相互射擊的安全距離，北約部隊可說是「從天堂落到了地面」，他們被迫為地上的泥濘現實負起責任。亨利・季辛吉（Henry Kissinger）這個頭腦冷靜眼光敏銳的分析師、通曉政治這門無限可能藝術（儘管他對政治的理解方式多少有些過時了）的大師曾告誡北約不要犯下的另一個大錯，就是承擔起被空襲摧毀的土地的復興大任。[15] 季辛吉指出，那個計畫「風險是，它會變成一個導致我們涉入越來越深的無止境承諾，讓我們必須在一個充滿仇恨的、幾乎沒有戰略利益的

地區扮演起警察的角色。」而「涉入」正是以「透過其他手段促進全球化」為目標的戰爭所要避免的！季辛吉還說民政管理會無可避免地引發衝突，而用武力來解決這些衝突的這項代價高昂、倫理上卻可疑的任務，則會落在行政管理者頭上。

迄今為止幾乎沒有跡象顯示，相較於因為他們的失敗而被占領軍用轟炸方式摧毀並取而代之的那些人，占領軍在衝突解決的任務上可以表現得更好。空襲以難民的名義發動，而與難民的命運呈現尖銳對立的是，重返家園者的日常生活很少成為頭條，但偶爾能傳到媒體閱聽人面前的新聞，卻充滿了不祥的預兆。「北約部隊取得控制後不過一個月，另一波暴力及針對科索沃塞族人和少數族裔羅姆人的持續報復行動，正威脅著岌岌可危的地區穩定，並讓此處淪為針對塞族人的種族清洗行動的舞台。」這是克里斯·博德（Chris Bird）來自普里什蒂納（Pristina）的報導。[16] 當從超音波轟炸機上的電視攝影機上觀看時，種族仇恨曾經看似可輕鬆歸因於某個惡棍的陰險預謀，然而來到地面上時，面對著猖獗的種族仇恨，北約部隊卻似乎顯得困惑而不知所措。

尚·克萊爾（Jean Clair）和許多其他觀察家一樣，他們都預料巴爾幹戰爭的直接後果就是整個地區的劇烈持久動盪，而年輕、脆弱或尚未誕生的馬其頓、阿爾巴尼亞、克羅埃西亞或保加利亞類型的民主政體將迎來的是內爆，而不是變得成熟 [17]（這是達尼埃·韋赫內〔Daniel Vernet〕以〈巴爾幹人面臨陷入無盡痛苦的風險〉〔Balkans face a risk of agony without end〕為題，針對第一流巴

爾幹政治及社會科學學者就此一主題所發表過的看法進行的一項調查）。[18] 然而他也在思考，該如何填補斬斷這些民族國家的生存能力基礎所創造出來的政治真空。因不受阻礙的未來願景而正歡欣鼓舞的全球市場力量也許會插上一手，但它們不會希望（如果曾經希望，現在它們也會設法不要）充當缺席或失去權力的政治當局的代理人。它們也未必會對一個控制其全部領土的強大自信民族國家的復興感興趣。

191　　針對目前的困境，「另一個馬歇爾計畫」是最常被提到的答案。困境不只是最後一場勝利戰爭始終打不完而已，困境還在於人們不可能用錢來解決每一個困境，無論為了解決困境而已經撥出的金額到底有多麼龐大。和二次大戰後民族國家為了重建他們的主權和人民生計所面臨的困境相比，巴爾幹半島的困境明顯不同。科索沃戰爭後，我們在巴爾幹面對的不只是幾乎從零開始（南斯拉夫人的生計幾乎完全被摧毀了）的重建之路，我們還面對著族群之間不斷加劇惡化的沙文主義在這場再次強化的戰爭中浮現出來。將巴爾幹各國納入全球市場，對於平息他們之間的互不包容與仇恨並沒有太大幫助，因為它只會增加、而非減輕那種不穩性，它曾是（現在仍是）沸騰部落情感的主要來源。舉例來說，弱化塞爾維亞反抗勢力的真正危險是，它等於是在向它的鄰居發出一個長期訊息，邀請它們加入新一輪的對抗和種族清洗行動。

考慮到在處理巴爾幹「人口混雜地帶」（正如有洞見的漢娜‧鄂蘭所指出的）典型的敏感複雜議題上，北約政治人物們過去

笨拙的處理手法著實令人惱火，人們可能擔心將鑄下另一系列代價高昂的大錯。人們也會懷疑，在確保他們富裕的選區不會受到難民和尋求庇護者的新一波威脅之後，很快地，歐洲領導人就會對這塊難以治理的土地失去興趣，就像他們過去多次做過的一樣——在索馬利亞、蘇丹、盧安達、東帝汶和阿富汗，他們都曾這樣做。如果他們這樣想也不算太離譜。在繞道經過了一大段遍布屍體的路程之後，我們可能又回到了起點。國際少數民族研究所（International Institute for Minority Studies）所長安東尼娜・潔雅茲科娃（Antonina Jelyazkova）對此有著很好的闡述（引自韋赫內）：「用炸彈不可能解決少數民族的問題。軍事打擊讓兩邊的惡魔可以為所欲為。」[19] 由於支持民族主義的辯護理由，北約軍事行動加劇惡化了該地區原已狂熱的民族主義浪潮，並為未來重複上演的種族滅絕劣行預備了基礎。最可怕的後果之一就是這讓該地區語言、文化和宗教的相互接納、友善共存變得比以前任何時候都更加不可能發生。無論初心如何，結果都與我們對於一項真正合乎倫理的行動所該期待的背道而馳。

儘管只是初步結論，但這是個不祥的結論。企圖透過新的「全球警察行動」來減輕部落攻擊性的嘗試，迄今為止，即使最樂觀地來看，也證明是不會有結果的，更可能的是適得其反。不間斷的全球化，總影響是嚴重失衡的：首先是重新再起的部落衝突所造成的創傷，然而用來醫治這些創傷所需的藥物，充其量只能說是還在測試（更可能的是試誤）階段。

看來，相較於促進共同體的和平共存，在為共同體之間的敵意和衝突火上加油這方面，全球化似乎表現得更加成功一些。

填補真空

對跨國企業而言（也就是全球性企業，其地方性利益和效忠是分散的、不斷變化的），「理想的世界」「是一個沒有國家的世界，或至少是由小國、而非由大國組成的世界」，霍布斯邦觀察到，「除非有石油，否則國家越小、越弱，它在收買政府上需花的錢就越少」：

> 我們今天擁有的其實是一個雙元體制，官方的體制是國家的「國民經濟（national economy）」體制，真實但主要非官方的則是由跨國單位和機構組成的體制……和擁有領土和權力的國家不同，國民的其他要素可以、而且很容易會被經濟的全球化壓垮。族群和語言是兩個明顯的要素。如果拿走國家權力和強制力，它們相對上的微不足道就會變得十分清楚了。[20]

隨著經濟全球化的腳步健步如飛地前進，毫無疑問的是，「收買政府」也變得越來越不必要了。政府無能為力運用他們控制的資源（也就是無論他們選擇用什麼方法來平衡收支，都確定會留在他們管轄範圍內的那些資源）來平衡收支，這種明顯的無能為力足以讓政府不只向無可避免的經濟全球化繳械投降，還甚至會和「全球

化行動者（globals）」主動積極合作。

　　紀登斯用假冒的「暗黑大力神（juggernaut）」這個隱喻來捕捉全球範圍的「現代化」機制的面貌。同樣的隱喻也十分適合用於描述現今的經濟全球化：越來越難區分行動者和他們的被動客體，因為大部分的國家政府都在爭先恐後地乞求、哄騙或誘惑全球化的暗黑大力神改變路徑，第一個大駕光臨他們所治理的領土。在它們當中有少數動作遲緩、腦筋糊塗、目光淺短、或單純只是極端自負的國家還沒有加入這場競爭，它們的下場要不是發現自己在爭取「用銀子來決定投票」的選民青睞時完全沒有任何東西能拿來吹噓，就是被那些願意順從的國家製造出來的「世界輿論」異口同聲地譴責與放逐；為了讓它們恢復理智並促使它們加入或是重新加入行列，它們將被炸彈轟炸，或是承受著被炸彈轟炸的威脅。

　　如果民族國家的主權原則最終失去信用，並從國際法法典中被刪除，如果國家的反抗權力實際上已經被破壞，以至於在全球權力者的計算中不再是需要被認真考慮的要素，那麼由超國家秩序（負責約束和管制全球經濟力量的一個相互制衡的全球政治體制）取代「由國家組成的世界（world of nations）也就不過是可能的劇本之一而已，且從今天的眼光來看還不是最有把握的。而布迪厄稱為「危脆化政策（the policy of precarization）」的世界性擴張，若不是更可能發生，至少也有可能隨之發生。如果對國家主權的打擊結果證實是終極而致命的，如果國家失去了它對強制力的壟斷（韋伯和諾伯特·伊里亞斯〔Norbert Elias〕這樣的人會認為這是國家

最具區辨力的特質，同時也是現代理性或文明秩序的必要屬性），那麼，包括可能帶來潛在種族滅絕後果的暴力在內的暴力總量的減少，就不是必然會產生的結果了；暴力也許只是被「去管制」，也就是從國家的層次落到了「共同體」（新部落）的層次而已。

在缺乏所謂「樹式（arboretic）」結構（借用德勒茲／瓜達里的隱喻）的制度框架下，社會性（sociality）將回歸其「爆裂性」的呈現方式，以根莖狀方式擴展並萌生出持久度不一的型態，但它們的共通特色是不穩定、處在激烈爭論中，並被掏空了可倚賴的根基──除了追隨者激烈而狂熱的行動外，它們沒有任何基礎。普遍存在的基礎不穩定性，需要得到補償。積極（無論是出於自願或被迫）參與罪行的共謀者角色，只有因為「爆裂性質的共同體（explosive community）持續存在才能撇清責任並不受懲罰，也因此成為最適合填補真空的人選。爆裂性質的共同體誕生於暴力之中，也需要暴力的持續餵養才能繼續存在。它們需要威脅它們生存的敵人、需要集體進行迫害、折磨與凌虐的敵人，以便讓每個共同體成員都成為那些行為的從犯、幫兇──因為萬一戰爭輸了，他們的所做所為肯定會被宣布為反人類罪行，並受到追究和懲罰。

在一系列富挑戰性的研究（《創世以來的奧祕》〔Des choses cachées depuis la fondation du monde〕、《代罪羔羊》〔Le Bouc émissaire〕、《暴力與神聖》〔La Violence et le sacré〕）中，荷內·季哈赫（René Girard）針對暴力在共同體的誕生與持存上扮演的角色發展出一個完整的理論。在和平友好合作的平靜表象下，暴力的

強烈衝動始終沸騰；它需要被疏導到共同體的邊界之外，以便切斷與寧靜的共同體島嶼的聯繫，因為在那裡暴力是被禁止的。暴力，可能揭穿共同體合一性真面目的暴力，於是被重新回收，成為共同體的防禦武器。在這個回收後的形式中，暴力是不可或缺的；它必須以犧牲獻祭的形式重新出現在舞台上，為了這個獻祭儀式，代罪羔羊根據極不明確卻又無比嚴格的規則而被選出來。「有一個共通標準決定著所有犧牲的有效性」。這個共通標準是：

> 內部暴力——這些犧牲品是為了鎮壓共同體內的所有紛爭、對抗、嫉妒與口角。犧牲的目的，就是要恢復共同體的和諧，再次鞏固社會的結構。

儀式性犧牲有各種形式，讓於共同體的合一性與危脆性的記憶保持鮮活這個目標是它們的共同點。但是要為了扮演「代罪羔羊」的角色，在共同體合一性的祭壇上的祭物必須要經過適當的挑選——挑選祭物的規則不僅十分苛求，而且也十分精確。為了符合獻祭的要求，潛在的對象「必須要和排除在「可犧牲者」隊伍之外的那些類別的人（也就是被認為是「共同體內部人」的人們）高度相似」「同時又維持著某程度的差異，以避免所有可能造成的混淆」。祭物人選必須是外人，但是不能太遠；既和「我們這些理所當然的共同體成員」相似，但又有著絕對不會誤認的差異。畢竟，犧牲這些對象的行為就是要在共同體的「內部」與「外部」之間劃出絕對不可逾越的界線。不消說，犧牲品往往來自於這樣的類別： ₁₉₅

來自社會外或社會邊緣的人;戰犯、奴隸、替罪者
（pharmakos）……他們是外來或邊緣的個體,沒有能力
建立或分享將其他居民連結在一起的那種社會紐帶。他們
身為外籍人士或敵人的身分、他們的卑屈處境,或僅僅是
他們的年齡,都可能是讓這些未來的受害者無法將自己充
分整合到共同體之中的原因。

缺乏與其他「正當的」共同體成員的社會連結（或是被禁止建
立這樣的連結）還有一個額外的好處,那就是犧牲品「可以承受暴
力的對待而不會產生報復風險」;[21] 當人們合理希望不會因為懲罰
這些人的行為而遭到懲罰的同時,卻也同時高聲表達完全相反的預
期,用最聳人聽聞的方式誇大這些犧牲品的殺人能力,不斷提醒將
這些類別的人繼續圈禁起來、提醒共同體的活力與警覺性得隨時保
持在最高點。

季哈赫的理論十分有助於我們理解那些在磨損的共同體邊界上
猖獗氾濫的暴力,尤其是理解那些認同不確定的共同體的暴力;或
更扼要地說,他的理論有助於我們理解,當共同體的邊界不存在、
有許多漏洞或是不清楚時,暴力的普遍運用是劃清界線的手段。然
而對於季哈赫的理論,似乎可以依序提出三個批評:

第一,若「代罪羔羊」的規律犧牲是對不成文的「社會契約」
的更新儀式,那麼它之所以能夠扮演這個角色,必須要歸功於它的
其他面向——即對歷史上曾發生的、或神話性的「創世事件」的集
體性紀念,以及在浸透了敵人鮮血的沙場上締結的原始契約。如果

沒有這樣的事件，就必須透過犧牲儀式的不斷重複，以回溯性的方式加以詮釋。無論是真實的還是捏造的，這樣的事件都為追求共同體地位的所有團體——那些還沒有把握可以用良性的儀式取代血淋淋的獻祭、用替代性犧牲品取代對真正犧牲者的屠殺的準共同體——設定了一個模式。儀式化的犧牲將共同體生活轉化為「獨立日」奇蹟的持續重演，但無論其形式可能多麼崇高，所有有志成為共同體的團體從中得到的實際教訓，所激起的行動卻缺乏細緻與儀式性優雅。

第二，共同體為了確保自己的安穩存在及階層穩固而犯下了「初始謀殺」，用季哈赫自己的話來說，這個觀念是前後不一致的；在初始謀殺發生之前，幾乎不存在可以強化的階層以及要去穩定的共同體（季哈赫自己也已經幾乎是這麼暗示著，當在第十章解釋獻祭儀式中普遍存在的割離〔severance〕的象徵符號時，他說：「共同體的誕生首先是一個分離的行動。」）至於有計劃地將內部暴力放逐到共同體邊界以外（共同體為了在內部人中間維持和平而屠殺外部人）的這個想像，則是另一個吸引人但毫無根據的權宜性思考，只是扮演因果解釋的功能（無論是真實的或只是個歸因）而已。更恰當的說法，是初始謀殺透過確立對團結的要求以及緊密合作的必須性而產生了共同體。正是初始犧牲者的正當性在要求著共同體必須團結，而在年復一年的犧牲儀式中被再次確認的也是它。

第三，季哈赫主張「犧牲主要是沒有報復風險的暴力行為」（頁13）。對於這一點必須補充一個觀察，那就是為了讓犧牲產生效果，

不存在風險的這件事必須被小心隱藏起來，或者更好的做法是斷然否認它。從初始謀殺中浮現出來的敵人不能是死透的；敵人是不死的，是隨時準備要從墳裡爬出來的殭屍。一個真正死去的敵人，或說一個無法復活的死去的敵人，不可能激起足以證明合一必要性的恐懼——而獻祭儀式的規律舉行正是為了提醒周遭的每個人，敵人終於死去的謠言本身就是敵人的宣傳，並因此提供雖然來自側面但仍十分鮮明的證據，證實敵人仍然好好地活著，並且有能力造成破壞。

在一系列針對波士尼亞種族滅絕事件的傑出研究中，雅納‧約罕‧維特森（Arne Johan Vetlesen）指出，在缺乏可靠（我們希望是持久、穩定的）制度性基礎的情況下，一個沒有參與行動、不熱衷或是無所謂的旁觀者，也會變成整個共同體最仇視憎恨的敵人：「從種族滅絕施行者的角度來看，旁觀者是有潛力……阻止正在發生的種族滅絕的人。」[22] 容我補充一點，無論旁觀者將來會不會將潛能付諸實現，他們做為「旁觀者」（在摧毀共同敵人這件事情上什麼也沒做的人）的在場，就是對這個爆裂性共同體從其「存在理由（raison d'être）」推演出來的唯一命題的挑戰，這個命題就是：這是一個「你死我活」的情況，只有消滅「他們」才能讓「我們」活下來，殺死「他們」就是讓「我們」繼續存活的必要條件（conditio sine qua non）。且容我再補充一點，由於共同體成員資格完全不是「預先注定的（preordained）」，也沒有獲得制度上的保證，所以「（濺）血的洗禮」——集體罪行的個人參與——就成了唯一的加入方式，也是持續保有成員資格的唯一正當途徑。與國家實行

的種族滅絕不同（與二戰期間納粹對猶太人實行的大屠殺尤其明顯不同），這種做為爆裂性共同體誕生儀式的種族滅絕，是無法委託給專家或專業的官僚組織來進行的。有多少「敵人」被殺死沒有那麼重要，重要的是有多少人殺了人。

還有一點也很重要，那就是殺人要在光天化日、眾目睽睽下進行，這樁罪行要有叫得出行兇者名字的見證者——這樣，逃避懲罰就不再是個可行的選項，而從這樁初始罪行中誕生的共同體也就會成為行兇者唯一的避難所。正如維特森在他對波士尼亞的研究中所發現的，種族淨化

> 利用並維持了加害者與被害者之間相近性的現有條件；事實上，如果這樣的條件不存在，它們會創造出它們來，並在這些條件似乎逐漸消失時，將它們當作原則問題來延長其壽命。在這種超個人化（super-personalized）的暴力中，所有家庭成員都被迫成為酷刑折磨、強暴及殺戮的見證者……[23]

這和舊式的種族滅絕，尤其是「理念型」的納粹針對猶太人的種族滅絕的另一個不同點是，在產生出爆裂性共同體的諸種混合的因素中，見證人是其中不可或缺的一個。只有在初始罪行始終不曾被遺忘、共同體成員因持續意識到存在大量他們的犯罪證據而團結一致時，一個爆裂性共同體才能合理地指望（雖然經常是種假象）長期存續——共同體成員為了爭論他們罪行的性質是否構成犯

罪並應該得到懲罰，於是在團結的共同既得利益下凝聚在一起。符合這些條件的最佳方式，就是透過在舊的罪行上加入新的罪行，而定期或持續翻出對罪行的記憶及懲罰的恐懼。由於爆裂性共同體通常是成雙成對出現（如果沒有「他們」就不會有「我們」了），也由於當成對出現的爆裂性共同體中若恰巧有一方實力更強、那一方就會迫不及待犯下種族滅絕暴力罪行，因此在正常情況下根本不缺機會找到從事新一波「種族淨化」或種族滅絕行動的合適藉口。因此，伴隨著爆裂性社會性而來的暴力，做為暴力所積澱之共同體的生存之道的暴力，天生就是自我繁殖、自我持存、自我強化的。它產生了圭果里‧貝特森（Gregory Bateson）的「分裂創生鍊（schizmogenetic chains）」；它們會頑強地抵抗所有將它們分開、更別說是逆轉它們的企圖。

季哈赫和維特森所分析的那種爆裂性共同體尤其兇猛、好鬥、嗜血，並極具發動種族滅絕行動的潛力，「領土的連結」是讓他們具有如此特性的主因。發動種族滅絕行動的潛能又可以追溯到液態現代性時期的另一個弔詭。爆裂性的社會性加上領土野心，混合起來必然導致許多怪物般、發育不全、「不健康的」變種。在一個被現代性的輕盈／流動／軟體性等各種特質支配的世界中，空間征服與保衛（一般來說是固態現代性衝突中的主要賭注）中的「吞人」和「吐人」策略的交替使用，看起來就像是明顯放錯了地方（更重要的是「放錯了時間」）；在這樣的一個世界中，它破壞規則，而不是循規蹈矩。

被圍困的定居人群拒絕接受新「游牧式」權力遊戲的規則與籌碼，這種態度在後起之秀的全球游牧菁英眼中看來簡直難以理解（而且極其令人反感、不受歡迎），他們不得不將之視為遲鈍、落後的標記。當事情有關對抗，尤其是有關軍事對抗時，液態現代性世界的游牧菁英將定居民族的領土取向策略看成是「野蠻的」，而他們自己的軍事策略相較之下則是「文明的」。現在是游牧菁英在定調，也是它們在制定標準，分類並評判那些對領土的執迷。情況已經倒過來了：經過測試的「時間政治（chronopolitics）」舊式武器曾被勝利的定居民族用來將游牧民族驅散到野蠻／未開化的前歷史中，如今這項武器則被凱旋的游牧菁英用於對付殘存下來的領土主權，以及那些仍致力守護它的人。

在對領土實踐的譴責裡，游牧菁英可以指望獲得大眾的支持。看著被稱為「種族淨化」的大規模驅逐行動不斷上演，人們心中普遍感受到一股憤慨，而這股憤慨又因為這個事實而得到額外的強化：這些行動看起來就像每天都在他們自家附近出現的那些較小規模趨勢的強化版，亦即在土地上的都市空間內四處可見的文明化的十字軍東征。為了對抗「種族淨化者」，我們驅逐自己「內部的惡魔」，它讓我們將討厭的「外來者」隔離在少數族群居住區中，對庇護法的收緊喝采，要求將可憎的陌生人從城市街道上趕走，不計代價地在我們的避難所周圍加裝監視器並派遣武裝警衛駐守。在南斯拉夫戰爭中，交戰雙方的賭注驚人地相似，儘管一方所宣稱的目標，對另一方而言卻是迫切想要保守的祕密，儘管守密技巧實在笨拙。塞爾維亞人希望將桀驁難馴的阿爾巴尼亞裔少數族群趕出他們

的領土，但北約各國的做法卻是「以其人之道還治其人之身」，也就是說，是因為其他歐洲人希望讓阿爾巴尼亞人留在塞爾維亞境內，以便及早阻止他們成為棘手的移民威脅，才導致他們的軍事行動。

衣帽間共同體

　　然而，在液態現代性特殊化身中的爆裂性共同體和領土性之間的連結絕對不是必然的，也肯定不會是普遍的。大部分的當代爆裂性共同體都是為液態現代期量身定作，即便可以在領土上規劃它們的擴張，但若要說有什麼區別，那就是它們是不受疆界管轄的（而且往往它們越能不受領土的約束，它們就會特別成功）──就像它們在爆裂與滅絕間的短暫間隔中所召喚並勉強維持其生機的身分認同一樣。這種「爆裂」性質和液態現代時期的身分認同十分合拍：與這類身分認同相似的是，我們所討論的這些共同體往往短暫易變，它們是「單一面向的」，也是「單一目標的」。它們的壽命雖然充滿喧囂與狂暴憤怒，卻十分短命。它們的力量不是來自於它們被預期會持久存在，弔詭的是，它們的力量反而是來自於它們的危脆性及不確定的未來，來自於它們的警覺性及情感投入；那是它們脆弱的存在叫囂著要求的。

　　「衣帽間共同體（cloakroom community）」的名稱十分恰當地捕捉到它們的一些特有特徵。出席某個展示性活動（spectacle）的人會**根據場合**打扮，他們的裝扮會遵守有別於日常著裝規則的服

裝樣式規則——這個行為同時也將做為「一個特殊場合」的出席區別開來，讓出席者至少在活動進行期間，看起來比他們在戲院外的生活更整齊劃一。是這個夜間演出活動讓他們全部聚到了這裡——然而他們在白天的興趣和消遣卻可能相當不同。在進入表演廳前，所有人都把他們在街上穿的大衣和外套留在劇院的衣帽間裡（只要計算一下使用到的掛鉤和衣架數目，人們就可以判斷現在劇院的滿座率以及這齣戲即將受歡迎的程度）。表演進行時，所有人的眼睛都盯著舞台，注意力也都集中在舞台上。喜與悲、歡笑與沉默，一陣又一陣的掌聲、喝采以及驚訝的抽氣聲同時發出——就像事前經過了仔細的編排與指導一樣。然而，在戲幕最後一次落下後，觀眾們到衣帽間收拾好他們的物品，穿上在外面穿的衣服時，他們便再次回到了他們尋常無奇的生活及不同的角色中；過沒多久，他們就再次消失在城市街頭形形色色的人群之中，而幾小時前他們才從人群中走出來過。

衣帽間共同體需要一種展示性活動，可以激發出潛伏在看似毫不相干個體內心的相同興趣，讓他們可以將其他的興趣（那些把他們分開而非結合在一起的興趣）暫時擱置在一旁不須理會，然後聚在一起一小段時間。展示性活動做為一個衣帽間社群的短暫存在的場合，並不會將個人的關切匯聚成「群體興趣」；通過疊加的方式，個人的關切不會獲得新的屬性，而這個展示性活動所產生的共享的幻覺，在對演出的興奮情緒消退之後，也就消失了。

展示性活動已經取代了沉重／硬體現代性時期的「共同目標」

——這極大地改變了新型認同的性質，而它還需要一段很長的時間才能理解伴隨著對新型認同之追求而來的情感張力，以及產生侵略性的那些創傷。

201　　「嘉年華共同體（carnival community）」似乎是我們討論中的這種共同體的另一個適當稱呼。畢竟，這樣的共同體提供了從日常孤軍奮戰的痛苦中暫時解脫出來的喘息空間，使人們可以從**法理**個體那令人厭倦的境況中掙脫——他們被說服或是被迫只能靠著自身的努力，將自己從深陷的泥沼中拖出來。爆裂性共同體是打破日常孤立而單調生活的**事件**（event），就像所有的嘉年華，它們釋放了被壓抑的力量，讓狂歡者能在尋歡作樂結束後，更有能力忍受他們必須回到的例行軌道。正如維根斯坦憂鬱沉思中的哲學一樣，它們「讓一切原封不動」（是這樣沒錯，如果不計入傷者以及那些逃脫「附帶性傷亡」命運的人所承受的精神打擊的話）。

　　無論是稱作「衣帽間」或「嘉年華」，爆裂性共同體，正如**法理**個體本質性的孤獨命運，以及他們為了要成為**事實**個體所熱切投入但總體而言徒勞無功的努力一般，都是液態現代性景觀不可或缺的一個特質。這些展示性活動、這些衣帽間裡的掛鉤和衣架，以及吸引著大批群眾的嘉年華盛會，數量眾多且五花八門，迎合著各種人的口味。這個赫胥黎式的勇敢新世界，從歐威爾式的一九八四中借用了「五分鐘的（集體）仇恨」這一策略，並狡猾精明地補充上了「五分鐘的（集體）愛慕」這個方便法門。每天的報紙頭條及電視的第一分鐘報導都揮舞著一面新的標語橫幅，而人們則被聚集

在這面橫幅底下，「虛擬實際地」肩並肩前進著。他們提供了虛擬實際的共同體一個可以圍著盤繞起來的虛擬實際的「共同目標」，被同步化的恐慌（有時是道德的，但更常是不道德或非關道德的恐慌）及狂喜不斷交替推拉著。

衣帽間／嘉年華共同體的一個影響，是它們有力地阻止了「真實」（也就是完整而持久的）共同體的凝聚縮合，而後者正是它們模擬並（誤導地）承諾要去重現或要一點一滴逐漸建立起來的。它們分散（而非凝縮）了未被利用的社會性衝動的能量，並因此為孤獨狀態的持久存在作出貢獻；這種孤獨狀態促使人們絕望卻徒勞地在極端稀有的那種和諧一致的集體性任務中尋求補償。

法理個體的命運與**事實**個體的命運之間存在著一道尚未消除而且看似不可消除的鴻溝，從中製造出許多的痛苦與不幸，但這種共同體提供的絕不是癒合之道，它們反而是液態現代性境況所特有的社會失序的症狀，有時甚至是其原因。

論社會學寫作
論寫作；
補論
1

對於思考的需求讓我們思考。
——阿多諾（Theodor W. Adorno）

在引用捷克詩人楊·斯卡索（Jan Skácel）對詩人境況（用斯
卡索自己的話來說，詩人僅僅是發現「始終深埋在那裡的」的詩句
罷了）的看法時，米蘭·昆德拉（Milan Kundera）在《小說的藝術》
（L'Art du roman）中作出了如此評論：「對詩人而言，寫詩就意
味著拆毀那道牆，那道牆背後藏著某樣『始終在那裡』的事物。」
從這個角度來看，詩人的任務和歷史工作並沒有什麼不同，後者的
工作也是**發現**更勝於**發明**：正如詩人，在不斷變化的情境中，歷史
揭露過去隱藏的人類可能性。

對詩人而言，歷史實際在做的事情是一項挑戰、任務，也是一
項使命。為了承擔這個使命，詩人必須拒絕服務於過去已知的陳腐

202

真理；因為真理已被帶上了水面，並在那裡一直漂流著，那些真理才會變成是「顯而易見的」。無論這些「事先假定的」真理是被歸類為革命性或異議性的，基督教或無神論的，也無論它們事實上或曾被頌揚有多麼的正確恰當、高貴公正，這些都不重要。無論它們的名稱為何，那些「真理」都不是詩人受到召喚要去揭露的「某種隱藏的事物」；它們反而是那道牆的一部分，而摧毀那道牆正是詩人的使命。只有冒牌的詩人才會為顯而易見、不證自明、「我們都會相信，難道不是嗎？」的事物代言。昆德拉這麼說。

但是，如果說有任何區別的話，詩人的志業又與社會學家的天職有什麼關係呢？我們社會學家是很少寫詩的（有些社會學家的確把寫作的時間當成是我們職業工作以外的一段假期）。但如果我們不想落入和「冒牌詩人」相同的命運，不願成為「冒牌社會學家」，我們就該盡量和真正的詩人一樣，去揭露仍然隱藏著的人類可能性。為此，我們必須穿透一道道顯而易見、不證自明的牆，由當今主流的意識形態所築起的牆；這些主流意識形態的共同性，被拿來當作證明其合理性的證據。拆毀這樣的牆是詩人的天職，也是社會學家的天職，而理由是一樣的：對可能性的封堵，在阻礙它的偽裝被揭露的同時，也掩蓋了人類潛能的存在。

也許詩人尋找的詩句「始終在那裡」。然而，對歷史所揭露的人類潛能，我們就無法如此肯定了。人類——創造者與被造物，歷史的英雄與受害者——真的永遠擁有同樣多的可能性，等著在合適的時間裡被揭露出來嗎？抑或是，隨著人類歷史的推進，發現與創

造之間的對立已經變得毫無意義了？由於歷史就是人類創造的無止境過程，出於同樣的理由（以及同樣的原因），難道歷史就不會是人類自我發現的無止境過程嗎？揭露／創造常新的可能性、擴大已被發現並實現的可能性清單，這種傾向難道不是唯一從過去以來就始終「已經在那裡」、現在也一直如此的人類潛能嗎？新的可能性到底是被創造出來，還是「只是」被歷史所揭露，這個問題無疑是學院中人樂意接受的思想養分；至於歷史本身，它並不等待一個答案，而且即使沒有答案，歷史也能勝任它的工作。

尼可拉斯·盧曼（Niklas Luhmann）留給社會學同僚們最重要且珍貴的學術遺產，就是「**自我再製（autopoiesis）**」的概念——自我創造（self-creation，源自希臘文 ποιείη，意思是做、創造、賦予形式、能產生結果之意；它的反面是希臘文 πασχείη，承受、成為行為的對象，而非源頭）——意思是捕捉並概括人類境況的本質。這個詞的選擇本身就是對歷史與詩之間連結（遺傳性的親緣而非選擇性的親近）的一種創造或發現。詩與歷史屬於人類能之自我再製的兩股平行（在非歐幾里德宇宙意義上的「平行」，在這種宇宙中占支配地位的是鮑耶〔Bolyai〕和羅巴切夫斯基〔Lobachevski〕的幾何學）趨勢；在這裡，創造是發現能夠採取的唯一形式，而自我發現則是創造的首要表現。

人們會不禁想說，社會學是和詩與歷史這兩股趨勢平行的第三股趨勢。或者，如果社會學繼續停留在它嘗試捕捉及顯明的人類境況之內的話，至少它應該會是那第三股趨勢。而這正是自社會學誕

204

生以來它就一直嘗試要達成的，雖然在努力的過程中社會學的注意力不斷被引導到錯誤的方向；因為，它將看似不可逾越、尚未被瓦解的牆當成人類潛能的限制，並從既定道路中離開，去向駐防的指揮官和其指揮的軍隊保證，他們為區隔這些禁止進入區域而劃下的界線絕對不會被侵犯。

阿勒芙黑・德・繆賽（Alfred de Musset）在將近兩個世紀前就已經指出，「偉大的藝術家沒有國家」。在兩個世紀前，這句話是極為激進的言詞，已形同某種叫戰口號了。這句話是在年輕、易受騙、並因而也是狂妄好戰的愛國主義令人震耳欲聾的嘹亮號角聲中寫下的。許多的政治人物在同一個法律、同一種語言、同一個世界觀、同一個歷史及同一個未來的民族國家建國大業中發現了自己的天職。許多的詩人和畫家則發現他們的使命是培育滋養民族精神的稚嫩幼苗，復興長期失去的民族傳統，或是構想出過去從未存在過的全新民族傳統，並為這個尚未充分意識到自己是個民族的民族，提供它英雄先祖的故事、頌歌、肖像與名字——提供某種可共同分享、熱愛與珍惜的事物，並因此將共同生活提升至彼此歸屬的層次；透過讓人們銘記及崇拜他們的逝者、透過讓他們因保衛先人的遺產而感到喜悅，藝術家們打開活著的人的眼睛，讓他們認識到有所歸屬的美好與幸福。在這樣的背景下，繆賽直言不諱的結論具有反叛的一切特徵，同時也在呼喚人們拿起武器：他召喚他的作家同伴們拒絕與這些政治人物、先知和傳教士的事業合作，因為他們所要鼓吹建立的是嚴密守衛的邊境及刀槍林立的戰壕。我不知道德・繆賽是否直覺意識到了民族主義政治人物和意識形態炮製者立

志要建立的那種博愛所具有的彼此相殘潛力，或者說，我不知道他的話是否只是在表達他這個知識分子對目光淺短、落後陳腐的偏狹心態的反感與厭惡而已。無論情況是哪一種，由於有了後見之明的優勢，當我們現在將它放到沾染種族淨化、種族滅絕和累累墳塋污跡的放大鏡下時，繆賽的這句話讀起來似乎一點也沒有失去它的時事性、挑戰性和急迫性，同時也絲毫不減它一開始的爭議性。此時亦如彼時，這句話瞄準了作家使命的核心，並用這一個對任何作家的**存在理由**都具決定性意義的問題，對他們的良知提出挑戰。

205

一個半世紀後，璜·戈提梭羅（Juan Goytisolo），也許是在世西班牙作家中最偉大的一位，又再次提出了這個議題。他在最近的一次訪談中（〈戈提梭羅的那些戰役〉〔Les batailles de juan Goytisolo, *Le Monde*, 12 February 1999〕）指出，當西班牙以天主教虔誠信仰為名並在宗教法庭影響下接受了一個高度限制的民族認同時，這個國家就從十六世紀末開始成為了一個「文化沙漠」。讓我們留意一件事：戈提梭羅以西班牙文寫作，但在他定居在摩洛哥之前，他一直多年長居巴黎及美國。而我們需要留意的另一件事情是，沒有任何其他西班牙作家像他一樣，有這麼多作品翻譯成阿拉伯文。毫無疑問，戈提梭羅這麼做是有原因的。他解釋：「親密性與距離創造出一種享有特殊好處的情境。兩者都是必要的。」雖然各自為了不同原因，但在他和他的母語西班牙語以及後天習得的阿拉伯語、法語和英語（這些是依序成為他所選擇的替代家園的國家的語言）的關係中，都可以鮮明地感受到這兩種特質。

205

由於戈提梭羅的大半生都在西班牙以外的國家度過，西班牙語對他而言就不再是日常生活尋常交流使用的再熟悉不過的工具，可以不假思索信手捻來。他和他孩提時代的語言之間的親密關係並沒有（也無法）受到影響，但現在這樣的親密關係獲得了距離的補充。西班牙語成為他「流亡生涯的真正故鄉」，這塊土地是他從內在加以認識、感受並經歷體驗的，但同時（由於它也變得遙遠的關係）也充滿了驚奇及令人悸動的發現。那塊親密／遙遠的土地受到了**冷靜而超然**（sine ira et studio）的詳細審查，暴露出本國語使用中隱藏著的陷阱以及尚未經過測試的可能性，它展現出過去不曾想到會存在的可塑性，並接納及邀請創造力的介入。親密性和距離的結合讓戈提梭羅理解到，未經反思地沉浸在一個語言中——那種沉浸的體驗恰恰是流亡生活不可能給予的——是充滿危險的：「如果人只生活在當下，他就會有隨著當下一起消失的風險。」正是以「外部的」、超然的眼光凝視他的母語，讓戈提梭羅能夠超越不斷消失的當下，並以一種其他方式不可能提供、甚至完全不可思議的方式來豐富他的西班牙語。他將早已無人使用的古老詞彙重新帶回他的散文及詩歌中，於是他透過這樣的方式吹走了語言倉庫中覆蓋在那些詞彙上的那層厚厚灰塵，他擦去了時間留下的斑斑鏽跡，重新賦予這些詞彙從未有人想到過的（或長久受到遺忘的）新鮮活力。

　　在他最近和卡特琳納·馬拉布（Catherine Malabou）合作出版的《小路》（Contre-Allée）一書中，德希德邀請他的讀者**在旅行中**思考（to think in travel）——或者更準確地說，是去「思考旅行（think travel）」。那意味著去思考這個獨特的活動：啟程、離

開**自己的家**、去到遠方、走向未知，只為那「未知」所可能帶來的所有風險、快樂與危境（甚至包括有去無回）。

德希達非常著迷於「離開（being away）」。他對離開的著迷是在他十二歲時成形的，那是一九四二年，德希達被學校開除，因為當時北非的法國維琪政權（Vichy）下令學校清除學校中的猶太學生。這是德希達「永恆流亡」的開端。從那時起，德希達就將他的人生分成了法國與美國兩個部分。在美國，他被認為是個法國人；而在法國，無論他多努力，童年時期所留下的阿爾及利亞口音總是在他精緻高雅的法語**談話**（French parole）中無意間跑出來，洩漏了這位巴黎大學教授薄透外表底下隱藏的**黑腳法國人**（pied noir）^{譯1}身分（有些人認為，德希德後來稱頌寫作的優越性，並建構出寫作優先性的原因論神話以支持這個價值論主張，原因就在此）。在文化上，德希達一直保持著一種「無國家」狀態。雖然這並不表示德希達就沒有文化上的故鄉了。恰恰相反：文化上「無國家」狀態意味著擁有不只一個故鄉，意味著在文化的十字路口上建立一個屬於自己的家園。德希達成了一個異鄉人（métèque），一個文化雜種，並始終是個這樣的人。他的「十字路口上的家園」是用語言打造起來的。

譯註 1：直譯為黑腳，這個詞被用來指在法國殖民阿爾及利亞期間生活在阿爾及利亞的法國或其他歐洲公民，尤其是出生在阿爾及利亞的歐洲人後裔。

在文化十字路口上建立一個家，被證明是讓語言接受檢驗的可以想到的最佳方式，它在別處極少需要接受這樣的檢驗，在這樣的檢驗中，可以發現語言在別處未曾被留意到的特性、知道它有能力完成什麼事，以及哪些承諾是它絕對無法實現的。從那個十字路口上的家園中誕生了令人振奮並大開眼界的思想：關於含義的內在多元性及不可決定性（在《書寫與差異》〔*L'écriture et la différence*〕中）的見解、有關起源的不純粹性（在《論文字學》〔*De la grammatologie*〕中）的見解，以及有關溝通的永恆不可實現性（在《明信片》〔*La carte postale*〕中）的見解——正如克伊斯提昂·德拉貢巴涅（Christian Delacampagne）所指出的那樣（見 *Le Monde*, 12 March 1999）。

戈提梭羅和德希達傳達出來的訊息，和繆賽的並不相同：小說家和哲學家指出的是，偉大的藝術並非沒有故鄉——相反地，正如藝術家，藝術也許擁有許多的故鄉，幾乎可以肯定地說，藝術的故鄉不只一個。關鍵並不是無家可歸，藝術的祕訣是在哪個家園中都能感到自在，祕訣是在每個家園中都同時是它的局內人也是局外人，祕訣是結合局外人的批判性眼光與親密性、結合疏離超然與參與涉入——這是定居者不可能學會的祕訣。只有流亡生活讓人有機會學會這項祕訣——**從字面上來嚴格解釋**，流亡者（exile），即是指**在**某地生活，卻又不**屬於**該地的人。這種境況（那就是這種境況）所導致的無拘無束狀態表明了一件事，那就是這種有如在家的自在感，是人為的、可被撤回的，它表明母語只是世代間永無休止的溝通交流，也是始終比任何母語讀物都豐富、永遠得到被重新發掘的

訊息寶庫。

史坦納（George Steiner）曾將貝克特（Samuel Beckett）、波赫士（Jorge Luis Borges）和納博科夫（Nabokov）三人稱為當代最偉大的作家。他說，他們三人的共通點以及令他們偉大的原因，是他們每個人都能夠在好幾個而不只一個語言世界中穿梭自如——像「在自家一般」游刃有餘（在這裡必須做個適當提醒。語言世界〔linguistic universe〕是個贅語：我們每個人生活在其中的世界是、而且只能是「語言的」世界——由字詞構成的世界。字詞在不可視物的漆黑海洋上點亮了有形可見的島嶼，在大量無形的無意義事物中標示出散落四處的參照點。是字詞將世界切片並歸類到有以名狀的客體的類別之中，顯明了它們之間的親密或是敵意、接近或是遙遠、親和或是彼此疏離——只要它們仍獨自留在這個場域中，它們就會將所有這類人造物提升到現實的層級，那是唯一存在的現實）。人們需要深刻地生活、造訪並認識一個以上這樣的世界，才能探查出隱藏在任何世界雄偉、看似不可征服的結構背後的人類發明，才能發現為了用法則和必然性來解釋自然的概念，需要進行多少的人類文化工程；而這一切都是必須的，為的是在最終能夠累積起足夠的勇氣與決心，以便在意識到它的風險與陷阱、也意識到它無邊可能性的同時，**明知故犯地**加入到那個文化工程的行列之中。

創造（因此也是發現）始終意味著打破規則；遵守規則只是在做著一成不變的例行公事——那不是創造。對流亡者而言，打破規則不是可以自由選擇的事，而是無法迴避的最終結果。流亡者不夠

瞭解他們所抵達的國家的支配規則，他們也沒有那種虛情假意可以做到被認為是真心誠意地遵守並服從這些規則，並因此獲得稱許。就像對他們的母國一樣，成為流亡者的命運在那裡也被視為是他們的原罪；在這樣的看法下，這些罪人後來做出的所有事情都會被一一記錄下來，並做為它們破壞規則的呈堂證據。無論是因為蓄意還是無心，打破規則都成了流亡者的標記。這讓他們在其生命旅程所停駐的任何國家中都不可能被當地人喜愛。然而，弔詭的是，這也讓他們可以為所有駐足的國家帶來它們最迫切需要的禮物，即便它們對此一無所知；這樣的禮物是它們幾乎無法期望從其他地方得到的。

且讓我澄清一下。在這裡討論的「流亡」並不必然是物理性的、身體的移動。它可能涉及離開某個國家到另一個國家，但不一定如此。正如克莉絲汀・布魯克・羅斯（Christine Brook-Rose）在她的《放逐》（*Exsul*）一書中所說的，所有流亡，尤其是作家的流亡（也就是以語言來表達並因此成為一種可交流的經驗的流亡），都以拒絕融合做為其獨特標記，也就是決心要從物理空間中脫穎而出，想像出一個屬於自己的地方、一個和周遭人所定居的地方都不相同的地方、一個既不像他抵達的地方也不像他離開的地方，的地方。這樣的流亡並不是從它與任何特殊物理空間的關係來定義，也不是從它與許多物理空間之間對立的關係來定義，而是透過它對空間本身所自主地採取的立場來定義，「終極地來說，」布魯克・羅斯問道：

每個詩人或詩人性格的（探究性的、嚴謹的）小說家不都是某種流亡者嗎？為著尋找寫作的空間以及更短缺的閱讀空間，他們由外向內觀看，在心靈的眼睛裡看見了一個明亮、可愛的形象，一個被創造出來的小小世界。這種寫作、這種往往和出版商及公眾意見不合的寫作，是創造性藝術的最後一塊孤立而未社會化的淨土。

堅決保持一種「未社會化」狀態；只允許和非融合狀態進行融合；（經常充滿痛苦、折磨，然而最終得到勝利地）奮力對抗來自²⁰⁹新舊地方的排山倒海壓力；堅苦地保衛不做論斷及選擇的權利；欣然接受矛盾或是為矛盾創造出存在的機會——我們可以說，這些就是「流亡」的構成要素了。請注意，所有這一切指涉的都是態度和生活策略，是精神而非物理性的移動力。

米榭‧瑪夫梭利（Michel Maffesoli）（在《游牧主義：最初的流浪》〔Du nomadisme: Vagabondages initiatiques〕裡）將今天我們所有人所棲居的世界看成是一塊「飄流之地」，「脆弱的個體」在這裡與「多孔的現實」相遇。在這塊土地上，只有那些流動的、性質曖昧不明的人或物，才能在一個永恆變動的環境中、在持續自我越界的持續狀態下生存適應。如果有的話，「根著性（rootedness）」在那裡也只能是動態多變的：它恰恰需要透過重複性的「自我疏離」行為，也就是透過「在旅途中」、在路上這個最初的根本行為來日復一日地重申並重構它。在將我們所有這些今日世界的定居者與游牧者做比較後，阿塔利（在《智慧之道》

〔*Chemins de sagesse*〕）指出，除了輕裝上路，並對在路上遇見的陌生人親切、友善、殷勤之外，游牧民族還必須時刻保持警戒，心裡牢記他們的營地是脆弱的，沒有任何屏障或壕塹可以阻止入侵者。畢竟，努力要在游牧者世界生存下去的游牧者必須逐漸習慣持續迷失方向的狀態，必須習慣沿著未知方向的道路前進，不知要持續多久，除了下一個轉彎或十字路口，幾乎看不到更遠的路；他們必須將所有注意力集中在他們得在黃昏前走過的那一小段路上。

那些注定要在「多孔現實」中生活的「脆弱個體」感覺自己如履薄冰。「在薄冰上滑行」，在他的散文〈深謀遠慮〉（Prudence）中，愛默生（Ralph Waldo Emerson）論到，「我們的安全繫之於我們的速度」。無論脆弱與否，個體們都需要安全、渴望也尋找安全，因此無論他們做什麼，他們都會盡自己最大能力維持高速。當和速度快的跑者一起跑步時，慢下來就意味著被拋在後面；當在薄冰上跑步時，慢下來則意味著溺死的真實威脅。速度於是攀上了生存價值列表上的首位。

然而，速度會讓人難以思考、讓人難以未雨綢繆，無論如何都無法做長期思考。思考要求的是暫停與休息、「從容不迫」，思考要求扼要地說明已經採取的步驟、仔細查看抵達的地方以及抵達那個地方所憑藉的智慧（或輕率魯莽，視情形而定）。思考將人們的心思從手邊的任務上轉移，而手邊的任務卻總是高速運轉著，無論可能存在的其他情況為何。當缺乏思考時，脆弱個體在這個多孔世界中所面臨的「如履薄冰」的**定數**（fate），就會成為**命運**

（destiny）。

正如馬克思・謝勒（Max Scheler）在〈愛的秩序〉（Ordo Amoris）一文中堅持認為的，把定數當成命運是個嚴重的錯誤：「人的命運不是他的定數……認為命運和定數是同一回事的假定，應該要被稱為宿命論。」宿命論是一種判斷的錯誤，因為定數事實上有「一個自然的且基本可理解的起源」。此外，定數雖然不是可以自由選擇的事，尤其定數並不是個體能夠自由選擇的，但定數「是從一個人或一群人的生活中逐漸形成的」。當一個人在薄冰上賽跑時，他必須要有一些資源才能領會這一切、才能注意到定數與命運的差異與鴻溝，並逃脫宿命論的陷阱，而這些資源並不容易取得：他要有可以用來思考的「空閒時間」，以及可以讓他從長遠觀點來思考的距離。「我們對命運的想像」，謝勒警告道，「只有當我們拒絕它時，才會在所留下的重複軌跡中被突顯出來。」雖然宿命論是一種自我確證的態度，但它讓思考的必要條件——「拒絕」看起來毫無用處，不值一試。

保持距離、從容不迫，是為了將命運和定數區分開來、為了將命運從定數中解放，也是為了讓命運能夠自由面對定數並挑戰定數：這是社會學所回應的呼召。這也是社會學家會做的；如果他們有意識、深思熟慮但熱切地努力將他們參與的天命——他們的定數——重新打造成他們的命運的話。

「社會學是答案。但什麼是問題？」貝克在《風險社會中的政治》（Politik in der Risikogesellschaft）一書中作出了如此陳述與提

問。在作出這個陳述暨提問的幾頁之前，貝克似乎已闡明了他在尋找的問題，也就是超越專家政治（expertocracy）的民主的可能性，這樣一種民主「是從對這個問題——我們是否想要在被給予的條件下生活？——進行開放辯論和決策的地方開始的」。

這種民主的可能性之所以帶著問號，並不是因為某個人惡意關上了這一論辯的大門並禁止人們做出明智的決定；人類在過去幾乎不曾像現在這樣，可以完全而無拘無束地自由表達意見、自由地聚在一起討論共同關切的事務。然而關鍵是，要催生這種民主——貝克認為這是我們當務之急——需要比形式上的言論自由和通過決策的自由更多的東西。我們也得弄清楚我們需要談論什麼，以及我們所通過的解決方案應該關注什麼。而這一切都必須在我們這種社會中完成：在這樣的社會中，對議題發言和尋找解決方案的權威是保留給專家的，他們擁有排他性的權利，可以判斷真實和幻想的差異、區分可能與不可能（我們會說，根據定義，幾乎可以說專家就是「把事情弄清楚」的人；他們總是就事論事，並在事實中找出一個風險最小的生活方式）。

為什麼這不是件容易的事，而且除非是做了某件事，否則它不可能變得更容易，貝克在《風險社會：邁向另一個現代之路》中有解釋。他寫道：「正如食物的功用是止飢，排除風險、**或是將風險詮釋為不存在**的功用是用來消除對風險的意識。」在一個主要困擾是物質需求的社會，在「消除不幸」跟「將不幸詮釋為不存在」之間二擇一這種事情是不存在的。但在我們這個受風險而非物質需

求困擾的社會，二擇一是可能的，而且這還是人們每天都要做的選擇。否認飢餓的存在並無法消除飢餓，主觀受苦及其客觀原因之間的連結牢不可破，而且它是不證自明、無法掩蓋的。但風險和物質需求不同，風險無法被主觀地經驗到；至少它們無法直接「在生活中體驗」，除非透過知識的中介。它們可能永遠也無法抵達主觀經驗的領域——它們可能被認為微不足道，在抵達那裡之前就直接被否認了，且隨著風險範圍的擴大，阻止它們抵達主觀經驗領域的可能性也隨之**增加**了。

隨之而來的結果，是**我們在今天比以往任何時候都需要社會學**。身為專家，社會學家的工作就是再次去檢視客觀苦難與主觀經驗之間已然失落的連結，而與以往任何時候相比，這個工作現在已經變得更加重要且不可或缺，而且更不可能在沒有社會學家的專業協助下執行，因為已經完全不可能透過其他專業領域的發言人和從業者來執行這項任務了。如果所有專家都處理實際問題，所有專家知識都只關注實際問題的解決，那麼社會學做為專家知識的一門分支，它所努力要解決的實際問題就是**以人類理解為目標的啟蒙**。社會學也許是唯一一門已經克服並取消了狄爾泰（Dilthey）知名的**解釋**（explanation）與**理解**（understanding）區分的專業學科（正如布迪厄在《世界的苦難》〔La Misère du monde〕一書中所指出的）。

理解一個人的定數，意味著意識到一個人的定數和他的命運之間的差異。而要理解一個人的定數，要做的就是去認識造成那個定數以及它和命運之差異的複雜原因網絡。人們要在這個世界上**發揮**

作用（有別於被這個世界所役使），他就需要認識這個世界是如何運作的。

　　社會學能夠帶來的這種啟蒙是針對自由選擇的個體所進行的啟蒙，它的目標是增強並鞏固他們的選擇自由。它的立即目標是重新打開聲稱已經被關上的解釋的盒子，並透過此方式來促進理解。不分性別個體的自我形成、自我主張能力是他們決策能力的初始條件，只有擁有這樣的能力，他們才能夠決定自己是否想要這種被當作是定數而呈現到他們面前的生活，而增強這些能力的力量、效力和理性，正是社會學啟蒙的結果。獨立自主社會的實現是和獨立自主個體的實現一起攜手向前的，它們的關係只能是休戚與共。

　　引用科內流斯‧卡斯托里亞迪斯（Cornelius Castoriadis）在《西方的衰頹》（*Le Délabrement de l'Occident*）中的一句話：

> 一個獨立自主的社會，一個真正的民主社會，是一個會質疑一切既定事物的社會，同樣地，它也是一個對新意義的創造加以解放的社會。在這樣的社會中，所有個體都能自由地為自己的生活創造出他們想要（也能夠）創造的意義。

　　一旦社會「認識到（它必須認識到）沒有什麼意義是『確定的』，認識到它存在於混亂的表面，而它本身就是一團正在尋找形式的混亂，但它所尋找的形式從來就不是一勞永逸地固定下來的」，那麼，這個社會就是一個真正獨立自主的社會了。並不存在著得到保證的意義，也就是說不存在絕對真理、預先注定的行為規

範、事先劃好所以不再需要關注的對錯界線，以及保證成功的行動守則，所有這些事物的不存在，同時是一個真正獨立自主社會和一個真正自由個體的必要條件；獨立自主的社會和社會成員的自由，彼此互為條件。民主與個體性可以堆聚起什麼樣的安全感，並不取決於與人類境況所固有的偶連性及不確定性進行的鬥爭，而是取決於認識它並直接面對它所帶來的結果。

如果在固態現代性羽翼下誕生並發展的正統社會學所全力研究的，是人類的順服與一致性，那麼，為液態現代性量身訂作的社會學必須首要關注的則是如何促進自主性和自由，於是這樣的社會學就必須將個體的自我意識、理解力與責任當作關注焦點。當現代社會處於固態、被管理控制的階段時，對它的居民而言，主要的對立是一致性與偏差之間的對立；但當現代社會處在今天這種液態、去中心化的階段時，為了要邁向一個真正獨立自主的社會，承擔責任和尋求庇護所之間的對立就是人們必須勇敢面對的主要對立：在庇護所中，行動者不需要為自己的行動負責。

這個對立的另一面，即尋求庇護所，既是一個誘人的選項也是一個實際的願景。托克維爾（在他的《民主在美國》〔De la démocratie en Amérique〕第二卷中）指出，如果自私（selfishness）這個困擾著人類歷史所有時期的禍根「讓所有美德的種子都枯竭了」，那麼個體主義這個具代表性的新的現代苦惱，則只是讓「公共美德的泉源」枯竭而已。受個體主義影響的個體「為了自己的好處忙著建立小公司」，而把「大社會」交給它自己的命運去決定。

從托克維爾匆匆寫下他的觀察以來，驅使著人們這麼做的誘惑又大幅增加了。

人們生活在許多相互競爭的價值、規範和生活風格之中，但對於自己的選擇是否正確，卻無法得到堅實、可信的保證；這樣的生活不僅危險，還需要為此付出高昂的心理代價。難怪逃避負責任之必要性的第二種回應會越來越有吸引力。正如茱莉亞‧克莉斯蒂娃（Julia Kristeva）（在《沒有民族主義的國家》〔Nations without Nationalism〕一書中）所言，「不求助於原初的避難所來補償個人失序混亂的人，是極其少見的。」而我們每個人都會程度不一、或多或少地發現自己處在那種「個人失序混亂」的狀態。我們一次次地夢想著一種「偉大的簡單」；我們會自發地編織著倒退的幻想，我們對出生前子宮及安全的家的想像是這些幻想的主要靈感來源。尋找原初避難是責任所對應的「他者」，正如偏差和反叛是「一致性」的他者一樣。如今，對原初避難所的渴望已經取代了反叛，反叛現在已不再是個合理的選項了；正如皮耶‧侯桑瓦隆（Pierre Rosanvallon）（在他的經典著作《烏托邦資本主義》〔Le Capitalisme utopique〕中）指出的，不再有「要被罷黜和取代的居高臨下的權威了。正如**面對**失業現象時出現的社會宿命論所表明的，似乎已經不存在造反的空間了。」

疲乏無力的跡象明顯且四處可見；然而，正如布迪厄重複觀察到的，它們在這個政治的世界中尋求一個正當合法的表達，卻徒勞無功。它們缺乏清晰的表達，這是人們在排外情緒和種族主義狂

熱的爆發中必須從側面讀出來的；排外情緒和種族主義狂熱正是對「原初避難所」眷戀的最常見表達形式。這種尋找代罪羔羊及好戰的偏狹的新部落情緒還有一個可行且同樣普遍的替代選項，那就是退出政治並撤退到私人生活的高牆後面，然而它現在已經不再打動人，做為對痛苦真實來源的反應，它也已經不再適當了。社會學擁有可促進理解的解釋的潛能，所以正是在此一時刻，它比它在歷史上的任何時期都更能發揮它的作用。

根據古老但從未被超越的希波克拉底（Hippocratic）傳統，正如布迪厄給《世界的苦難》這本書讀者的提醒，真正的醫學是從認識看不見的疾病開始的——從「病人不說或是忘記要說的事實」開始的。對社會學而言，需要做的只是「揭示結構性原因；那些結構原因是那些明顯的跡象和談話只能透過扭曲它們來揭露的〔只能透過遮掩來揭露它們〕。」人們需要去洞察（解釋和理解）這個社會秩序特有的苦難，這個社會秩序「（雖然就像人們常說的）無疑阻止了巨大的痛苦，然而……在這同時它也讓社會空間倍增……提供了有利的條件，讓各式各樣微小苦難得到空前的成長。」

診斷疾病和治療疾病並不是同一回事——就和適用於醫學診斷一樣，這個一般性原則也適用於社會學診斷。但是我們應該注意到，在一個相當重要的面向上，社會弊病不同於身體的疾病，那就是對一個罹患疾病的社會秩序而言，缺乏適當診斷（因為被貝克發現到的、將風險「詮釋成不存在」的趨勢所排擠或消音下的結果）是這個疾病的關鍵，也許是決定性的部分。正如卡斯托里亞迪斯的

名言，如果社會停止質疑它自身，這個社會就病了；而且勢必是如此，因為（無論它知不知道）社會是獨立自主的（制度既然是人類一手建立，那麼就潛在意義來說，也是人類可一手拆毀的），而當社會停止自我質疑時，就會讓它無法意識到這種自主性，從而助長社會受制於其他力量的幻覺以及無可避免的宿命論結果。而重新開始質疑，就意味著社會朝著療癒的方向邁進了一大步。如果在人類境況的歷史上，發現就等於創造；如果在對人類境況的思考中，解釋和理解是同一回事──那麼，在改善人類境況的努力中，診斷和治療就會是一體的。

布迪厄在《世界的苦難》的結論中完美地表達了此一看法，他說：「去意識到讓生活充滿痛苦、甚至難以成活的那些機制，不表示讓它們變得無效；去揭露矛盾與衝突，不意味著解決它們。」然而，儘管人們對社會學知識的社會效果可能產生懷疑，但允許受苦的人發現他們的苦難可能和社會成因有關，這件事情的效果是無法否認的；對於當人們意識到「各式各樣，包括最私密、最不為人知的」不幸的社會起源時所造成的影響，我們也無法視而不見。

布迪厄提醒我們，自由放任根本就不是什麼清白無辜的事。平靜地觀看人類苦難的同時，一邊儀式性地唸誦「沒有別的辦法」咒語來平撫良心所受的煎熬，這就是在成為共謀。無論是誰，只要他是在自願或默許的情況下去遮掩、甚至更糟的是去否認社會秩序的本質是它是人造的而非不可避免的，是偶連的因此是可以改變的，尤其造成人類不幸的秩序更是如此，那麼他在道德上就是有罪的，

因為他拒絕對身處危難中的人施以援手。

從事社會學工作及社會學寫作的目標，就是揭露共同生活的不同可能，也就是揭露更少苦難或甚至沒有苦難的共同生活的可能性：揭露那些每天都在被壓抑、忽視或懷疑的可能性。不去看、不去尋找壓抑了這樣的可能性，因此這樣的行為本身就是人類苦難的一部分，同時也是苦難被無限延續的主因。對它的揭露這件事本身並不會預先決定它的用途；同時，當這種可能性被人們知道之後，也可能因為沒有得到足夠的信任而沒有機會得到現實的檢驗。揭露只是這場對抗人類苦難的戰爭的開始，而不是結束。但是，除非人類自由的規模能夠被揭示並得到承認，因此自由能夠在這場對抗一切（包括最為個人性、最為私密的）不幸的戰鬥中被充分利用，否則人們不會嚴肅地發動這場戰爭，更別說是有機會獲得至少是部分的勝利。

從事社會學工作的方法，除了「參與」和「中立」之外沒有別的選擇。不表態的社會學是不可能存在的。從直言不諱的自由主義到堅定不移的社群主義，在今天從事社會學工作的許多分支中，追求一個道德中立的立場是徒勞無功的。只有在放棄每個其他人類都必須每天面對的選擇的責任時，社會學家才可能去否認或遺忘他們的工作對「世界觀」產生的影響，以及那個世界觀對人類單獨或聯合行動的影響。社會學的任務就是為了人類的延續，而確保人們的選擇是、始終是、而且益發是真正自由的選擇。

216

註釋

第一章

1. Herbert Marcuse, 'Liberation from the affluent society', quoted after *Critical Theory and Society: A Reader*, ed. Stephen Eric Bronner and Douglas Macay Kellner (London: Routledge, 1989). p. 277.

2. David Conway, *Classical Liberalism: The Unvanquished Ideal* (New York: St Martin's Press, 1955). p. 48.

3. Charles Murray, What it Means to be a Libertarian: A Personal Interpretation (New York: Broadway Books, 1997), p. 32. 傑佛瑞・費里曼（Jeffrey Friedman）的中肯評論請參見 'What's wrong with libertarianism', *Critical Review*, Summer 1997, pp. 407-67.

4. 來自 Sociologie et philosophie (1924)。這裡引自紀登斯的翻譯，收錄於 *Émile Durkheim: Selected Writing* (Cambridge: Cambridge University Press, 1972), p. 115.

5. Erich Fromm, Fear of Freedom (London: Routledge, 1960), pp. 51, 67.

6. Richard Sennett, *The Corrosion of Character, The Personal Consequences of Work in the New Capitalism* (New York: W. W. Norton & Co., 1998), p. 44.

7. Giles Deleuze and Felix Guattari, *Anti-Oedipus: Capitalism and Schizophrenia*, trans. Robert Hurley (New York: Viking Press, 1977), p. 42.

8. Alain Touraine, 'Can we live together, equal and different?', *European Journal of Social Theory*, November 1998, p. 177.

9. Frankfurt am Main: Suhrkamp, 1986. English trans. Mark Ritter, Ulrich Beck, *Risk Society: Towards a New Modernity* (London: Sage, 1992).

10. Beck, *Risk Society*, p. 137.

11. 收錄於 Ulrich Beck , *Ecological Enlightenment: Essay on the Politics of the Risk Society*, trans Mark A. Ritter (New Jersey: Humanity Press, 1995), p. 40.

12. Theodor Adorno, *Negative Dialectics*, trans. E. B. Ashton (London: Routledge, 1973), p. 408.

13. Theodor Adorno, *Minima Moralia: Reflections from Damaged Life*, trans. E. F. N. Jephcott (London: Verso, 1974), pp. 25-6.

14. Adorno, *Negative Dialectics*, p. 220.

15. Adorno, *Minima Moralia*, p. 68.

16. Adorno, *Minima Moralia*, pp. 33-4.

17. Theodor Adorno and Max Horkheimer, *Dialectics of Enlightenment*, trans. John Cumming (London: Verso, 1986). p. 213.

18. Adorno and Horkheimer, *Dialectics of Enlightenment*, pp. 214-15.

19. *Leo Strauss on Tyranny, including the Strauss-Kojève Correspondence*, ed. Victor Gourevitch and Michael S. Roth (New York: Free Press, 1991), pp. 212, 193, 145, 205.

第二章

1. Nigel Thrift, 'The rise of soft capitalism', *Cultural Values*, 1/1, April 1997, pp. 29-57. 史理夫特在這裡創造性地發展了喬威特在 *New World Disorder*

（Berkeley: University of California Press, 1992）和麥可 · 賽瑞斯（Michel Serres）在 *Genesis*（AnnArbor: University of Michigan Press, 1995）中創造並定義的概念。

2. Alain Lipietz, 'The next transformation', in *The Milano Papers: Essays in Societal Alternatives*, ed. Michele Cangiani (Montreal: Black Rose Books, 1996) pp. 116-17.

3. 參見 V. I. Lenin, "Ocherednye zadachi sovetskoi vlasti', *Sochinenia*, 27, February-July 1918; Moscow: GIPL, 1950, pp. 229-30.

4. Daniel Cohen, *Richesse du monde, pauvretés des nations* (Paris: Flammarion, 1997), pp. 82-3.

5. Max Weber, *The Theory of Social and Economic Organization*, trans. A. R. Henderson and Talcott Parsons (New York. Hodge, 1947), pp. 112-14.

6. Gerhard Schulze, 'From situations to subjects: moral discourse in transition', in *Constructing the New Consumer Society*, ed. Pekka Sulkunen, John Holmwood, Hilary Radner and Gerhard Schulze (New York. Macmillan, 1997), p. 49.

7. Turo-Kimmo Lehtonen and Pasi Maenpää, 'Shopping in the East-Central Mall', in *The Shopping Experience*, ed. Pasi Fal and Colin Campbell (London: Sage, 1997), p. 161.

8. David Miller, *A Theory of Shopping* (Cambridge: Polity Press, 1998), p. 141.

9. Zbyszko Melosik and Szkudlarek, *Kultura, Tozsamosc i Demokracja: Migotanie Znaczen* (Kraków: Impuls, 1998), p. 89.

10. Marina Bianchi, *The Active Consumer: Novelty and Surprise in Consumer Choice* (London: Routledge, 1998). p. 6.

11. Hilary Radner, 'Producing the body: Jane Fonda and the new public

feminine', in *Constructing the New Consumer Society*, ed. Sulkunen et al., pp. 116, 117, 122.

12. 史賓塞・費茲吉朋（Spencer Fitz-Gibbon）博士寫給《衛報》的一封信裡，對布萊爾的困惑提供了一個恰當而精確的推論：「有趣的是羅賓・庫克（Robin Cook）現在是個壞胚子，因為他背著老婆在外面亂搞被發現了。但是不久前他還捲入一樁販賣武器給印尼獨裁政權的醜聞中，這個政權在占領東帝汶期間屠殺了二十萬人。如果英國的媒體和公眾對種族滅絕和性亂交展現出同樣程度的憤怒，那麼這個世界就會變得更安全了。」

13. 參見 Michael Parenti, *Inventing Reality: The Politics of the Mass Media* (New York: St Martin's Press, 1986), p. 65. 用帕然提（Michael Parenti）的話來說，無論他們想要銷售什麼，大量無處不在的廣告背後潛藏的訊息是，「為了過更安逸、舒適的生活，消費者需要企業來帶領他們。」事實上，企業生產者可以指望由諮商師、個人顧問或「自我學習」書籍的作家們會大力向人們灌輸幾乎類似的有關個人無能為力的訊息。

14. Harvie Ferguson, *The Lure of Dreams: Sigmund Freud and the Construction of Modernity* (London: Routledge, 1996), p. 205.

15. Harvie Ferguson, 'Watching the world go round: Atrium culture and the psychology of shopping', in *Lifestyle Shopping: The Subject of Consumption*, ed. Rob Shields (London: Routledge, 1992), p. 31.

16. 參見 Ivan illich, 'L'Obsession de la santé Parfaite', *Le Monde* diplomatique, March 1999, p. 28.

17. 引自 Barry Glassner, 'Fitness and the postmodern self', *Journal of Health and Social Behaviour*, 30, 1989.

18. 參見 Alber Camus, *The Rebel*, trans. Anthony Bower (London: Penguin, 1971), pp. 226-7.

19. Gilles Deleuze and Felix Guattari, *Oedipus Complex: Capitalism and*

Schizophrenia, trans Robert Hurley (New York: Viking Press, 1977), p. 5.

20. Efrat Tseëlon, 'Fashion, fantasy and horror', Arena, 12, 1998, p. 117.

21. Christopher Lasch, The Cultural of Narcissim (New York: W. W. Norton and Co., 1979), p. 97.

22. Christopher Lasch, The Minimal Self (London: Pan Books, 1985), pp. 32, 29, 34.

23. Jeremy Seabrook, The Leisure Society (Oxford: Blackwell, 1988), p. 138.

24. Thomas Mathiesen, 'The viewer society: Michel Foucault's 'Panopticon' revisited', Theoretical Criminology, 1/2, 1997, pp. 215-34.

25. Paul Atkinson and David Silverman, 'Kundera's Immortality: the interview society and the invention of the self', Qualitative Inquiry, 3, 1997, pp. 304-25.

26. Harvie Ferguson, 'Glamour and the end of irony', The Hedgehog Review, Fall 1999, pp. 10-16.

27. Jeremy Seabrook, The Race for Riches. The Human Costs of Wealth (Basingstoke: Marshall Pickering, 1988), pp. 168-9.

28. Yves Michaud, 'Des Identité flexibles', Le Monde, 24 October 1997.

第三章

1. 引自 Chris McGreal, 'Fortress town to rise on Cape of low hopes', the Guardian, 22 January 1999.

2. 參見 Sarah Boseley, 'Warning of fake stalking claims', the Guardian, 1 February 1999，引用一份由米榭・巴德（Michel Pathé）、保羅・E・穆倫（Paul E Mullen）和羅斯瑪麗・普塞爾（Rosemary Pucell）署名的報告。

3. Sharon Zukin, The Culture of Cities (Oxford: Blackwell, 1995), pp. 39, 38.

4. Richard Sennett, *The Fall of Public Man: On the Social Psychology of Capitalism* (New York: Vintage Books, 1973), pp. 39ff.

5. Sennett, *The Fall of Public Man*, p. 264.

6. Liisa Uusitalo, 'Consumption in postmodernity', in *The Active Consumer*, ed. Marina Bianchi (London: Routledge, 1998), p.221.

7. Turo-Kimmo Lehtonen and Pasi Mäenpää, 'Shopping in the East-Centre Mall', in *The Shopping Experience*, ed. Pasi Falk and Colin Campbell (London: Sage, 1997), pp. 34-6.

8. Michel Foucault, 'Of other spaces', *Diacritics*, 1, 1986, p. 26.

9. Richard Sennett, *The Uses of Disorder: Personal Identity and City Life* (London: Faber &Faber, 1996), pp. 34-6.

10. 參見 Steven Flusty, 'Building paranoia', in *Architecture of Fear*, ed. Nan Elin (New York: Princeton Architectural Press, 1997).

11. 參見 Mrk Augé, *Non-lieux; Introduction à l'anthropologie de la surmodernité* (Paris: Seuil, 1992). 另參見 Georges Benko, 'Introduction: modernity, postmodernity and social science', in *Space and Social Theory: Interpreting Modernity and Postmodernity*, ed. Georges Benko and Ulf Strohmayer (Oxford: Blackwell, 1997), pp. 23-4.

12. Jerzy Kociakiewicz and Monika Kostera, 'The anthropology of empty space', *Qualitative Sociology*, 1. 1999, pp. 43, 48.

13. Sennett, *The Uses of Disorder*, p. 194.

14. Zukin, *The Culture of Cities*, p. 263.

15. Sennett, *The Fall of Public Man*, pp. 260ff.

16. Benko, 'Introduction', p. 25.

17. 參見 Rob Shields, 'Spatial stress and resistance: social meanings of spatialization', in *Space and Social Theory*, ed. Benko and Strohmayer, p. 194.

18. Michel de certeau, *The Practice of Everyday Life*, (Berkeley: University of California Press, 1984); Tim Crosswell, Imagining the nomad: mobility and the postmodern primitive', in *Space and Social Theory*, pp. 362-3.

19. 參見 Daniel Bell, *The End of Ideology* (Cambridge, Mass.: Harvard University Press, 1988), pp. 230-5.

20. Daniel Cohen, *Richesse du monde, pauvreté des nations* (Paris: Flammarion, 1997), p. 84.

21. Nigel Thrift, 'The rise of soft capitalism', Cultural Values, April 1997, pp. 39-40. 史里夫特的論文只能用有啟發性、有潛力發揮重大影響力來形容,但是他的論文標題和整篇文章中所使用的「柔軟資本主義(soft capitalism)」這個概念似乎命名不當,而且對於特性的描述會產生誤導。輕盈現代化的軟體資本主義中沒有任何東西是「柔軟」的。史里夫特說「舞蹈」和「衝浪」是貼近這個取得新化身的資本主義之本質的最佳隱喻之一。既然舞蹈和衝浪都意味著運動的輕盈靈巧,那麼這兩個隱喻就是恰當的選擇。但是日常的舞蹈與衝浪一點都不「柔軟」。舞者和衝浪手,尤其是那些在擁擠不堪的舞池和浪濤拍岸的海濱從事這兩個運動的人,需要的是強悍,而不是柔軟。而且他們必須強悍,但只有少數他們的前輩才需要強悍,因為他們能夠站立不動或是沿著標示清楚、功能良好的軌道前進,所以軟體資本主義的堅實、強悍一點也不輸給過去的軟體資本主義。而液態絕不意味著柔軟。想想看洪水泛濫、水壩潰堤就知道了。

22. 參見 Georg Simmel, 'A chapter in the philosophy of value', in The Conflict in *Modern Culture and Other Essays*, trans. K. Peter Etzkorn (New York: Teachers College Press, 1968), pp. 52-4.

23. 正如 Eileen Applebaum and Rosemary Batt, *The New American Workplace* (Ithaca: Cornell University Press, 1993) 中的描繪。這裡的文字引自 Richard Sennett, *The Corrosion of Character: The Personal Consequences of Work in the New Capitalism* (New York: W. W. Norton & Co., 1998), p. 50.

24. Sennett, *The Corrosion of Character*, pp. 61-2.

25. Anthony Flew, *The Logic of Mortality* (Oxford: Blackwell, 1987), p. 3.

26. 參見 Michael Thompson, *Rubbish Theory: The Creation and Destruction of Value* (Oxford: Oxford University Press, 1979), 尤其 pp. 113-19.

27. Leif Lewin, 'Man, society, and the failure of politics', *Critical Review*, Winter-Spring 1998, p. 10. The criticized quotation comes from Gordon Tullock's preface to William C. Mitchell and Randy T. Simmons, *Beyond Politics: Markets, Welfare, and the Failure of Bureaucracy* (Boulder, Col.: Westview Press, 1994), p. xiii.

28. Guy Debord, *Comments on the Society of the Spectacle*, trans Malcolm Imrie (London: Verso, 1990), pp. 16, 13.

第四章

1. 此段話出自他做為「西元兩千年」委員會主席，而給他的《西元兩千年》（*The Year 2000*, ed. Hermann Hahn and Anthony J. Wiener）一書所寫的序言。這裡的文字引自 I. F. Clarke, *The Pattern of Expectation, 1644-2001* (London: Jonathan Cape, 1979), p. 314.

2. Pierre Bourdieu, *Contre-feux: Propos pour servir à la résistance contre l'invasion néo-liberale* (Paris: Liber, 1998), p. 97.

3. Alain Peyrefitte, *Du 'Miracle' en économie: Leçons au Collège de France* (Paris: Odile Jacob, 1998), p. 230.

4. Kenneth Jowitt, *New World Disorder* (Berkeley; University of California Press, 1992), p. 306.

5. Guy Debord, *Comments on the Society of the Spectacle*, trans. Malcolm Imrie (London: Verso, 1990), p. 9.

6. Peter Drucker, *The New Realities*, (London: Heinemann, 1989), pp. 15 ,10.

7. Ulrich Beck, Risk Society, *Towards a New Modernity*, trans. Mark Ritter (London: Sage, 1992), p.88.

8. 參見 David Ruelle, *Hasard et chaos* (Paris: Odile Jacob, 1991), pp. 90.

9. Jacques Attali, *Chemins de sagesse: Traité du labyrinthes* (Paris: Fayard, 1996), pp. 19, 60, 23.

10. 參見 Paul Bairoch, *Mythes et paradoxes de l'histoire économique* (Paris: La Découverte, 1994).

11. Daniel Cohen, *Richesse du monde, pauvretés des nations* (Paris: Flammarion, 1998), p.31.

12. 參見 Karl Polanyi, *The Great Transformation* (Boston: Beacon Press, 1957), 尤其 pp. 56-7 & ch.6.

13. Richard Sennett, *The Corrosion of Character: The Personal Consequences of Work in the New Capitalism* (New York: W. W. Norton &Co., 1998), p. 23.

14. Sennett, *The Corrosion of Character*, pp. 42-3.

15. *La Misère du monde*, ed. Pierre Bourdieu (Paris: Seuil, 1993), pp. 631, 628.

16. Sennett, *The Corrosion of Character*, p. 24.

17. Robert Reich, *The Work of Nations* (New York: Vintage Books, 1991).

18. Sennett, *The Corrosion of Character*, pp. 50, 82.

19. Attali, *Chemins de sagesse*, pp. 79-80, 109.

20. Nigel Thrift, 'The rise of soft capitalism', *Cultural Values*, April 1997, p. 52.

21. Pierre Bourdieu, *Sur la Télévision* (Paris: Liber, 1996), p. 85.

22. Alain Peyrefitte, *La Société de confiance: Essai sur les origines du développement* (Paris: Odile Jacob, 1998, pp. 514-6.

23. Bourdieu, *Contre-feux*, p. 97.

24. Attali, *Chemins de sagesse*, p. 84.

第五章

1. Philippe Cohen, *Protéger ou disparaître: les élites face à la montée des insécurités* (Paris: Gallimard, 1999), pp. 7-9.

2. Eric Hobsbawm, *The Age of Extremes* (London: Michael Joseph, 1994), p. 428.

3. Eric Hobsbawm, 'The cult of identity politics', *New Left Review*, 217 (1998), p. 40.

4. Jock Young, *The Exclusive Society* (London: Sage, 1999), p. 164.

5. Young, *The Exclusive Society*, p. 165.

6. Leszek Kołakowski, 'Z lewa, z prawa', *Moje słuszne poglady na wszystko* (Kraków: Znak, 1999), pp. 312-7.

7. 參見 Bernard Yack, 'Can patriotism save us from nationalism? Rejoinder to Virioli', *Critical Review*, 12/1-2 (1998), pp. 203-6.

8. 參見 Bernard Crick, 'Meditation on democracy, politics, and cirtizenship', 未出版手稿。

9. Alain Touraine, 'Can we live together, equal and different?', *European Journal of Social Theory*, 2/1998, p. 177.

10. Richard Sennett, *The Corrosion of Character: The Personal Consequences of Work in the New Capitalism* (London: W. W. Norton, 1998), p. 138.

11. 參見 Jean-Paul Besset and Pascale Krémer, 'Le Nouvell Attrait pour les résidences "sécurisées" ', *Le Monde*, 15 May 1999, p.10.

12. Richard Sennett, 'The myth of purified community', *The Uses of Disorder:*

Personal Identity and City Style (London: Faber & Faber, 1996), pp. 36, 39.

13. 引自 *Émile Durkheim: Selected Writing*, ed. *Anthony Giddens* (Cambridge: Cambridge University Press, 1972), p. 94, 115.

14. 參見 Jim MacLaughlin, 'Nation-building, social closure and anti-traveller racism in Ireland', *Sociology*, Februray 1999, pp. 129-51. 另參見弗里德里希·雷伯（Friedrich Rabel，**譯註：疑指下文的 Friedrich Ratzel 之誤植**）的引文。

15. 參見 Jean Clair, 'De Guernica à Belgrade', *Le Monde*, 21 May 1999, p. 16.

16. *Newsweek*, 21 June 1999.

17. 參見 Chris Bird, 'Serbs flee Kosovo revenge attacks', *Guardian*, 17 July 1999.

18. 參見 Daniel Vernet, 'Les Balkans face au risque d'une tourmente sans fin', *Le Monde*, 15 May, p. 18.

19. Vernet, 'Les Balkans face au risque d'une tourmente sans fin'.

20. Eric Hobsbawm, 'The nation and globalization', *Constellations*, March 1998, pp. 4 5.

21. René Girard, *La Violence et le sacré* (Paris: Grasset, 1972). 此話引自英譯本之 Patrick Gregory, *Violence and the Sacred* (Baltimore: John Hopkins University Press, 1979), pp. 8, 12, 13.

22. Arne Johan Vetlesen, 'Genocide: a case for the responsibility of the bystander', July 1998 (manuscript).

23. Arne Johan Vetlesen, 'Yugoslavia, genocide and modernity', January 1999 (manuscript).

補論

1.   此文第一次發表於 *Theory, Culture and Society*, 2001, 1.

國家圖書館出版品預行編目資料

液態現代性/齊格蒙・包曼（Zygmunt Bauman）著；陳雅馨譯.
-- 初版 . -- 臺北市：商周出版：家庭傳媒城邦分公司發行，2018.12
面； 公分
譯自：Liquid modernity

ISBN 978-986-477-576-7（平裝）

1. 社會學史 2. 後現代主義 3. 全球化

540.9   107019824

液態現代性

原 著 書 名／Liquid Modernity
作　　　者／齊格蒙・包曼（Zygmunt Bauman）
譯　　　者／陳雅馨
責 任 編 輯／洪偉傑

版　　　權／林心紅
行 銷 業 務／李衍逸、黃崇華
總　 編　 輯／楊如玉
總　 經　 理／彭之琬
發　 行　 人／何飛鵬
法 律 顧 問／元禾法律事務所　王子文律師
出　　　版／商周出版
　　　　　　臺北市中山區民生東路二段 141 號 9 樓
　　　　　　電話：(02) 25007008　傳真：(02)25007759
　　　　　　E-mail：bwp.service@cite.com.tw
發　　　行／英屬蓋曼群島商家庭傳媒股份有限公司城邦分公司
　　　　　　臺北市中山區民生東路二段 141 號 2 樓
　　　　　　書虫客服服務專線：(02)25007718；(02)25007719
　　　　　　服務時間：週一至週五上午 09:30-12:00；下午 13:30-17:00
　　　　　　24 小時傳真專線：(02)25001990；(02)25001991
　　　　　　劃撥帳號：19863813；戶名：書虫股份有限公司
　　　　　　讀者服務信箱：service@readingclub.com.tw
　　　　　　城邦讀書花園　網址：www.cite.com.tw
香港發行所／城邦（香港）出版集團有限公司
　　　　　　香港灣仔駱克道 193 號東超商業中心 1 樓
　　　　　　電話：(852) 25086231　傳真：(852) 25789337　E-mail：hkcite@biznetvigator.com
馬新發行所／城邦（馬新）出版集團　Cite (M) Sdn. Bhd.
　　　　　　41, Jalan Radin Anum, Bandar Baru Sri Petaling, 57000 Kuala Lumpur, Malaysia.
　　　　　　電話：(603) 90578822　傳真：(603) 90576622　E-mail：cite@cite.com.my

封 面 設 計／井十二設計研究室
內 文 排 版／張蘊方
印　　　刷／卡樂彩色製版印刷有限公司
經　 銷　 商／聯合發行股份有限公司
　　　　　　電話：(02)2917-8022　傳真：(02)2911-0053
　　　　　　地址：新北市 231 新店區寶橋路 235 巷 6 弄 6 號 2 樓

2018 年 12 月 4 日初版
2023 年 5 月 26 日初版4.6刷
定價 500 元

Printed in Taiwan

城邦讀書花園
www.cite.com.tw

104 台北市民生東路二段 141 號 2 樓

英屬蓋曼群島商家庭傳媒股份有限公司　城邦分公司

請沿虛線對摺，謝謝！

書號：BK7085	書名：液態現代性	編碼：

讀者回函卡

感謝您購買我們出版的書籍！請費心填寫此回函卡，我們將不定期寄上城邦集團最新的出版訊息。

不定期好禮相
立即加入：
Facebook 粉

姓名：_____ 性別：□男 □女

生日：西元_____年_____月_____日

地址：_____

聯絡電話：_____ 傳真：_____

E-mail：

學歷：□ 1. 小學 □ 2. 國中 □ 3. 高中 □ 4. 大學 □ 5. 研究所以上

職業：□ 1. 學生 □ 2. 軍公教 □ 3. 服務 □ 4. 金融 □ 5. 製造 □ 6. 資訊

　　　□ 7. 傳播 □ 8. 自由業 □ 9. 農漁牧 □ 10. 家管 □ 11. 退休

　　　□ 12. 其他_____

您從何種方式得知本書消息？

　　　□ 1. 書店 □ 2. 網路 □ 3. 報紙 □ 4. 雜誌 □ 5. 廣播 □ 6. 電視

　　　□ 7. 親友推薦 □ 8. 其他_____

您通常以何種方式購書？

　　　□ 1. 書店 □ 2. 網路 □ 3. 傳真訂購 □ 4. 郵局劃撥 □ 5. 其他_____

您喜歡閱讀那些類別的書籍？

　　　□ 1. 財經商業 □ 2. 自然科學 □ 3. 歷史 □ 4. 法律 □ 5. 文學

　　　□ 6. 休閒旅遊 □ 7. 小說 □ 8. 人物傳記 □ 9. 生活、勵志 □ 10. 其他

對我們的建議：_____

_____

_____